LES SURVIVANTS DE L'OMBRE

DU MÊME AUTEUR

Le Monde des ailes, Albin Michel, 1973.

Les Animaux domestiques, France-Empire, 1974 (traduit en anglais).

Notre Ami le dauphin (avec J.-P. Ehrhardt), France-Empire, 1974; Marabout, 1976.

Le Bon, la Bête et le Chasseur, Stock, 1976.

Un Chasseur nommé Giscard (avec F. Gaujour), Alain Moreau, 1977.

Encyclopédie des Sciences Naturelles (en collaboration), François Beauval, 1978 (5 volumes).

Les Animaux de la Préhistoire, France-Empire, 1978 (traduit en espagnol).

Serpent-de-Mer et monstres aquatiques, François Beauval, 1978.

Les Dossiers verts et noirs de l'écologie, François Beauval, 1979 (3 volumes).

Merveilles et mystères du monde animal, François Beauval, 1979 (2 volumes).

Vive les dauphins! (avec Ph. Coppé), Éditions de la Mer, 1980.

Batailles pour les phoques (avec Ph. Coppé), Éditions de la Mer, 1980.

Fabuleux oiseaux (avec P. Civet), Laffont, 1980.

Lamarck contre Darwin, Études Vivantes, 1980.

Les Ombres de l'Histoire, François Beauval, 1981.

La Peur et les animaux, Balland, 1982.

Les Cataclysmes naturels, François Beauval, 1982 (2 volumes).

La Préhistoire, Hachette, 1984.

La Vie sociale des animaux, Hachette, 1984.

Dinosaures et animaux disparus, Hachette, 1984.

Le Monde végétal, Hachette, 1984.

Instinct et intelligence dans le monde animal, Hachette, 1984.

Le Sang et la vie (collectif), Joker International, 1984.

À paraître :

Victor Hugo en liberté (avec M. Franceschi), BIP.

L'Écologie, Hachette.

JEAN-JACQUES BARLOY
Docteur ès sciences

LES SURVIVANTS DE L'OMBRE

Enquête sur les animaux mystérieux

Illustré de 30 dessins originaux
de Gérard Deshayes

ARTHAUD

ISBN 2-7003-0505-1. Imprimé en France.

En guise de prologue

Le rêve

Un étrange animal découvert dans un lac africain

BRAZZAVILLE, le 27 mai 198... (*Reuter*). – « La dépouille d'un grand animal aquatique d'une espèce inconnue a été découverte mercredi 26 mai, au bord du lac Télé. Ce lac se situe au cœur d'une région forestière et marécageuse du nord du Congo.

» Depuis longtemps, des témoignages faisaient état de la présence de " monstres " dans ce vaste lac, et de nombreuses expéditions scientifiques s'étaient rendues sur les lieux. La découverte de la dépouille apporte donc une confirmation à ces rumeurs. Ce sont trois habitants de la région qui, au cours d'une partie de pêche sur le lac Télé, ont découvert l'étrange animal. Le corps de celui-ci, à demi immergé, reposait près des rives marécageuses du lac. Selon les premières descriptions, il mesure cinq mètres de long. Sa peau est verdâtre. Il a un cou allongé terminé par une petite tête. Sa queue est également longue. Ce signalement est tout à fait celui d'un dinosaure. Ainsi se trouverait confirmée l'hypothèse, soutenue par divers zoologistes, selon laquelle des dinosaures survivraient dans les grands marais d'Afrique.

» Dès que la nouvelle est parvenue à Brazzaville, la capitale du pays, le ministère congolais de la Recherche scientifique a envoyé une mission d'experts sur les lieux. Ceux-ci sont chargés de procéder à la conservation du spécimen – tâche urgente sous le climat tropical – et de l'apporter à Brazzaville. »

En dépit de son style lapidaire, cette dépêche de l'agence Reuter devait être reprise par les principaux journaux du monde entier et provoquer un émoi considérable. Tout de suite, cependant, le scepticisme se fait jour. Ainsi, le professeur Johan Van der Spek, de l'Institut de zoologie d'Utrecht, déclare à un journaliste qui l'interroge : « L'animal trouvé mort au bord du lac Télé n'est pas un dinosaure. Les dinosaures ont définitivement disparu à la fin de l'ère secondaire. Les élucubrations sur leur survivance n'ont jamais débouché sur aucune découverte. D'ailleurs, notre planète est aujourd'hui trop bien connue pour que de telles trouvailles soient encore possibles. L'animal doit être un grand varan. » Néanmoins, journalistes et photographes se mettent sur le pied de guerre. D'autant plus qu'une seconde dépêche va dans le sens d'une confirmation : elle révèle que les spécialistes du Service de conservation de la faune de Brazzaville ont formellement identifié le « monstre » comme un dinosaure.

Dès lors, la presse s'enflamme. De gros titres apparaissent sur les journaux : « La découverte du siècle : des dinosaures survivent en Afrique », « Le loch Ness africain : c'était un dinosaure », « Après l'okapi et le cœlacanthe, un dinosaure surgit en Afrique », etc. Comme à son habitude, *Le Monde* garde la tête plus froide et titre : « Une date dans l'histoire des sciences : un dinosaure relique est découvert au Congo. » A sa descente d'avion sur l'aéroport de Brazzaville, le professeur Richard Abbott, de l'American Museum of Natural History, spécialiste internationalement reconnu des dinosaures, déclare : « C'est avec une immense émotion que j'arrive à Brazzaville pour voir, pour toucher, le premier spécimen de dinosaure des temps modernes à être scientifiquement découvert. » Après avoir examiné la dépouille de l'animal, le professeur confirme qu'il se classe parmi les dinosauriens sauropodes. C'est donc un parent du brontosaure et du diplodocus, mais il est beaucoup plus petit. Interrogé à Roissy, alors qu'il va prendre l'avion pour Brazzaville, Bernard Heuvelmans, le président de la Société internationale de cryptozoologie, la science des animaux mystérieux, déclare : « La découverte d'un spécimen actuel de dinosaure africain me comble de joie. Elle est la confirmation du bien-fondé des recherches cryptozoologiques; elle prouve que les témoignages apparemment les plus incroyables peuvent être véridiques. Cette fabuleuse découverte en laisse espérer d'autres du même ordre. »

Cependant, les autorités congolaises ont autorisé la publication de photos de l'animal. Elles envahissent journaux et écrans de télévision du monde entier. On y voit le monstre de côté ou de face, on le voit en entier, ou bien on voit sa tête en gros plan, ou ses pattes, ou encore sa queue. Sous les faisceaux des projecteurs, il prend un aspect fantastique, avec son regard éteint, sa peau verte et écailleuse, son cou démesuré. Il incarne tout à la fois le mystère des grands marais d'Afrique et celui de la nuit des temps géologiques : ne surgit-il pas des uns et des autres? Mais le sens du commerce ne perd pas ses droits : aux Etats-Unis comme au Japon sont mises en vente de petites poupées représentant le dinosaure du Congo.

***

Les faits que nous venons de relater n'ont jamais eu lieu. Ils ne se produiront peut-être jamais, comme ils se produiront peut-être un jour. Ce n'est pas impossible, si invraisemblable que cela paraisse au premier abord.

En effet, il court, à travers les grands marais africains, du Tchad à la Tanzanie, du Soudan à la Zambie, de très nombreuses rumeurs sur des animaux inconnus pouvant évoquer des dinosaures. Les témoignages sont si précis que des expéditions scientifiques se sont effectivement lancées, ces dernières années, sur la piste de ces animaux.

Le cas de ces dragons africains, comme on les a appelés, est typique de la cryptozoologie, la science des animaux cachés, mystérieux, inattendus. D'un côté, des témoignages, des indices, des empreintes, parfois une photo, ou alors un début de preuve matérielle, sous forme de poils, de plumes ou d'écailles par exemple; mais, d'un autre côté, l'absence du spécimen qui permettrait à la science officielle d'homologuer l'existence de l'espèce en question. Ou bien alors, si un spécimen a jadis été découvert, il n'a pas été conservé.

Les affaires de ce type sont extrêmement nombreuses. Il suffit de lire les journaux pour en être convaincu. Il n'est pas de jour où un monstre lacustre ne montre le bout de son nez, au Canada, en Irlande ou ailleurs, car le loch Ness n'a pas l'exclusivité de ce type d'animal (bien différent de ceux d'Afrique). Pas de jour non plus où quelque empreinte d'homme des neiges ou d'homme sauvage ne soit signalée dans l'Himalaya, le Caucase ou les montagnes Rocheuses. Pas de jour où ne fasse parler d'elle quelque insaisissable créature, sympathique ou effrayante, d'aspect banal ou au contraire fantastique, mais, dans tous les cas, ne correspondant à aucune espèce connue. Parmi les énigmes d'actualité, citons ainsi celles que nous posent les grands « chats » fugaces d'Australie, les varans géants de Nouvelle-Guinée ou les pieuvres colossales des Bahamas. Dans ce domaine, en effet, le monde marin est encore plus riche d'espoirs de découvertes que les continents, et le serpent-de-mer rôde toujours, poussant l'impertinence à apparaître au large de la Bretagne, de la Corse ou des Pays-Bas...

Si l'actualité est riche en énigmes zoologiques, le passé ne l'est pas moins. L'Histoire abonde notamment en « bêtes » étranges, qui semèrent parfois la terreur et la mort sur de vastes régions. La plus célèbre est, bien sûr, la Bête du Gévaudan. Les mystères que posent ces bêtes sont assez différents des énigmes cryptozoologiques modernes, mais il n'est pas permis de les ignorer.

Dans ce livre, nous nous proposons de dresser le panorama des animaux mystérieux du monde, ceux d'hier comme ceux d'aujourd'hui, ceux des mers comme ceux des lacs, des marais, des forêts et des montagnes. C'est donc à un immense et pacifique safari que nous vous convions. Avant d'embarquer, toutefois, il est nécessaire de s'entendre sur ce que l'on appelle une découverte, en zoologie, et de bien évaluer s'il est encore possible, à notre époque, d'en faire d'importantes.

1

Une planète qui reste à explorer

LA notion de découverte zoologique n'est pas toujours bien comprise. Au cours de l'Histoire, les explorateurs européens rencontrèrent de nombreuses espèces nouvelles, mais la plupart de ces espèces n'étaient nouvelles que pour la science occidentale. Les habitants des régions où vivaient ces animaux les connaissaient, leur avaient donné un nom, parfois les chassaient et les mangeaient. En fait, cela est surtout vrai pour les animaux de taille grande ou moyenne.

Lorsqu'il s'agit d'insectes ou d'animalcules microscopiques, on peut parler de découvertes totales. Et à plus forte raison dans le cas d'animaux marins, principalement ceux des grands fonds.

Aujourd'hui encore, les découvertes d'insectes et autres petites espèces continuent à un rythme très important. Et c'est bien normal lorsqu'on sait à quel point les insectes qui habitent la voûte des arbres, dans les forêts équatoriales, sont difficiles à atteindre.

Les découvertes de reptiles, d'oiseaux et de mammifères sont beaucoup moins fréquentes : il s'en décrit encore quelques espèces chaque année.

La description est en fait le dernier stade de la découverte. Celle-ci s'étale parfois sur des années, voire des dizaines d'années. Un animal peut être d'abord décelé grâce à des rumeurs, à des œuvres d'art, à des indices. Puis des chasseurs indigènes, par exemple, en fournissent une peau. Un premier spécimen complet est ensuite généralement obtenu. Or, « obtenu », cela, hélas, veut presque toujours dire : tué, et tué pour pouvoir être décrit. En effet, un spécimen est nécessaire à cette description : il devient le type – l'étalon – de la nouvelle espèce. Aujourd'hui, heureusement, beaucoup de zoologistes sont les premiers à regretter cette « obligation ». Faire connaissance avec un animal inconnu est un acte solennel, émouvant, et l'on commence par le tuer...

La description paraît dans une revue scientifique. Elle est accompagnée du « baptême » de l'espèce : l'auteur de la description lui donne une appellation latine, qui aura une valeur internationale. Cette appellation comprend deux noms, celui du genre suivi de celui de l'espèce. C'est ce que l'on appelle la nomenclature binominale, inventée, au dix-huitième siècle, par le grand savant suédois Linné. Ces deux termes sont normalement suivis du nom de l'auteur de la description et de la date de celle-ci [1].

Ainsi, le fameux cœlacanthe est appelé *Latimeria chalumnae* Smith 1938. (*Latimeria* pour rappeler le rôle éminent de Mlle Latimer dans la découverte; *chalumnae,* parce que le cœlacanthe avait été pris au large de l'embouchure de la Chalumna). Le plus souvent, on s'en tient aux deux mots latins.

Une pêche miraculeuse

Le dix-neuvième siècle fut une grande époque pour la zoologie. Les mammifères, oiseaux, reptiles et poissons des régions tropicales étaient décrits à un rythme accéléré. Au vingtième siècle, celui-ci s'est certes ralenti, mais, de 1900 à nos jours, les trouvailles spectaculaires n'ont pas manqué. C'est en 1900 que l'okapi fut découvert. Ce parent de la girafe, qui se cache au fin fond de la forêt du Zaïre, nous semble aujourd'hui familier, mais, à l'époque, son apparition sur la scène zoologique fit sensation. D'autant plus que l'okapi est un véritable fossile vivant, très semblable à un mammifère qui était déjà connu, mais à l'état fossile, l'*Helladotherium* de l'ère tertiaire.

Nous touchons là à un point capital pour nos investigations cryptozoologiques, et qui avait inspiré notre prologue : l'animal inconnu que nous recherchons est peut-être un animal déjà répertorié, mais en tant que fossile. Bref, ce serait un fossile vivant qui, en quelque sorte, « ressusciterait » (mais qui, en fait, n'aurait jamais disparu).

En Afrique ont été découvertes, depuis 1900, bien d'autres espèces spectaculaires : gorille des montagnes et chimpanzé pygmée, hippopotame nain et sanglier géant (ou hylochère), paon congolais, etc. Et c'est au large de l'Afrique que surgit, en 1938, le premier cœlacanthe.

Ce jour-là, le 22 décembre, un chalutier, la *Nérine,* croise devant la côte du Natal. Lorsqu'il examine le produit de sa pêche, le capitaine Goosen remarque un curieux poisson, dont les nageoires ressemblent presque à des pattes. De retour au port, il prévient la conservatrice d'un musée de la région, Mlle Latimer. Celle-ci, à son tour, alerte un zoologiste, le professeur J. L. B. Smith.

Quand il voit le poisson, celui-ci a un choc comparable à celui qu'il ressentirait si un dinosaure entrait dans son bureau. Car il a reconnu, dans ce poisson, un cœlacanthe. Or les cœlacanthes sont, en principe, éteints depuis soixante-dix millions d'années. De plus, ils se situent au voisinage de la souche des vertébrés terrestres, comme l'indiquent leurs nageoires qui annoncent des pattes.

Des cousins des cœlacanthes, à l'ère primaire, se sont élancés à la conquête de la terre ferme. Ils furent les ancêtres des amphibiens (ou batraciens) et, par suite, des mammifères. Le cœlacanthe est donc

1. On ajoute parfois le nom de la sous-espèce (ou race géographique) si l'espèce est divisée en sous-espèces.

non notre arrière-grand-père comme on l'a dit trop souvent, mais notre arrière-grand-oncle. C'est un poisson de forte taille, long d'un mètre cinquante. Il est de couleur bleutée.

A Noël 1938, la découverte du cœlacanthe ne fit pas les gros titres des journaux. A l'époque, il est vrai, le monde avait d'autres sujets de préoccupation. C'est seulement quatorze ans plus tard, en 1952, que ce poisson connaîtra la gloire, à l'occasion de la capture d'un second spécimen. Curieusement, cet événement survient dans l'archipel des Comores, à trois mille kilomètres du lieu de découverte du premier individu, qui était un égaré (par la suite, tous les autres cœlacanthes seront trouvés aux Comores, véritable patrie de l'espèce). Il ne faut pas croire que celle-ci habite les grands fonds : elle vit à une profondeur de soixante à trois cents mètres.

Si l'Afrique fut ainsi le théâtre de prodigieuses découvertes zoologiques, d'autres, fort inattendues également, sont survenues sur les autres continents, et notamment en Asie.

Ainsi, en 1912, un aviateur fait un atterrissage forcé sur une petite île à l'est de Java : Komodo. Il s'y trouve nez à nez avec de monstrueux reptiles. Quand il racontera son aventure, il sera traité de menteur. Pourtant, par la suite, il faudra se rendre à l'évidence : Komodo et les îles voisines hébergent bien d'énormes lézards, les varans, ou « dragons », de Komodo.

En 1937, un grand mammifère est découvert au Cambodge, le kouprey, ou bœuf gris cambodgien. Il atteint un mètre quatre-vingt-dix au garrot. Le kouprey a beaucoup souffert des guerres qui ont ravagé l'Indochine, et il est aujourd'hui menacé de disparition.

Le pécari qui ressuscite

Après la dernière guerre mondiale, les surprises continuent. En 1952, le navire océanographique danois *Galathea* découvre, dans le Pacifique, au large du Costa Rica, des mollusques tout à fait inconnus, du moins dans la nature actuelle. Ils sont certes minuscules, mais d'une grande importance, car, répétons-le, l'intérêt d'un animal n'est pas proportionnel à sa taille. En effet, ces mollusques, les néopilines, sont des survivants de l'ère primaire. De plus, ils montrent des traces de segmentation qui les apparentent aux annélides (ou vers annelés).

Les années 1970 vont voir se succéder de belles trouvailles. Celle qui survient au Paraguay en 1975 relève tout à fait de la cryptozoologie, tant par la taille de l'animal que par les circonstances de sa découverte. Il s'agit d'un pécari *(Catagonus wagneri)*, localisé au Grand Chaco, région marécageuse du Paraguay. Il était connu des Indiens, qui l'appelaient *tagua*. Or ce pécari est le plus grand d'Amérique, dépassant en taille les deux espèces déjà répertoriées, le pécari à collier et le pécari à lèvres blanches. (Rappelons que les pécaris sont les « sangliers » d'Amérique.) De plus, ce *Catagonus* était déjà connu, mais à l'état fossile, dans le Quaternaire d'Argentine. Bref, sa découverte à l'état vivant avait de quoi satisfaire les cryptozoologistes.

Un intérêt semblable s'attache à celle qui a lieu la même année, sur une montagne d'Algérie. Au début d'octobre 1975, Jean-Paul Ledant et deux autres jeunes agronomes belges, coopérants en Algérie, atteignent le sommet du djebel Babor, en Petite Kabylie, dont ils veulent étudier la végétation. Or J.-P. Ledant a la surprise de remarquer un passereau qui donne des coups de bec sur un tronc d'arbre. Ce semble être une sittelle. Les sittelles sont des passereaux grimpeurs : une espèce, la sittelle torchepot, est commune en Europe. Mais, en principe, il n'existe pas de sittelle en Algérie... J.-P. Ledant alerte les ornithologistes parisiens. L'année suivante, l'un d'eux, Jacques Vielliard, se rend sur le Babor et confirme l'extraordinaire trouvaille. Personne n'aurait osé imaginer qu'un oiseau inconnu se cachât encore sur les bords de la Méditerranée, prospectés en tous sens depuis l'Antiquité. Vielliard donna au nouvel oiseau l'appellation de « sittelle kabyle », en latin *Sitta ledanti,* en hommage à J.-P. Ledant. La découverte s'explique, d'une part, par le faible effectif de l'espèce, et, d'autre part, par le climat rigoureux qui règne au djebel Babor, recouvert de neige une partie de l'année.

En novembre 1976, des océanographes américains découvrent, au large des îles Hawaii, un requin d'un type tout à fait nouveau. Long de quatre mètres cinquante, ce squale a une grande bouche, extensible, munie de petites dents aiguës. Le bord de cette bouche est couvert d'un tissu luminescent, sans doute destiné à attirer les poissons, sur lesquels se referment ensuite les mâchoires de ce requin.

Comment chasser les « monstres »?

Même s'il n'a pas la possibilité de se lancer dans de coûteuses expéditions, le passionné de mystère animal peut se livrer à de fructueuses enquêtes.

Sur le terrain, en Europe même, il est possible de faire des trouvailles intéressantes : par exemple, des espèces rares, sinon inconnues, s'échouent parfois sur les plages.

Il est utile de rechercher dans la grande presse les informations qui y paraissent, même si elles sont souvent déformées. Il est encore plus passionnant de rechercher des indices dans les vieilles revues, les petits bulletins, les récits de voyages, etc. C'est ainsi que, parfois, l'on découvre l'élément manquant qui donnera la clé d'une énigme.

L'examen des tableaux et autres œuvres d'art permet des trouvailles du même genre. Et puis, il est fructueux de faire parler des gens qui, parfois, ont vu quelque chose, mais n'ont jamais eu l'occasion de le révéler, ou ne l'ont pas osé. Bien sûr, il faut se méfier des canulars, ou des affabulations, ou simplement des exagérations dues à l'ancienneté de l'événement.

Le cryptozoologiste doit être un véritable détective de la science.

On l'a surnommé le « grande bouche » *(Megamouth).* Il est si particulier qu'une famille nouvelle a été créée pour lui – ce qui est exceptionnel à notre époque.

Dans le Pacifique encore, une découverte de premier ordre est faite en 1979. Des scientifiques américains, embarqués à bord du sous-marin océanographique *Alvin,* repèrent, par deux mille cinq cents mètres de fond, non loin des îles Galapagos, un étrange « monde perdu » sous-marin. Au voisinage de sources d'eaux chaudes vivent des poissons étranges, de curieux crustacés, des palourdes géantes... Et, surtout, il y a là de longs tubes de trois mètres. Ces tubes ont été édifiés par les animaux qui vivent à l'intérieur : des sortes de vers, mais des vers totalement inconnus. Ils n'ont ni yeux, ni tube digestif, ni bouche. Leur système nerveux est très particulier. Quant à leurs tubes, ils ont une consistance comparable à de la matière plastique et émoussent une lame de rasoir.

A la fin de 1983, un curieux animal fait beaucoup parler de lui. Il a été officiellement répertorié en 1973, mais n'a guère été étudié avant 1983. C'est une grenouille australienne, de l'espèce *Rheobatrachus silus,* localisée au sud-est du Queensland. Car l'on vient seulement de découvrir ses mœurs étonnantes. La femelle, après avoir pondu ses œufs, les avale. Les œufs sont incubés dans son estomac : les têtards y naissent et s'y métamorphosent en petites grenouilles. Et, un beau jour, de six à huit semaines plus tard, celles-ci sortent par la bouche de leur mère. Il s'agit là d'un mode de « gestation » unique dans le monde animal. Il implique que la femelle jeûne durant près de deux mois...

Peu après, une autre découverte hors série est annoncée. Celle d'un albatros de l'île Amsterdam, possession française de l'océan Indien. Qu'un oiseau de trois mètres d'envergure ait pu passer inaperçu jusqu'à notre époque, voilà qui est fort intéressant pour notre propos. Cet albatros a été identifié par Jean-Paul Roux, de l'Institut des sciences de l'évolution de Montpellier. Il est grisâtre avec les joues blanches et une calotte noire. Le retard d'une telle découverte peut cependant s'expliquer : cette espèce vint nicher sur l'île Amsterdam à une époque où les missions scientifiques ne la fréquentaient pas. Inversement, quand celles-ci prospectaient l'île, les albatros étaient en mer. La population de l'albatros d'Amsterdam *(Diomedea amsterdamensis)* n'est plus que d'une cinquantaine d'individus : la présence d'ossements indique qu'elle était plus abondante autrefois.

Ainsi, donc, il suffit parfois que des zoologistes visitent un « monde perdu », oublié sur un continent ou au milieu des océans, pour qu'ils y fassent des trouvailles extraordinaires. *Le Monde perdu* est d'ailleurs le titre d'un roman de Conan Doyle – un passionné de cryptozoologie avant la lettre, ce qui n'étonne pas de la part du père de Sherlock Holmes et de l'auteur du *Chien des Baskerville.* Dans *Le Monde perdu,* Conan Doyle imagine la survivance, sur de hauts plateaux d'Amérique du Sud, de dinosaures et de ptérodactyles. Or de tels mondes existent, au Brésil comme au Venezuela. Dans le sud de ce dernier pays se dressent des massifs de grès au sommet plat : ce sont les *tepuis.* Depuis des millions d'années, des animaux et des végétaux se sont trouvés isolés sur ces étranges montagnes. En 1983, une expédition internationale en a exploré l'un des plateaux : la Neblina, qui mesure cinquante kilomètres de long sur trente de large. Là, au milieu d'arbustes à l'aspect d'artichauts géants, et parmi un jaillissement de cascades, les zoologistes ont découvert tout un monde d'animaux « oubliés » de l'évolution et oubliés des hommes : des chauves-souris blanches, des grenouilles au nez pointu, des poissons primitifs, des chenilles roses, des araignées géantes... Pas d'animaux de très grande taille sans doute (car, paradoxalement, ils se cachent souvent mieux que les autres), mais de nombreuses espèces intéressantes.

A notre époque, on ne décèle pas seulement des animaux ignorés : on découvre encore des hommes. Des tribus indiennes d'Amérique du Sud n'ont été « contactées » que récemment, de même que des populations de Papous en Nouvelle-Guinée. Enfin, en 1971, une population totalement inconnue a été découverte dans l'extrême sud des Philippines : ce sont les célèbres Tasadays, dont les affinités anthropologiques sont encore à préciser.

A l'assaut des animaux inconnus

Notre planète, on le voit donc, est loin d'être aussi bien explorée qu'on le pense généralement. Oui, de nos jours, des requins inconnus longs de quatre mètres cinquante peuvent encore croiser à travers les océans, que survolent des albatros tout aussi ignorés, de trois mètres d'envergure. Oui, des tribus humaines ont pu survivre, complètement coupées du reste de l'humanité, jusqu'à la fin du vingtième siècle. Voilà qui laisse à l'avenir l'espoir de belles découvertes.

Cependant, plusieurs points restent encore à préciser : une espèce nouvelle pour la zoologie n'est pas une espèce nouvelle au sens d'« espèce naissante ou récente ». La plupart du temps, au contraire, les espèces que l'on découvre aujourd'hui sont fort anciennes.

Certes, de nouvelles espèces apparaissent pourtant, en général à la suite de « mutations ». Mais ces espèces naissantes ressemblent beaucoup à celles dont elles dérivent : elles n'en diffèrent, par exemple, que par la couleur. Autrement dit, elles n'ont pas l'aspect extraordinaire des animaux relevant de la cryptozoologie.

Alors, nous dit-on parfois, ne peut-il s'agir d'hybrides [1] ? A cela, il faut répondre non, à de très rares exceptions près. En effet, l'hybridation est un phénomène anormal, très peu fréquent. Et, même s'il naît un hybride ou une portée d'hybrides, les choses ne vont pas très loin, car ces derniers sont presque toujours stériles.

Nous avons maintenant en main tous les éléments nécessaires à

1. Rappelons qu'un hybride est le produit d'un croisement entre deux espèces. Le mulet (ou la mule) est ainsi un hybride d'âne et de jument.

une bonne approche des énigmes zoologiques. Il me paraît important de signaler combien, au cours des trente dernières années, les recherches, en ce domaine, ont mûri. Le serpent-de-mer n'est plus, comme jadis, synonyme de mystification ou de canular. Les zoologistes occupant des postes officiels étudient sérieusement les mystères posés par les êtres insaisissables dispersés à travers notre planète. Un cours de cryptozoologie est désormais donné à l'université de Chicago.

Un homme est pour beaucoup dans ce nouvel état d'esprit : le zoologiste et écrivain Bernard Heuvelmans, dont l'ouvrage *Sur la piste des bêtes ignorées* [1], publié en 1955, a donné véritablement le coup d'envoi aux tentatives sérieuses de dépistage et d'identification des animaux mystérieux. Heuvelmans a mis au point une méthodologie qu'appliquent désormais les chercheurs de « monstres ».

Il est temps maintenant de partir à leur recherche. Nous allons commencer nos investigations par le monde marin, puis nous gagnerons les lacs et les marais. Ensuite, nous explorerons forêts tropicales et tempérées, avant d'escalader les plus hautes montagnes du globe. Nous n'avons plus qu'à nous souhaiter bonne chasse!

1. Éditions Plon.

2

Immortel serpent-de-mer

ATLANTIQUE nord, 30 juillet 1915. – La guerre ne fait pas seulement rage sur le continent, mais aussi sur mer. Ce jour-là, donc, le sous-marin allemand *U-28* torpille le vapeur britannique *Iberian*, qui jauge cinq mille deux cent vingt-trois tonnes et mesure quelque cent quatre-vingts mètres. Rapidement, la proue dressée vers le ciel, le steamer s'enfonce dans les flots. Il a maintenant disparu depuis environ vingt-cinq secondes et il doit se trouver à cent ou deux cents mètres sous la surface. C'est alors qu'il explose. Postés sur le kiosque de leur sous-marin, six membres de l'équipage de l'*U-28* regardent la scène. Scène de mort et d'horreur, mais qui va basculer dans le fantastique. Des débris du vapeur sont projetés en l'air. Et, avec eux, un gigantesque animal, un animal marin qui ne ressemble à rien de connu. Il s'élève jusqu'à une hauteur de vingt à trente mètres, puis retombe dans la mer. Stupéfaits, les marins allemands ont eu le temps de voir sa silhouette se découper dans le ciel. Long d'environ vingt mètres, l'animal avait une allure de crocodile. Sa tête est longue et effilée. Ses pattes sont dotées de palmures puissantes. Sans doute l'onde de choc de l'explosion l'avait-elle surpris alors qu'il nageait à faible profondeur et le projeta en l'air. Comme il se débattait, on peut supposer qu'il ne fut pas tué.

Cet incroyable événement est l'un des épisodes les plus fascinants de l'histoire plusieurs fois millénaire du serpent-de-mer. Depuis l'aube de l'Histoire, en effet, des marins, des navigateurs ou de simples promeneurs sur le rivage affirment avoir vu des monstres marins inconnus.

On les groupe généralement sous l'appellation de « grand serpent-de-mer ». Pourtant, dans l'immense majorité des cas, il ne s'agit pas de serpents. Certes, il existe bien d'authentiques serpents marins, dans les zones tropicales des océans Indien et Pacifique. Ces serpents, qui mesurent de quarante centimètres à deux mètres ou plus, sont venimeux. Certains viennent parfois à terre, notamment pour y pondre. D'autres, au contraire, restent constamment en mer et sont donc vivipares. Dans ce cas, le serpent-de-mer ne serait-il pas un serpent marin géant? Un argument s'oppose à cette hypothèse : les serpents nagent en ondulant dans le sens latéral, alors que le serpent-de-mer ondule le plus souvent verticalement. Et, de toute façon, il n'est presque jamais décrit comme un serpent : il est seulement plus ou moins serpentiforme.

Débarrassons-nous aussi d'une autre idée préconçue, selon laquelle les monstres marins habiteraient les grands fonds. En fait, ce n'est certainement pas dans les abysses qu'il faut les chercher. Les poissons qui vivent aux grandes profondeurs sont certes monstrueux, mais ils le sont par l'aspect, non par la taille : ils ne dépassent guère un mètre. Autrement dit, la faune abyssale ne pourrait nourrir des animaux de forte taille. Ceux-ci doivent forcément vivre à des profondeurs moins grandes, là où abondent des proies plus volumineuses. De plus, la plupart des serpents de mer doivent fréquemment venir respirer en surface, et ne peuvent donc s'enfoncer à de trop grandes profondeurs. Mais n'anticipons pas sur leur identité...

Des échouages étranges

> Indomptable taureau, dragon impétueux
> Sa croupe se recourbe en replis tortueux.
> ....
> Le flot qui l'apporta recule, épouvanté.

Le célèbre récit de Théramène, dans *Phèdre,* évoque l'un des plus anciens monstres marins mythologiques. Soit dit en passant, si chacun connaît cette tirade, il faut rendre hommage à Robert Garnier, auteur dramatique du seizième siècle, qui, dans son *Hippolyte,* a laissé un récit beaucoup plus long que celui de Racine. Mais l'on ne prête qu'aux riches... Selon la mythologie grecque, c'est Neptune qui avait fait sortir de la mer le monstre en question, véritable serpent-de-mer avant la lettre, pour tuer Hippolyte. Les chevaux de celui-ci s'emballent à la vue du terrifiant animal, et leur maître est tué. De même, la Bible évoque plusieurs fois un monstre marin, le Léviathan. Ses semblables se retrouvent dans les traditions de nombreux pays, de la Chine à l'Europe du Nord. Très tôt, cependant, des observations de monstres marins plus réels sont signalées. Ainsi, le roi d'Assyrie Sargon II, qui régna de 722 à 705 avant J.-C., aurait rencontré un serpent-de-mer alors qu'il faisait voile sur Chypre. Mais la plupart des relations au cours de l'Antiquité, puis du Moyen Age, manquent de précision. Il pouvait, dans bien des cas, s'agir simplement de baleines ou autres animaux connus.

Entre les seizième et dix-huitième siècles, c'est surtout en Scandinavie que le serpent-de-mer fait parler de lui. Ainsi, dans son *Histoire naturelle de la Norvège* (1752-1753), l'évêque danois Pontoppidan décrit deux types de serpents-de-mer.

Bientôt, les zoologistes vont avoir à se mettre sous la dent, si l'on peut dire, des pièces à conviction plus palpables. En septembre 1808, en effet, la dépouille d'un gigantesque animal marin s'échoue à l'île de Stronsa (aujourd'hui Stronsay), dans l'archipel des Orcades, au nord de l'Ecosse. Longue de près de dix-sept mètres, cette épave est fort intriguante : elle présente une petite tête à l'extrémité d'un long cou et une sorte de crinière s'observe sur son échine. Son aspect est si étrange que l'événement fait grand bruit.

Avec son long « cou », la bête de Stronsa pouvait faire penser à un plésiosaure. Aussi, après la découverte des plésiosaures dans les années 1830, on ne manqua pas de la rapprocher de ceux-ci. Les plésiosaures étaient de grands reptiles aquatiques, et surtout marins, de l'ère secondaire : ils avaient un cou allongé, un corps massif et une longue queue. Leurs membres étaient transformés en battoirs, comme ceux des phoques et des cétacés. La réalité était sans doute plus décevante : la bête de Stronsa n'était sans doute qu'un requin-pèlerin, ou alors un requin d'une espèce inconnue.

De bizarres agrès...

Un correspondant norvégien, Hans N. Haukanes, m'a adressé la lettre suivante :

« En juillet 1927, Nils I. Haukanes et son fils Ivar N. Haukanes partirent en bateau à rames vers Saltkjaerholm, à l'est de Huftary (à environ sept milles nautiques au sud de Bergen). Ils devaient y déposer quelques moutons. Comme ils approchaient de l'îlot, ils découvrirent quelque chose de très semblable à des agrès de bateau de pêche et qui reposait dans la mer près du rivage. Après avoir encore ramé quelques minutes, ils arrêtèrent leur embarcation et regardèrent vers l'îlot, et s'aperçurent alors que les agrès étaient en réalité un gros monstre marin. Il ressemblait beaucoup à un serpent. Les deux hommes, dans le bateau, n'étaient pas rassurés et ne savaient que faire. Ils se mirent d'accord pour essayer d'effrayer le monstre afin de lui faire abandonner les lieux. Ils commencèrent à faire du bruit en frappant avec les rames : le monstre réagit et plongea dans la mer. En raison de son énorme corps, il provoqua des remous en plongeant. Au bout de quelque temps, il apparut à la surface, plus loin dans le fjord. Nils I. Haukanes et son fils menèrent à bien leur excursion sur l'îlot et rentrèrent chez eux.

» La tête du monstre était identique à celle d'un serpent. Il la dressait à environ un mètre au-dessus de la surface. Son diamètre était d'environ trente centimètres, et le corps était donc plus épais qu'un poteau télégraphique en bois. Le serpent-de-mer était très long, mais sa longueur exacte n'était pas facile à évaluer.

» Nils I. Haukanes, cultivateur, travaillait aussi au téléphone. Il mourut en 1968. Ivar N. Haukanes, monteur lui-même au téléphone, est toujours vivant. Ces témoins de la présence du monstre étaient mon père et mon frère. L'événement ne fut pas rendu public par la presse, mais seulement raconté à la famille et à quelques autres personnes. »

Le requin-pèlerin est l'un des plus grands requins : long de douze mètres parfois, il est assez commun dans les mers d'Europe. C'est lui qui, chaque été, provoque l'émoi chez les estivants, quand son aileron dorsal apparaît à l'horizon, émoi bien injustifié, car le requin-pèlerin est un monstre pacifique, un indolent mangeur de plancton. Or, lorsqu'un tel squale s'échoue, sa corbeille branchiale (c'est-à-dire, plus simplement, ses branchies) se détache de son corps, dégageant un long « cou » qui donne à l'animal une fausse allure « préhistorique ». De plus, quand la peau du requin s'est détachée, il apparaît un tissu conjonctif à l'aspect de poils : aussi bien des témoins ont-ils parlé, à tort, de la « fourrure » d'un monstre échoué.

L'affaire de la bête de Stronsa connaîtra de nombreuses rééditions. Le célèbre « monstre de Querqueville », échoué en 1934 près de Cherbourg, n'était ainsi qu'un requin-pèlerin.

La baie d'Along, repaire de monstres

Revenons au dix-neuvième siècle, où les témoignages sur des serpents-de-mer se multiplient, d'abord dans la baie du Massachusetts : au cours de l'été 1817, des observations y sont faites presque tous les jours. En 1848, la corvette anglaise *Daedalus* rencontre, dans l'Atlantique sud, un curieux animal à tête allongée et aplatie, et dotée d'une nageoire dorsale. Son identité passionne la presse et les milieux scientifiques.

Rencontre encore plus étrange en 1876 : cette année-là, le vapeur britannique *Nestor* passe par le détroit de Malacca, lorsque plusieurs membres de son équipage aperçoivent un monstre extraordinaire, véritable monstre parmi les monstres. Il aurait mesuré quelque soixante-cinq mètres de long (!), soit six pour la tête, quatorze pour le corps et quarante-cinq pour la queue... Le corps était lisse, avec, peut-être, une petite crête le long du dos. La queue était cylindrique, et s'effilait légèrement vers son extrémité. Corps et queue étaient marqués de bandes noires et jaunes, en alternance. Quel pouvait être ce monstre? Sa longueur invraisemblable incite à croire que les marins du *Nestor* ont vu plusieurs spécimens nageant à la queue leu leu; peut-être, par exemple, un adulte suivi de ses jeunes.

En 1892, un zoologiste hollandais, A. C. Oudemans, a le courage de publier un livre intitulé *Le Grand Serpent-de-mer.* C'est l'une des premières tentatives sérieuses pour résoudre l'énigme. Après avoir éliminé les mystifications et les méprises, il retient cent quatre-vingt-sept observations. A partir de celles-ci, Oudemans trace un portrait-robot de l'animal : il s'agirait d'une sorte de phoque à long cou et queue également allongée. C'est là une hypothèse intéressante. Mais Oudemans a commis l'erreur de considérer qu'il n'existait qu'une seule espèce de serpent-de-mer.

A la fin du dix-neuvième siècle, l'attention se concentre sur un site étrange de la côte du Tonkin, la baie d'Along, près de Haïphong.

C'est une curieuse baie, parsemée de grottes, de bassins, de crevasses : un repaire rêvé en tout cas pour des monstres. Ceux-ci vont se montrer, avec insistance, et provoquer beaucoup d'intérêt chez les zoologistes français.

En juillet 1897, la canonnière *Avalanche* rencontre, dans la baie, deux animaux inconnus longs d'une vingtaine de mètres. Un coup de canon-revolver est tiré sur eux – acte parfaitement stupide –, ce qui les fait plonger en soufflant bruyamment. Le 15 février 1898, nouvelle observation. C'est encore l'*Avalanche* qui rencontre les monstres. Et, à nouveau, elle tire dessus, touchant l'un d'eux, et les poursuit durant une heure et demie. Les animaux rejettent un « souffle » différent de celui des baleines : il faut en déduire qu'il s'agirait de mammifères. Le 25 février, c'est la troisième rencontre. Cette fois, dix officiers d'un autre navire sont à bord de l'*Avalanche,* à l'occasion d'une réception donnée en l'honneur de Paul Doumer, alors gouverneur général de l'Indochine. Tout le monde est en train de déjeuner, lorsqu'un homme d'équipage donne l'alerte : deux monstres en vue! Et, de fait, deux animaux nagent à quelques centaines de mètres du navire, qui, cette fois encore, les prend en chasse. Leur tête évoque celle des phoques. Le lieutenant de vaisseau Lagrésille fera cette remarque importante : « Leur dos est couvert de sortes de dents de scie, ce qui leur enlève toute ressemblance avec les cétacés connus. »

Les observations vont continuer dans la mystérieuse baie. Vers 1915 se situe un témoignage très important, puisqu'il nous vient du Dr. A. Krempf, directeur du Service océanographique des pêches de l'Indochine. Il est à bord d'un aviso de la Marine nationale quand apparaît un long cou, terminé par une grande tête d'aspect chevalin. Elle demeure visible plusieurs minutes. Elle évoque la tête classique du dragon chinois et annamite : est-ce seulement une coïncidence?

Par la suite, les témoignages se font rares. Il est vrai que l'histoire récente du Vietnam était assez peu favorable à des observations zoologiques. Vers 1948, toutefois, un marin, M. Lesommier, qui se trouve dans une baleinière du porte-avions *Dixmude,* voit, à une cinquantaine de mètres de distance, une sorte de cou vertical qui porte une tête horizontale. L'animal aurait été tiré à la mitrailleuse. En tout cas, il plonge.

Le dossier du serpent-de-mer de la baie d'Along comprend non seulement des observations en mer, mais aussi le curieux témoignage d'un Annamite, Tran Van Con. Celui-ci rapporta avoir découvert, en 1883, sur le rivage de la baie, la dépouille d'un animal long de dix-neuf mètres, sans la tête, qui avait disparu. Son corps est curieusement formé de segments à peu près semblables entre eux. Chacun d'eux porte une paire d'appendices longs de quatre-vingts centimètres. Ce monstre, décidément fort étrange, est couvert de téguments très durs, qui « sonnent » comme de la tôle, si on les frappe avec un bâton. Ils sont brun foncé sur le dos, jaune clair sur le ventre. D'après Tran Van Con, l'animal est appelé dans la région le « mille-pattes »... Une description dont il faudra nous souvenir.

Dans les jumelles de deux zoologistes

Regagnons l'Atlantique, où, en 1904, les passagers d'un paquebot français, le *Lorraine,* au mois de juin, observent un monstre marin, alors que le paquebot est à environ cinq cent soixante-dix miles du Havre. A bord se trouve Octave Rochefort, fils d'Henri de Rochefort, qui se rend aux Etats-Unis pour promouvoir un nouveau procédé télégraphique. L'un des stewards prétend qu'en fait de monstres il ne s'agit que d'un combat entre un espadon et une baleine. Mais des passagers donnent des détails effrayants, si effrayants qu'ils en sont suspects : une tête de la taille d'une locomotive ou d'une automobile de soixante chevaux, de gros yeux rouges ou verts, à l'éclat aveuglant...

Le 7 décembre 1905, ce sont deux zoologistes britanniques, E. G. B. Meade-Waldo et M.J. Nicoll, qui vont observer, avec une grande précision, un animal marin extraordinaire. Les deux hommes participent à une croisière sur le yacht *Valhalla.* Le 7 décembre, à 10 heures, alors que le yacht vogue à quinze miles de l'embouchure de Parahiba, au Brésil, M. J. Nicoll attire l'attention de son collègue : « Est-ce là, lui dit-il, la nageoire d'un grand poisson? » Et, effectivement, à cent mètres du yacht, émerge une sorte de crête brun foncé. Les deux zoologistes observent le monstre à l'aide de puissantes jumelles. Un cou long de deux mètres dix à deux mètres quarante sort obliquement en avant de la nageoire. La tête fait penser à celle d'une tortue : les yeux et la bouche sont visibles. Sous l'eau, on distingue un corps de forte taille. Le cou de la bête oscille d'un côté à l'autre. Comme elle nage très lentement le yacht la distance, et les zoologistes la perdent de vue. M. J. Nicoll pense qu'il s'agit d'un mammifère. En tout cas, cette rencontre est très curieuse : les serpents-de-mer à long cou ne portent en général pas de nageoire dorsale.

En 1907, Conan Doyle lui-même verra un serpent-de-mer. Il est à bord d'un paquebot, au large d'Antikythéra, en Grèce, non loin du temple de Neptune, lorsqu'il aperçoit sous l'eau un curieux animal au long cou et aux grandes palettes natatoires. Comme il ne mesure qu'un mètre vingt, c'est sans doute un jeune.

Les contacts avec les mystérieux habitants des mers sont parfois encore plus proches, et plus brutaux. Ainsi, en juin 1916, près de Melville Island, sur la côte septentrionale de l'Australie, huit hommes se trouvent à bord d'un petit bateau, lorsque, à une dizaine de mètres, apparaît une énorme tête, à environ deux mètres au-dessus des flots. Derrière elle émergent cinq ou six bosses. L'animal se rapproche, et l'un des hommes tente de le frapper. Il manque son coup. Alors, le monstre mord le bateau : au cours de l'attaque, il perd quatre dents, qu'il laisse dans une rame. Ces dents furent gardées comme souvenir par le capitaine W. T. Arthur. Aujourd'hui, les cryptozoologistes australiens les recherchent avec l'ardeur que l'on devine.

Le 22 mai 1917 se place un nouvel épisode guerrier. Ce jour-là, le croiseur britannique *H. M. S. Hilary* vogue au sud-est de l'Islande. Tout à coup apparaît ce qui semble être les deux extrémités d'un

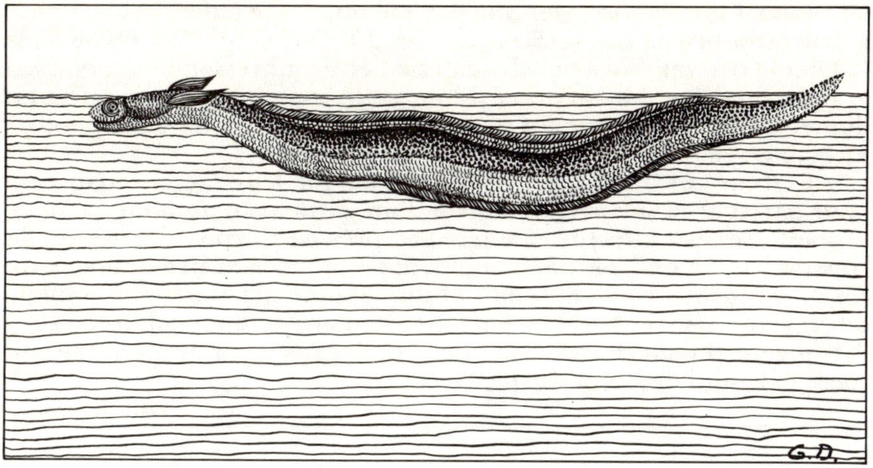

1. *Parfois une « anguille » gigantesque fait surface...*

tronc flottant. Le capitaine de l'*Hilary* trouve alors intelligent de faire tirer sur le « monstre », car c'en est un. Celui-ci est atteint de plein fouet par un obus. Quelques jours plus tard, l'*Hilary* sera coulé par un sous-marin allemand. Son équipage sera sauvé et pourra décrire l'animal : il avait une tête évoquant celle d'une vache, un long cou, un aileron dorsal.

Rapprochons-nous de nos régions avec le stupéfiant épisode survenu en août 1923 à l'île de Herm, près de Guernesey, dans l'archipel Anglo-Normand. Un groupe d'une quinzaine d'estivants parcourt de vastes grèves à la recherche de homards. Soudain, leur attention est attirée par d'étranges traces qui sortent d'une grande mare abandonnée par la marée. Cette piste, large de plus d'un mètre cinquante, conduit à une autre mare, encore bien plus vaste. Le groupe de promeneurs est là, figé au bord de la mare. Quel animal a bien pu s'y cacher? C'est alors qu'un long cou émerge lentement des eaux de la mare. L'animal fixe le groupe de ses grands yeux noirs, puis s'immerge tout aussi lentement. Les dimensions de la mare ne permettaient malheureusement pas de le chercher davantage.

En mai 1925, M. E. J. Lear roule en voiture le long de la côte de Californie quand son attention est attiré par la scène insolite qui se déroule en mer. Un grand animal marin se bat avec une douzaine d'otaries. La lutte est acharnée : le monstre émerge à plusieurs reprises, comme pour se débarrasser de ses adversaires. Or, quelques jours plus tard, la dépouille d'une bête étrange s'échoue sur une plage de la région, près de Santa Cruz. Longue d'une quinzaine de mètres, elle possède une sorte de bec sans dents. Elle semble avoir des « pattes » évoquant celles d'un éléphant (effet probablement dû à la décomposition), et son corps se termine par une queue de poisson ou de cétacé.

Cet animal fut d'abord identifié comme un cétacé à dents peu connu, la baleine-à-bec de Baird *(Berardius bairdi).* Cette espèce se classe dans la famille des ziphiidés ou « baleines-à-bec », qui ressemblent, en plus grands, aux dauphins. Aujourd'hui, cette identification est mise en doute. Quel était vraiment cet animal, dont on possède deux photos? Et était-ce celui qui se battait avec les otaries?

Restons aux Etats-Unis, mais passons sur leur façade atlantique pour partager la surprise et l'effroi d'un garde-côte du nom de Mark Daniels. Celui-ci effectue une plongée près de Corpus Christi, sur la côte du Texas, en 1944. Soudain, il aperçoit un monstre écailleux en forme de tuyau, avec un « cou » et une grande nageoire. Des milliers de crevettes mortes, qui flottent entre deux eaux, augmentent encore l'étrangeté du spectacle. Ont-elles été écrasées par le monstre, ou tuées par lui d'un coup de queue?

Le serpent-de-mer en France et dans les régions voisines

Des monstres marins se montrent parfois sur les côtes françaises. Il peut être intéressant de faire un tour de France du serpent-de-mer. Voici donc les observations qui en ont été faites, en suivant les côtes de France. Le ou les témoins sont indiqués entre parenthèses :

1) 25 au 26 janvier 1934, au large de Querqueville (Manche); monstre à tête de cheval et au cou de chameau (patron du remorqueur 117).
2) Août 1923. Ile de Herm (îles Anglo-Normandes) : des traces étranges sortent d'une mare, à marée basse, et se dirigent vers une autre. Un énorme cou sort de celle-ci : l'animal regarde les touristes puis plonge avec lenteur. Le cou mesurait environ un mètre (Mme H. Bromley et treize personnes).
3) Vers 1930 : une observation au large de Dinard (Ille-et-Vilaine) (recueillie par Ph. Keith).
4) Été 1911. Saint-Quay-Portrieux (Côtes-du-Nord) : deux animaux à long cou, d'une dizaine de mètres (F. Gélard et ses deux sœurs).
5) Été 1939. Etables (Côtes-du-Nord) : énorme animal serpentiforme (M. Waymark, sa femme et sa fille).
6) Vers 1925. Paimpol (Côtes-du-Nord) : une sorte de « crocodile », avec une crête sur la queue (un marin).
7) 1861. Au large d'Ouessant (Finistère) : un monstre à « grande collerette » (équipage du Delta*).*
8) 5 août 1879. Au large du Finistère : un serpent-de-mer anguilliforme, tout noir (capitaine J.-F. Cox, du Privateer*).*
9) Entre 1891 et 1893. Au large des côtes atlantiques : un monstre à long cou (un bateau de la Moss and Co).

Dans les mers les plus variées...

L'année suivante nous ramène aux côtes de France. Je vous livre sans commentaires la lettre que m'a adressée M. André Duffay : « Je vous confie ce que j'ai vu en juillet 1945 lors de mes premières vacances d'après-guerre, à La Turballe, où je séjournai depuis l'âge de douze ans, jusqu'en 1939; c'est vous dire que je connais ces lieux comme ma poche. Par marée du plus fort coefficient, je m'amarrai à l'échelle de la balise bâbord, filant des cinq cents mètres de bosse du nylon, le courant me drossant vers le large, ce qui me mettait à mille cinq cents mètres environ de l'entrée du port. J'étais durement secoué dans l'annexe que me prêtait un ami marin-pêcheur. De temps en temps, la mer était si mauvaise que j'embarquais des paquets de mer; je fis cependant une de mes plus belles pêches. De nombreux et très gros

*10) 30 juillet 1915. Au large des côtes atlantiques : un monstre à l'aspect de crocodile est projeté en l'air lors d'un affrontement naval (marins de l'*U-28*).*
11) Juillet 1945. La Turballe (Loire-Atlantique) : un serpent-de-mer à « tête de lévrier », long cou et peau lisse de couleur vase (A. Duffay).
12) Vers 1972. Le Puits-de-Lauture, près de Royan (Charente-Maritime) : animal à tête chevaline qui mord à une ligne (M. Lis et plusieurs autres personnes).
13) Mai ou juin 1964. Sur la côte de Camargue (Bouches-du-Rhône) : un monstre de forme cylindrique (J. Borelli et son fils).
14) Octobre 1907. Golfe de Porto (Corse-du-Sud) : monstre au corps en chapelet (presque toute la population).
15) 6 mai 1924. Golfe d'Ajaccio (Corse-du-Sud) : animal serpentiforme (G. Juranville).

De nombreuses informations nous viennent des pays voisins, notamment d'Angleterre, comme nous le relatons par ailleurs. A noter particulièrement des rencontres proches de la France. Ainsi, le 20 mars 1906, près de Dungeness, dans le Kent, s'échoue une dépouille de quinze mètres, striée de blanc, et aux petites oreilles. Durant l'été 1950, à Cliftonville, dans le Kent également, est signalé un animal à longue tête munie d'oreilles de cheval.

Si aucune observation sérieuse ne paraît avoir été faite sur la côte belge, plusieurs rencontres étranges ont été rapportées sur celle des Pays-Bas. Entre 1904 et 1907, à Zandvoort comme à Katwijk se manifestèrent des monstres, dont la principale particularité était de nager à très grande vitesse.

Diverses observations ont été faites sur les côtes d'Espagne et d'Italie, en Sicile surtout. Mentionnons l'animal qui apparut à Goro, près de Venise, en juin 1975 : long de trois mètres, il avait l'aspect d'un serpent à pattes.

maquereaux, un bar de quatorze livres, et plusieurs autres dépassant les deux livres. Tout à coup, j'entendis derrière moi un plouf retentissant, à vingt mètres de mon canot. Je vis une tête émerger des vagues; cela ressemblait à une tête de lévrier, les yeux avaient le diamètre de ceux d'un cheval; le cou m'a semblé faire environ de vingt-cinq à trente centimètres de diamètre : il sortit d'environ cinquante centimètres au-dessus des vagues; la peau m'a semblé lisse, à moins qu'elle ne fût recouverte de minuscules écailles. La couleur était identique à la vase du port. La tête observa pendant cinq minutes de tous côtés, puis, lentement, toujours hors de l'eau, se dirigea en direction de l'ouest, où je la perdis de vue. »

La Baltique n'est pas particulièrement favorisée par les apparitions de serpents-de-mer : il faut dire que les grands animaux marins n'abondent généralement pas dans les mers presque fermées.

En août 1957, une aventure étrange va survenir à un ingénieur de la région parisienne, M. Georges Billard. Cet été-là, il campe avec des amis sur l'une des petites îles proches de Vaasa, en Finlande. Le soir du 13 août, au cours d'une promenade sur le rivage, M. Billard remarque ce qui paraît être un tronc flottant sur la mer. Cela n'a rien de très surprenant : les troncs d'arbres flottants sont fréquents en Finlande. Tout à coup, voici que le « tronc » se met à remuer. C'est un animal. Plus exactement, c'est un long cou, qui porte une tête peu distincte. Le corps ne se montrera pas. M. Billard me précisera plus tard : « Mais le fait que cet animal ait pu réaliser sous nos yeux des " départs arrêtés " avec une accélération qui m'a paru très forte m'a inspiré l'idée d'un corps de grande puissance qui aurait pu se trouver au-delà de ce cou. » Ce dernier mesurait environ deux mètres, pour un diamètre de cinquante centimètres; il était noir ou marron foncé. Le monstre s'éloigna vers le large : son cou émergea une dernière fois, puis il disparut.

En février 1958, un monstre marin à long cou pousse l'audace jusqu'à pénétrer dans la baie de Rio de Janeiro. Un détachement de

Collision dans l'Atlantique

« Lat. 34.34.N. Long. 74.07 O 1700 GCT. Sommes entrés en collision avec monstre marin le tuant ou blessant grièvement – Stop – Longueur estimée 13,50 m avec tête et corps anguilliforme environ 90 cm diamètre – Stop – Vu dernière fois se débattant parmi grande zone sanglante et écumeuse, observé par W. M. Humphreys, second, et John Axelson, troisième officier. »

Tel est le message qu'envoya, le 30 décembre 1947, le vapeur S.S. Santa Clara *alors qu'il allait de New York en Colombie. Le capitaine précisera par la suite que la tête de l'animal mesurait environ un mètre cinquante et que la peau de celui-ci était lisse et souple, et de couleur brun foncé. Il n'avait pas de nageoires.*

policiers est dépêché sur les lieux, armé de mitrailleuses et de cartouches de dynamite! Ils ouvrent le feu sur l'animal, qui disparaîtra.

L'année suivante, un serpent-de-mer d'un type très différent va entrer dans l'Histoire sous l'appellation de « Bête de Soay ». Le 13 septembre 1959, deux pêcheurs se trouvent près de l'île de Soay, dans l'archipel écossais des Hébrides, quand ils remarquent, à trois kilomètres de distance (la visibilité est excellente ce jour-là), une masse sombre à la surface de la mer. Elle se dirige vers les pêcheurs. L'un d'eux, Ted Geddes, rapportera que la bête, car c'en est une, « avait tout de quelque monstre infernal des temps préhistoriques ». Son aspect est celui d'une énorme tortue, dont le dos, à lui seul, mesure trois mètres. Il paraît porter une bizarre crête en dents de scie. L'animal ouvre et referme la bouche avec régularité, montrant un gosier rouge.

La « Bête de Soay » était-elle seulement une grosse tortue-luth, cette tortue qui vagabonde dans les mers d'Europe et fréquente notamment le littoral de Charente-Maritime? Ou bien était-ce une espèce inconnue? De rares observations de serpents-de-mer concernent, en tout cas, des animaux à l'allure de tortues géantes.

En 1964, des photos de serpent-de-mer, fort impressionnantes, sont publiées dans la presse. C'est un monstre qui a été rencontré, sur la Grande Barrière d'Australie, par le navigateur français Robert Le Serrec et sa famille. Sur les photos, l'animal repose à faible profondeur : à travers l'eau, on distingue une sorte d'anguille, ou, mieux, de têtard géant de plus de vingt mètres. Le monstre semble moribond. « Ils ont vu le monstre », titrera *Paris-Match*, qui, un mois plus tard, devra admettre : « Polémique autour du monstre. » Car la réalité de l'animal ne convainc pas tout le monde, loin de là. D'autant plus que le film ne montre pas grand-chose de plus. Aujourd'hui, le serpent-de-mer de Robert Le Serrec n'a plus guère de partisans...

Sur le pont d'un chalutier japonais

En 1967 et 1969 se situent deux nouvelles observations de serpents-de-mer sous l'eau : elles sont, au total, rarissimes par rapport à la masse de témoignages en surface. Le 9 juin 1967, donc, un aviateur de la Royal Air Force, D. A. J. Taylor, effectue une plongée près de l'île de Dayang, sur la côte orientale de la Malaysia. Un compagnon et lui reviennent au bateau quand apparaît un « serpent ou une anguille, de couleur grisâtre, d'un diamètre de trente à cinquante centimètres, et qui se déplace sur le fond ». L'aviateur observe, pendant près d'une minute, l'animal qui se tortille. M. Taylor pense d'abord qu'il s'agit d'un groupe de serpents marins à la queue leu leu, mais il constate vite que c'est bien un animal unique. Il avoue avoir eu peur : voilà qui plaide en faveur de son témoignage, un militaire avouant rarement qu'il a été effrayé.

Deux ans plus tard, en octobre 1969, le sous-marin de poche *Alvin* – celui qui devait découvrir plus tard les « vers » géants dont nous avons parlé – se trouve dans les parages des Bermudes, par neuf cents pieds de profondeur, lorsqu'il se trouve nez à nez avec un animal inattendu. Le capitaine Mc Camis, qui contrôlait des câbles, fait alors décrire à l'*Alvin* un arc de cercle pour mieux voir le monstre. Celui-ci a un long cou flexible, une tête reptilienne et quatre nageoires ou ailerons. Il s'éclipse avant d'avoir pu être filmé. Cette description fait évidemment penser à un plésiosaure.

Vers 1970, deux jeunes navigateurs français, France et Christian Guillain, se trouvent à l'île Coco, dans le Pacifique, au large du Costa Rica, quand leur attention est attirée par quelque chose de fort bizarre. Dans la mer, à une dizaine de mètres du rivage, sont apparus des sortes d'énormes troncs allongés et séparés par des intervalles réguliers. Des centaines d'oiseaux sont posés sur ces « troncs » et crient. Les objets s'immergent, puis réapparaissent, et ainsi de suite. En fait, les « troncs » semblent bien être les « anneaux » d'un immense animal, peut-être un congre géant d'un mètre de diamètre, sans doute en train de mourir. En tout cas, la chose s'éloigne vers le large et disparaît.

Le travail du cryptozoologiste consiste bien souvent en recoupements qui apportent parfois un début de confirmation à un événement étrange. Or, en 1923, cinq membres de l'équipage du bateau-citerne *India* avaient vu, au large du Costa Rica précisément, un « gigantesque » pilier, long d'une dizaine de mètres, émerger de la mer, puis y retomber. Cette observation évoque, elle aussi, quelque anguille énorme. Ce n'est pas tout : deux auteurs, H. Tell et D. Audinot [1], ont signalé des murènes géantes à l'île Coco. Tout cela se « tient » étrangement...

A la fin de juillet 1977, le serpent-de-mer a, une fois de plus, les honneurs de la grande presse. Cette fois, il y a d'assez bonnes photos du « monstre » en question. Il s'agit d'une dépouille qu'un chalutier japonais, le *Zuiyo Maru*, a remontée de la mer quelques mois plus tôt, le 10 avril, au large de Christchurch, en Nouvelle-Zélande. Elle dégageait une odeur si pestilentielle que le commandant donna l'ordre de la remettre à la mer.

D'après les photos et les dessins qui en ont été faits, l'animal, qui mesurait dix mètres, avait un long cou et une longue queue. Cette fois, encore, il s'agissait d'un monstre à l'aspect de plésiosaure. Aussi la découverte d'un plésiosaure actuel fut-elle (prématurément) annoncée. Peut-être le monstre du *Zuiyo Maru* n'était-il qu'un requin-pèlerin ou un autre requin connu. Cependant, les techniciens japonais des pêches, qui connaissent bien la faune marine, n'auraient-ils pas su reconnaître un tel animal? Alors, était-ce un requin inconnu? Peut-être. L'affaire, en tout cas, fait grand bruit au Japon comme en Nouvelle-Zélande : le monstre devient le héros de bandes dessinées, et un grand magasin de Tokyo en met en vente une réplique en peluche...

1. *Tous les trésors de France*, Seghers, 1978, p. 81.

3

Des mosasaures vivants ?

MORGAWR et Chessie sont les deux plus célèbres monstres marins de notre époque. Il est en effet devenu classique de donner des noms aux monstres marins ou lacustres qui apparaissent fréquemment dans une région. Bien entendu, ces sobriquets peuvent s'appliquer à plusieurs exemplaires (c'est même la règle dans les cas des monstres lacustres, dans la mesure, bien sûr, où ils existent).

Le domaine de Morgawr, c'est la baie de Falmouth, sur la côte de Cornouailles, en Angleterre. En septembre 1975, M. Riley et Mme Scott se promènent sur le rivage lorsque apparaît un monstre au long cou dont la tête porte de petites cornes; en arrière de son cou s'observent des sortes de poils raides. L'animal plonge, puis émerge à nouveau, un congre dans la gueule.

Les observations se multiplient par la suite, et l'affaire prend de l'ampleur lorsque la presse publie deux photos de Morgawr. Ces prises de vue ont été adressées, au début de mars, à un journal local, le *Falmouth Packett,* par une lectrice qui signe simplement Mary F. Le fait que cette personne ne donne pas son nom peut paraître suspect. Cependant, l'examen des photos plaide en faveur de leur authenticité. Le monstre se présente sous deux poses différentes, et l'on ne sait laquelle a été prise la première. Sur les deux images, Morgawr est à demi émergé. Sur l'une d'elles, il tend le cou vers l'eau, où sa tête s'apprête à plonger. Sur l'autre, les trois bosses de son dos sont davantage marquées, et il recourbe le cou : la tête est à peine plus large que celui-ci. Mais ce « cou » pourrait être une queue, ou une trompe.

Selon Mary F., la chance voulut qu'elle ait un appareil, car le monstre ne fut visible que quelques secondes. Elle le décrit ainsi : « Il évoquait un éléphant agitant sa trompe, mais la trompe était un long cou terminé par une petite tête, semblable à une tête de serpent. Il avait sur le dos des bosses qui remuaient d'une façon amusante. Il était noir ou brun très sombre, et sa peau semblait pareille à celle d'une otarie... L'animal m'effraya. Je n'aimerais pas le voir de plus près. Je n'aime pas la manière dont il bougeait en nageant. »

Mais Morgawr est toujours là. Il est vu par de nombreux habitants et estivants au long de l'été 1976. Ainsi, le 12 septembre, un frère et une sœur en vacances dans la région, Allan et Sally White, voient un grand corps, long de six mètres environ, de couleur brune, qui glisse de la plage dans la mer. Le 17 novembre, un habitant de la région, Doc Shields, voit le monstre (qu'il avait déjà observé en juillet), et le photographie. Malheureusement, ses photos ne furent pas très bonnes. Néanmoins, la description qu'il donne de l'animal correspond à celle fournie par les témoins précédents. Sa tête, qui portait deux petites cornes, évoquait un peu celle d'un escargot; elle était de couleur noir verdâtre.

En fait, les apparitions de Morgawr sur la côte de Cornouailles sont à mettre en relation avec des observations de monstres marins assez comparables sur d'autres secteurs des côtes britanniques, notamment au pays de Galles. Ainsi, en août 1963, un habitant de Birmingham, M. P. Sherman, avait fait une observation extrêmement curieuse sur la côte du Cardigan, au pays de Galles. Dans une crique proche de New Quay, un étrange animal semait la panique dans une colonie de phoques. Il avait un corps ovoïde long de dix à douze mètres, avec un cou et une queue minces, et quatre battoirs. L'animal se balançait comme s'il attaquait les phoques, qui s'esquivaient. Or, quelques jours plus tard, M. Sherman découvrait, dans une crique voisine, un phoque dont une partie du cou et une épaule avaient été arrachées...

L'inconnu de Chesapeake

Si les monstres marins fréquentent ainsi, avec insistance, les côtes d'Europe occidentale, il en est de même de l'autre côté de l'Atlantique.

Regardons une carte de la côte orientale des Etats-Unis. Vers le nord, le Massachusetts, souvent favorisé par les apparitions de monstres marins. Plus au sud, le Maryland et la Virginie, dont le littoral est profondément échancré par la baie de Chesapeake. Dans cette baie se jette une rivière, le Potomac. Or cette baie et cette rivière ont été, ces dernières années, le théâtre de nombreuses apparitions de serpents-de-mer. L'animal mystérieux qui fréquente ce secteur a reçu le surnom de « Chessie », par analogie, bien sûr, avec Nessie, le monstre du loch Ness. Au cours de l'été 1978, Chessie a été vu par plus de trente témoins. La description que ceux-ci en donnent permet d'en tracer le portrait-robot : c'est un animal de sept à dix mètres de long, de couleur gris foncé, qui nage par ondulations, à une vitesse de quinze kilomètres/heure.

La « vague » d'observations commence le 27 juin. Ce jour-là, Mary L. Lewis, âgée de vingt-trois ans, se baigne, avec deux cousins, dans une piscine proche du Potomac. Soudain, elle aperçoit, à la surface de celui-ci, des « objets » qui émergent et s'immergent alternativement. Elle doit se rendre à l'évidence : ce ne sont ni des oiseaux, ni des tubas de plongeurs sous-marins, ni des flotteurs de filets. Ces objets progressent contre le courant : ce sont, semble-t-il, les têtes de quatre ou cinq monstres.

Le témoignage de Mary Lewis ne suscite guère que des railleries. Un mois plus tard, cependant, le 25 juillet, un homme de soixante-neuf ans, Donald P. Kyker, va lui apporter de la crédibilité. Le soir de ce jour-là, cet homme se repose dans son jardin, sur la rive du Potomac, lorsqu'il aperçoit quelque chose qui bouge au milieu de la rivière, tout en la descendant. Il appelle sa femme, puis deux voisins, M. et Mme Smoot. Ceux-ci, après avoir scruté les eaux du Potomac durant une heure, finiront par apercevoir trois « serpents » qui, eux, nagent contre le courant. Ils évaluent à cinq mètres la longueur du plus grand. Howard B. Smoot a peur pour ses enfants et petits-enfants, qui se baignent fréquemment dans le Potomac. Il court chercher son fusil, et tire sur les monstres. L'un d'eux est touché au cou : il fait un bond, plonge et disparaît. H. B. Smoot continue à tirer, provoquant la fuite des animaux.

Son attitude provoque de la réprobation et l'on demande aux témoins éventuels des monstres de ne pas tirer. Car, après tout, ceux-ci ne sont peut-être que des animaux connus et protégés par la loi. C'est ce que pensent, bien sûr, les scientifiques « officiels ». Pour le Dr. R. Eshelman, les monstres sont des raies mantas qui nageraient près de la surface, leur queue en forme de fouet simulant un cou. D'autres experts penchent pour des dauphins, des marsouins, des loutres, des phoques ou des tortues. Bref, la valse habituelle des hypothèses.

Un homme, pourtant, ne sera pas convaincu par ces assimilations hasardeuses. C'est Alexander Palenscar, qui, le 4 juillet, a perçu Chessie, alors qu'il naviguait avec sa femme dans la baie de Chesapeake. Il s'agit donc là d'une observation en mer, et non dans le Potomac comme celles que nous avons citées précédemment. Palenscar, qui fait de la plongée depuis dix ans, connaît bien la faune marine, et le monstre vu par son épouse et lui ne correspond à aucune espèce connue. Chessie voguait à quelques mètres du bateau. Long de trois mètres, il avait le dos bossu et muni d'une petite crête dentelée; la tête évoquait un ballon de football. Des habitants de la région se souviennent alors que, jadis, des bateaux à voile rapportaient des boas dans leurs cales. Or, des épaves de ces navires sont toujours dans les environs. Et si, donc, des serpents s'étaient échappés de ces bateaux et avaient fait souche... D'ailleurs, un pêcheur, James W. Dutton, affirme avoir poursuivi l'un d'eux avec ses chiens.

La direction de l'Institut océanographique de Virginie se contente de déclarer : « Nous n'avons pas d'équipe désignée pour enquêter sur tous ces témoignages. Nous pouvons simplement demander aux habitants de se munir d'un appareil photographique et de nous apporter des photos de l'animal. » Cet appel va être entendu, mais seulement le 31 mai 1982. Ce jour-là, M. Robert Frew filme à la vidéo, depuis la rive de la baie, un animal qui pourrait être Chessie : celui-ci, qui se trouvait à trente-cinq mètres de distance, serait long d'une dizaine de mètres, et montrerait des bosses.

Les zoologistes consultés refusent d'abord de regarder le film, puis acceptent tout de même. Et, au mois de septembre, une vingtaine de scientifiques, réunis à la Smithsonian Institution de Washington, examinent l'animal montré par ce film. Avec beaucoup de prudence, ils estiment qu'il doit s'agir d'un mammifère, car il paraît respirer en surface. Son allure évoquerait une grande loutre...

Par la suite, le film de Robert Frew est amélioré par ordinateur par les scientifiques du Johns Hopkins Applied Physics Laboratory. Ils l'ont étudié pendant plus de deux ans... L'un d'eux, Andrew Goldfinger, a déclaré : « Je ne peux pas dire si c'est un petit objet suivi par un long sillage, ou si c'est un objet long et étroit. » Pour sa part, un chimiste fondateur du projet Enigma (voué à l'étude des phénomènes naturels), Mike Frizzell, estime que l'animal montré par le film mesure environ douze mètres et semble onduler latéralement : il pourrait s'agir d'un reptile... M. Frizzell fait une remarque intéressante : les apparitions de Chessie dans la baie de Chesapeake coïncident avec l'arrivée, dans celle-ci, de poissons migrateurs. Alors, Chessie est-il un reptile marin au régime piscivore (ce qui serait normal), alors qu'on pensait plutôt à un mammifère? La question reste posée...

Des congres géants?

Les observations de serpents-de-mer sont, au total, si fréquentes sur le littoral atlantique des États-Unis qu'il est possible de les analyser statistiquement. C'est ce qu'a tenté de faire un jeune océanographe américain, Gary Mangiacopra. Ainsi, en ce qui concerne le littoral du Massachusetts et des régions voisines, un graphique des observations entre 1880 et 1890 est instructif. Mis à part un témoignage en 1880, les rencontres se concentrent en 1886 (10 observations), 1887 (4 observations) et 1888 (5 observations). Il paraît donc bien y avoir des « vagues » de serpents-de-mer, correspondant peut-être à des migrations. N'oublions pas non plus que la publication d'un témoignage dans la presse incite en général d'autres témoins à parler.

Nous en sommes maintenant à poser la question fondamentale : puisque des monstres marins inconnus vagabondent manifestement dans les mers, peut-on formuler des hypothèses sur leur nature zoologique? Il faut d'abord se dire que le dossier est épais. Je n'ai cité que les témoignages les plus spectaculaires, ou les plus récents, mais, au total, il en est des centaines. Dans son gros ouvrage *Le Grand Serpent-de-mer* [1], Bernard Heuvelmans dressait une liste de six cent quatorze rencontres ou témoignages. Plus récemment, un jeune cryptozoologiste allemand, Ulrich Magin, a réuni plus de mille huit cents observations. Ces chiffres doivent être considérés comme des chiffres « bruts », c'est-à-dire avant élimination des canulars et des méprises. Les canulars, plus nombreux autrefois, sont soit des récits inventés de toutes pièces, soit des « observations » de poupées gonflables ou

1. Éditions Plon, 1965.

autres objets que des plaisantins ont tenté de faire passer pour des monstres, souvent un 1er avril, comme il se doit. Les méprises « honnêtes » concernent des animaux connus pris pour des monstres inconnus : baleines, requins, tortues, dauphins à la file indienne, oiseaux volant au ras de l'eau, ou bien encore algues géantes ou troncs flottants. De même, nous l'avons vu, des épaves à l'aspect « extraordinaire » n'étaient bien souvent que des dépouilles d'espèces banales.

Restent donc les observations qui paraissent bien concerner des espèces inconnues. En utilisant des fiches perforées, Heuvelmans est parvenu à dresser le portrait-robot des espèces en cause. Ses conclusions ont été reprises, à quelques détails près, par les chercheurs qui se sont lancés après lui dans le sillage du serpent-de-mer. Sous le masque de ce dernier se cacheraient donc, principalement, une ou plusieurs espèces de poissons, une ou deux de reptiles et cinq de mammifères. Les poissons sont appelés provisoirement les « anguilliformes » géants. Ce serait évidemment des poissons de très forte taille, évoquant quelque anguille ou congre gigantesque. Nous nous souvenons que, plus d'une fois, le serpent-de-mer a été ainsi décrit. Or, ce qu'il y a de capital dans cette identification, c'est qu'elle est étayée – elle est même la seule à l'être – par des preuves palpables.

31 janvier 1930. Le navire océanographique danois *Dana* se trouve dans l'Atlantique sud, entre Le Cap et l'île de Sainte-Hélène. A la grande surprise des zoologistes présents à bord, les filets du bateau

Les serpents-de-mer australiens

Les côtes australiennes sont le théâtre de fréquentes observations de serpents-de-mer.

– En avril 1913, deux prospecteurs miniers rencontrent, sur une plage de Tasmanie, un animal long de quatre mètres cinquante, couvert de fourrure, au cou allongé, qui progresse par bonds.

– En 1916 se situe l'événement de Melville Island, que nous avons déjà rapporté.

– En 1942, des surfers découvrent, sur une plage de Jervis Bay (Nouvelle-Galles du Sud) des traces étranges qui viennent de la mer... et y retournent.

– En 1975, près de Cairns (Queensland), un plongeur est intrigué par de grosses bulles d'air de près d'un mètre de diamètre. Il découvre qu'elles viennent d'un énorme animal à long cou.

– En 1975-1976, plusieurs observations d'animaux à long cou dans la région de Sydney.

– En 1979, un monstre marin se manifeste à Pittwater, près de Sydney, et il est même photographié. La photo montre une tête évoquant celle d'un requin-marteau, à moins qu'il ne s'agisse de deux spécimens accolés l'un à l'autre.

ramènent un leptocéphale long de un mètre quatre-vingt-quatre. Il a été pris par trois cents mètres de fond environ.

Pour bien comprendre l'intérêt de cette étonnante découverte, il faut rappeler ce qu'est un leptocéphale. C'est une larve d'anguille (ou de poisson apparenté), sortie de l'œuf, aplatie et transparente. Cette larve se métamorphose ensuite. Dans le cas de l'anguille, le leptocéphale mesure sept centimètres environ lorsqu'il se métamorphose. Or une anguille adulte peut atteindre un mètre quarante, soit dix-huit fois plus. Chez le congre, un leptocéphale de dix centimètres donnera un adulte de trois mètres, soit trente fois plus. Transposons donc ces proportions au leptocéphale géant du *Dana.* L'adulte correspondant pourrait alors mesurer : 1,84 × 18 = 33,12 mètres, ou même : 1,84 × 30 = 55,20 mètres. Des dimensions à faire frémir! En demeurant raisonnable, on peut déduire de cette trouvaille l'existence de poissons anguilliformes d'une quinzaine de mètres, et accusant plusieurs tonnes, voire des dizaines de tonnes.

Des découvertes plus récentes ont montré que la réalité était peut-être plus complexe. D'autres leptocéphales géants, longs de quarante centimètres à un mètre, ont été trouvés en divers océans : au large de la Nouvelle-Zélande, devant la Floride, etc. Or ils appartiennent manifestement à des espèces et même à des groupes différents. Et comme, chez certains poissons, l'adulte est seulement trois fois plus long que le leptocéphale, il faut se garder de rêver trop vite...

Il reste que les leptocéphales géants demeurent des pièces à conviction fort importantes. Et que les observations d'anguilliformes géants trouvent, grâce à eux, une vraisemblance accrue. Ces poissons ont parfois la tête arrondie, ou alors pointue. Leur bouche est en position ventrale ou terminale. La plupart semblent posséder une nageoire dorsale continue. Ils sont quelquefois vus dressés verticalement au-dessus de la surface. Ou bien ils nagent sur le flanc, en ondulant, ce qui fait croire à des ondulations verticales. En réalité, les poissons, comme les reptiles, ondulent latéralement. Ces anguilliformes géants qui apparaissent ainsi en surface sont sans doute souvent en train d'agoniser. En quelques circonstances, ils ont été vus enroulés sur eux-mêmes.

En Méditerranée, notamment sur les côtes de Sicile et de Calabre, c'est de murènes gigantesques qu'il paraît s'agir.

L'ombre des mosasaures...

En 1793, les armées de la République française, aux ordres de Kléber, assiègent Maestricht, en Hollande, sur les rives de la Meuse. Ces armées avaient dans leurs rangs un étrange soldat, du nom de Faujas de Saint-Fond. C'était un géologue parisien qui s'était enrôlé beaucoup plus par passion scientifique que par amour des armes. Il espérait s'emparer d'un crâne de mosasaure conservé à Maestricht. Il y parvint, et le précieux crâne aboutit au Muséum de Paris, où il figure toujours.

2. *Des mosasaures au large de la France? La question doit être prise au sérieux.*

Le mosasaure (étymologiquement « lézard de la Meuse ») n'est pas étranger à notre enquête sur le serpent-de-mer. De tous les animaux qui se cachent peut-être derrière cette appellation, c'est sans doute le plus fascinant. Les mosasaures étaient de grands lézards marins qui vécurent au crétacé, c'est-à-dire à la fin de l'ère secondaire. Longs parfois d'une quinzaine de mètres, ils avaient des palettes natatoires en guise de pattes. Leurs mâchoires, et même leur palais, portaient des dents crochues. La structure de leurs vertèbres leur permettait une très grande souplesse : ils nageaient très certainement comme les serpents, par ondulations transversales. On suppose que leur dos portait une crête membraneuse. En raison de leur anatomie, les mosasaures étaient totalement incapables de toucher terre. Ils étaient donc vivipares. Peut-être remontaient-ils les fleuves pour y mettre bas : c'est ce que l'on déduit de la découverte de fossiles de mosasaures dans des gisements continentaux.

De nombreuses observations de serpents-de-mer font irrésistiblement penser aux mosasaures. Ce sont celles, notamment, où les témoins ont parlé de « crocodiles » marins aux membres transformés en battoirs. Les mosasaures, officiellement éteints depuis la fin du Secondaire, soit depuis soixante-dix millions d'années, survivraient alors dans nos mers, y compris au large de l'Europe. Pensons notamment au vol plané du monstre de l'*U-28*.

La redécouverte des mosasaures serait un événement fantastique. Il faudrait supposer qu'un petit nombre de ces reptiles sillonne les océans sans se faire remarquer, ou en n'étant que très rarement observés. Pourtant les mosasaures, étant des reptiles, doivent respirer en surface, comme les cétacés par exemple. Il est vrai que, depuis l'avènement de la navigation à vapeur, les bateaux, n'étant plus tributaires des vents, suivent des lignes immuables à travers les océans. Autrement dit, des animaux inconnus ont pu se réfugier dans les zones où ne passent plus les navires. Le faible nombre de mosasaures survivants poserait un autre problème : en raison de leur faible densité, mâles et femelles parviendraient-ils à se rencontrer? Oui, s'ils ont des voies de migration précises, ou, peut-être, des lieux de rassemblement à certaines périodes.

Autre question : comment expliquer que l'on n'ait jamais trouvé de dépouille de mosasaure sur une plage, ou flottant sur la mer?

Il faut d'abord savoir qu'un cadavre de grand animal marin ne flotte normalement pas. Il ne flotte que s'il possède beaucoup de lard ou si les gaz de putréfaction le font remonter vers la surface. C'est pourquoi les baleiniers enfoncent, à l'intérieur des balénoptères qu'ils ont tués, un tuyau pour les gonfler d'air et les faire flotter. Les possibilités d'échouage sont également réduites. Grâce à leurs battoirs, d'éventuels mosasaures reliques devraient pouvoir regagner la mer. Certes, il serait normal d'en trouver finalement un cadavre échoué. Mais n'oublions pas qu'il existe, de par le monde, des milliers de kilomètres de côtes désertes, où une dépouille de mosasaure pourrait pourrir sans attirer l'attention de qui que ce soit. Bien entendu, les

De curieux « crocodiles »

Vers 1860, le rédacteur en chef d'un journal de Rangoon, W. H. Marshall, est à bord du Nemesis, *au large de la Birmanie, lorsqu'il aperçoit une sorte d'énorme crocodile nageant à grande vitesse, et pourtant contre le courant. Il mesure plus de treize mètres. Près de la moitié antérieure de son corps sort de l'eau.*

En 1877, le Sacramento *vogue en plein Atlantique quand apparaît un animal jaunâtre ou roussâtre, à tête d'alligator, long de quinze à dix-huit mètres. Des palettes natatoires s'observent à trois mètres en arrière de la tête.*

Beaucoup plus récemment, en août 1976, un énorme crocodile de quinze mètres est signalé sur les côtes de Bornéo. Il est accusé d'avoir tué un bûcheron. Un habitant parvient à le harponner, et il est trouvé mort le lendemain. S'agissait-il d'un crocodile marin? Ce monstre est certes connu, et néanmoins très impressionnant, avec ses dix mètres de long. Mais il n'atteint jamais quinze mètres. Alors, le monstrueux reptile appartenait-il à une espèce inconnue? Et était-il venu de la mer?

divers problèmes que nous venons d'évoquer valent aussi bien pour les autres types de serpents-de-mer.

Reste la possibilité que les serpents-de-mer reptiliens ne soient pas, ou ne soient pas tous, des mosasaures. Ils pourraient être, par exemple, des thalattosuchiens, autrement dit des crocodiles marins. Ceux-ci, qui vécurent aussi à l'ère secondaire, avaient également des pattes transformées en palettes natatoires; leur corps se terminait certainement par une nageoire fourchue. Ils étaient très bien adaptés à la vie en haute mer.

De bien étranges cétacés

Les cinq autres types de serpents-de-mer seraient, nous l'avons dit, des mammifères. Ils sont désignés, pour l'instant, par des sobriquets expressifs inspirés par leur aspect : la superloutre, le multiaileron, le multibosse, le cheval marin et le long-cou. Disons tout de suite que les trois premiers seraient des cétacés; et les deux derniers, des pinnipèdes : les pinnipèdes, rappelons-le, sont les carnivores marins, c'est-à-dire les phoques, les otaries et les morses.

En premier, donc, la superloutre. Ce grand mammifère marin se localiserait à l'océan Glacial Arctique, à la côte norvégienne et aux parages du Groenland. Et, comme le dernier témoignage le concernant remonte à 1848, on a de bonnes raisons de croire que l'espèce est éteinte. Cet animal aurait donc évoqué une loutre géante, surtout par la tête. Il aurait possédé quatre pattes aux doigts palmés. Sa peau, rugueuse, aurait été brun grisâtre. Zoologiquement, la superloutre serait un cétacé primitif du groupe des archéocètes. Ceux-ci, qui vécurent à l'ère tertiaire, étaient effectivement assez serpentiformes : le principal était le zeuglodon.

Le multi-aileron serait également un archéocète. Ce serait un serpent-de-mer des océans tropicaux, et qui fréquenterait, entre autres, les parages du Vietnam et ceux de Madagascar. Souvenons-nous en effet des descriptions du monstre de la baie d'Along. Rappelons-nous que le lieutenant Lagrésille avait parlé de « dents de scie » couvrant son dos. Quant à Tran Van Con, il avait évoqué la structure segmentée de l'animal, la dureté de ses téguments et les appendices qu'il aurait portés. Cela donne au total un portrait-robot pour le moins insolite. On imagine mal un grand animal marin « segmenté » comme le serait un insecte, un crustacé ou un mille-pattes. (N'oublions pas non plus que le monstre était appelé « mille-pattes » par les Annamites.)

Or Heuvelmans a judicieusement rapproché cette description d'un passage de l'*Histoire entière des poissons,* œuvre de Guillaume Rondelet, un zoologiste français du seizième siècle. Dans cet ouvrage, Rondelet décrit une mystérieuse « scolopendre cétacée » : or les scolopendres ne sont autres que les mille-pattes... Serions-nous sur la bonne piste? Selon Rondelet, cette scolopendre cétacée est un animal marin, que l'on rencontre aux Indes (donc non loin de l'Indochine), dont les « pieds » ont une fonction de rames. Et il précise : « Les mariniers disent qu'elle s'élève quelquefois sur la mer, et qu'on lui voit les poils des narines fort grands, la queue comme la queue d'une langouste, le reste du corps peut être comparé à une galère de trois rames par banc. » Or diverses observations de monstres marins évoquent tout à la fois cet étrange animal et le serpent-de-mer de la baie d'Along. Ainsi, en 1877, le yacht britannique *Osborne* avait rencontré au large du cap Vito, en Sicile, un monstre muni d'une rangée de nageoires pointues. Dans l'ensemble, les observateurs rapportent que ce type d'animal porte ses nageoires sur son dos. En fait, il est permis de se demander si elles ne sont pas plutôt situées sur le flanc. Lorsque le monstre effectue un virage sur le flanc, elles paraîtraient placées sur le dos.

A Madagascar, l'animal appelé *tompondrano,* c'est-à-dire le « maître des eaux », semble bien être un multi-aileron, *alias* scolopendre cétacée. Long de vingt à vingt-cinq mètres, le tompondrano serait couvert de plaques dures, assez semblables aux plaques ossifiées des crocodiles. Sa queue évoquerait celle d'une crevette (rappelons-nous que Rondelet attribuait à sa scolopendre une queue de langouste).

En définitive, donc, le multi-aileron serait un cétacé primitif du groupe des archéocètes. Sa tête ronde serait portée par un cou délié, pas très long. Son corps serait donc pourvu, de chaque côté, d'une série d'ailerons (de quatre à douze), pointus et légèrement inclinés vers l'avant. Sa peau est donc sous-tendue par des plaques ossifiées. Il est de couleur brune, avec des marbrures jaunes.

Le multibosse serait un proche parent du multi-aileron. Du moins le pense-t-on, car s'il semble devoir se ranger, lui aussi, parmi les archéocètes, il pourrait être un sirénien. On sait que les siréniens comprennent les lamantins, le dugong et la rhytine de Steller (ou vache-de-mer), qui habita le Pacifique nord. Les siréniens sont des mammifères aquatiques, herbivores, pratiquement incapables de venir à terre.

Nous avons remarqué que nombre de témoins du serpent-de-mer ont évoqué des « bosses ». Celles-ci peuvent s'expliquer de différentes façons, soit par des ondulations du corps, soit par des bosses bien réelles, soit par la combinaison des deux. Cette dernière interprétation serait la bonne dans le cas du multibosse, qui serait un grand cétacé, à tête obtuse, au mufle épais et au cou délié. Son dos porterait donc une série de bosses. Un aileron triangulaire est parfois signalé sur le garrot, de même qu'une paire de palettes natatoires. Le dos, noir ou brun foncé, contraste nettement avec la gorge et le ventre, qui sont blancs. La taille serait d'une bonne vingtaine de mètres. Si on l'a rapproché des siréniens, c'est parce que ses bosses ne sont pas sans évoquer les constrictions transversales de la rhytine, animal dont nous reparlerons. Nageur très rapide, le multibosse voguerait, par amples ondulations, à soixante kilomètres/heure. Ses bosses pourraient lui servir de réserves d'oxygène lors des plongées ; son fief principal serait la côte atlantique de l'Amérique du Nord, entre Terre-Neuve et New York, avec une prédilection pour le Massachusetts. Mais il fréquente aussi les parages de l'Europe, et pénétrerait en Méditerranée.

3. *Portrait-robot du multibosse.*

Après le multibosse, le cheval marin. Avec lui, nous quittons les cétacés, puisque, nous l'avons dit, il s'agirait d'un pinnipède. Nous avons remarqué que le serpent-de-mer était parfois comparé à un cheval. Une telle assimilation peut concerner plusieurs types de serpents-de-mer, mais surtout, bien sûr, le cheval marin. Celui-ci serait donc une sorte de grand phoque, adapté à la vie au large et qui ne viendrait jamais à terre. Il mettrait bas en pleine mer, comme le font les cétacés et parfois, d'ailleurs, les phoques et les morses. Il serait même capable de plonger à de grandes profondeurs. Ce qui donnerait à cet animal une allure chevaline, c'est la crinière flottante qui garnit son assez long cou. Il porte également moustache et il a de très grands yeux. Au cours de ses plongées – pour lesquelles de gros yeux sont bien utiles – le cheval marin rencontrerait des calmars géants, et leur livrerait combat. Ainsi, le 30 septembre 1923, près de Nouméa, en Nouvelle-Calédonie, plusieurs personnes assistent au combat d'un calmar contre un serpent-de-mer à l'ample crinière : les deux combattants émergent de la mer au cours de la lutte féroce qu'ils se livrent.

La Nouvelle-Calédonie est l'un des fiefs du cheval marin. Mais celui-ci a été signalé un peu partout, depuis l'Europe jusqu'à l'Afrique du Sud. Son domaine favori, cependant, demeure la côte pacifique du Canada et des Etats-Unis, et tout particulièrement les parages de l'île de Vancouver. Dans les années 1938-1940, la presse canadienne était pleine d'articles sur Caddy – tel était le surnom donné au serpent-de-mer de Colombie britannique. Voici un échantillonnage des titres de ces articles : « On dit que Caddy a un jumeau ou un conjoint »,

« Caddy revient – avec un fils », « En vieillissant, Caddy devient plus rapide », « Caddy renâcle comme un taureau ». Bref, Caddy était devenu, dans les années d'avant-guerre, une vedette. Et, en 1942, lorsqu'un sous-marin japonais bombarda un endroit où le monstre avait été vu, on prétendit qu'il l'avait fait exprès. L'indignation redouble lorsque, un peu plus tard, un pêcheur raconta l'avoir tué. Que l'on se rassure, Caddy réapparut après la guerre.

L'otarie à long cou

Le deuxième serpent-de-mer à classer parmi les pinnipèdes est le long-cou, sobriquet qui désigne l'otarie géante à long cou.

D'innombrables témoignages sur le serpent-de-mer concernent, nous l'avons remarqué, un animal au long cou vertical, évoquant un périscope, un manche de parapluie ou un poteau télégraphique. Il est classique d'assimiler ce type de monstre aux plésiosaures, comme nous le savons également. Cependant, la survivance des plésiosaures serait plus difficile à imaginer que celle des mosasaures, par exemple, et ce pour plusieurs raisons. Les plésiosaures étaient, d'après leur anatomie, capables de venir à terre, notamment, sans doute, pour pondre. On les aurait donc remarqués depuis longtemps... Il est vrai qu'ils auraient eu le temps de devenir vivipares.

Les plésiosaures sont généralement décrits comme des reptiles très souples, au cou serpentin. En réalité, l'examen de leurs vertèbres montre que leur corps et leur cou devaient être plutôt raides, ce qui ne s'accorde guère avec l'allure ondulante des serpents-de-mer à long cou. Autre problème : les plésiosaures avaient une longue queue, ce qui ne semble pas être le cas des monstres à cou allongé. La « queue » qui est parfois décrite serait en réalité les deux membres postérieurs dirigés vers l'arrière pendant la nage. Pour remplacer l'improbable plésiosaure, il fallait donc trouver un animal massif au long cou, aux membres transformés en battoirs, et à la queue réduite ou absente. Mis sur la voie par Oudemans, Heuvelmans estime que les serpents-de-mer de ce type, si souvent décrits, surtout sur les côtes d'Europe, seraient des otaries géantes à long cou.

Grâce aux nombreux témoignages la concernant, cette espèce, dont on ne possède pourtant aucun spécimen, peut être décrite avec presque autant de précision que ses cousins le morse et l'éléphant-de-mer! *Megalotaria longicollis* – pour l'appeler par son nom scientifique – mesurerait en moyenne une dizaine de mètres. Sa tête ronde, un peu aplatie, a un museau assez effilé, qui s'allonge avec l'âge. La bouche, grande, est munie de moustaches. Les yeux sont petits (bien que certains observateurs fassent état d'yeux assez grands). Le cou, long et souple, mesure de un mètre à cinq mètres. Il est cylindrique et peut se recourber dans tous les sens. L'otarie repose parfois son cou sur son dos, à la manière d'un cygne. Le corps, massif, en barrique, varie d'aspect, sans doute grâce à l'épaisse couche de graisse qui se trouve sous la peau. Il montre plusieurs bosses dorsales, en général trois, celle du milieu étant la plus grosse. Ces bosses pourraient être des sortes de sacs pneumatiques gonflables, servant de réservoirs d'air. Les quatre membres, aux gros doigts, sont, bien sûr, palmés. Un léger pelage ras couvre le corps : il semble luisant lorsqu'il est mouillé, mais rêche lorsqu'il est sec. Ce pelage est brun foncé, avec des taches noires ou blanchâtres; le ventre est jaune sale. Une crinière existe quelquefois, semble-t-il, à la racine du cou. Elle rappellerait celle du cheval marin. Certains zoologistes pensent même, ce qui est difficilement défendable, qu'il s'agit là des deux sexes de la même espèce.

Seul serpent-de-mer capable de venir à terre, où elle se déplace à la façon des autres otaries, l'otarie géante n'a pourtant guère besoin d'y aller, puisqu'elle met bas en pleine mer. Cette capacité indiquerait pourquoi l'espèce a pu conserver son incognito jusqu'à notre époque. Autre explication possible : de nombreux témoins ayant signalé de petites « cornes » sur la tête de l'animal, ces pseudocornes pourraient être des tubes prolongeant les narines et permettant à la *Megalotaria* de respirer en surface, sans se montrer. Il est vrai que ces « cornes » peuvent aussi être des oreilles externes. Les otaries, au contraire des phoques, en possèdent en effet : leur nom vient même du grec *otarion*, « petite oreille ». L'otarie à long cou paraît curieuse : pour localiser un bruit, elle tourne la tête à droite et à gauche. Elle émet, mais rarement, un cri aigu et perçant. Amie du soleil et de la chaleur, elle accomplit peut-être des migrations. Au printemps, et à l'été, elle fréquenterait surtout les mers froides, d'où, à la fin de l'été, elle gagnerait les océans tropicaux. En tout cas, les côtes d'Europe occidentale semblent favorisées par ses visites, comme celles d'Amérique du Nord et d'Australie.

Au total, cet animal inconnu est vraiment... bien connu. Il est possible, nous venons de le voir, d'en tracer un portrait anatomique, biologique et écologique cohérent. Il reste deux types de serpents-de-mer qui, eux, au contraire, restent seulement en pointillé. Heuvelmans les a tout de même baptisés : ce sont le « père-de-toutes-les-tortues » et le « jaune ».

Certains témoignages sur le serpent-de-mer paraissent s'appliquer à des tortues géantes que les habitants de Sumatra semblent connaître et appellent « le-père-de-toutes-les-tortues ». Existe-t-il vraiment une tortue marine géante? On ne peut le dire. Des tortues gigantesques sont connues à l'état fossile. La plus grande tortue actuelle, la tortue-luth, qui dépasse parfois deux mètres, peut, plus simplement, être à l'origine de telles observations. Quant au « jaune », ce serait une sorte de « têtard » géant, de couleur jaune, rayé de noir. S'il existe vraiment, quel est-il? Un grand poisson, requin, raie ou autre? Un amphibien (ou batracien)? C'est peu probable, car les amphibiens se cantonnent pratiquement à l'eau douce.

En tout cas, après avoir été un monstre sans visage, le serpent-de-mer est désormais un monstre à multiples visages, sur lesquels on peut enfin, avec une certaine vraisemblance, mettre des noms.

Les avez-vous reconnus?

Il est possible de rapporter les divers monstres marins évoqués dans les chapitres II et III aux espèces qui seraient en cause dans l'énigme du serpent-de-mer. Si vous n'avez pas trouvé, voici les réponses. Il est bien entendu que ces identifications sont données dans les limites de nos connaissances actuelles. (Les rencontres citées au cours de la description des espèces ne sont pas mentionnées.)

– Poissons anguilliformes géants :
Privateer *(1879);* Moss *(1891-1893);* Valhalla *(1905); Corse (1907); Melville Island (1916);* India *(1923); Norvège (1927); Dayang (1967); île Coco (vers 1970).*
– Reptiles marins (mosasaures?) :
Nemesis *(vers 1860);* Sacramento *(1877);* U-28 *(1915); Paimpol (vers 1925); Bornéo (1976).*
– Multi-aileron :
Baie d'Along (1883, 1897, 1898).
– Multibosse :
Massachusetts (1817); Hilary *(1917); Camargue (1964).*
– Cheval marin :
Delta *(1861); baie d'Along (vers 1915); Royan (1972).*
– Otarie à long cou :
Daedalus *(1848); Pays-Bas (1904-1907); Grèce (1907); Saint-Quay (1911); Tasmanie (1913); Herm (1923); Corse (1924); Querqueville (1934); Etables (1939); La Turballe (1945);* Santa Clara *(1947); baie d'Along (1948); Cliftonville (1950); Finlande (1957); Rio (1958); Cardigan (1963);* Alvin *(1969); Queensland (1975); Cornouailles (1975-1976); Australie (1975-1976).*
– Père-de-toutes-les-tortues :
Soay (1959).
– Jaune :
Nestor *(1876).*
– Requins connus ou inconnus :
Stronsa (1808); Zuiyo Maru *(1977).*
– Impossibles à déterminer :
Lorraine *(1904); Dungeness (1906); Californie (1925); Corpus Christi (1944); Goro (1975); Chesapeake (1978); Pittwater (1979).*

Remarques :
– On voit donc que la baie d'Along n'est pas seulement fréquentée par des multi-ailerons, mais aussi par d'autres monstres.
– C'est sans doute l'un des spécimens vus à Saint-Quay-Portrieux qui a été signalé le 19 août suivant dans l'Atlantique par le vapeur hollandais Amsteldijk.

4

Megalodon!

A perte de vue, le Pacifique étend ses eaux bleues. Pas le moindre navire à l'horizon. Seulement deux oiseaux – frégates ou albatros? – qui s'éloignent avec légèreté, à bonne hauteur, dans le ciel sans nuages. Soudain, un énorme dos gris crève la surface de la mer. Un animal immense glisse nonchalamment, le dos surmonté d'un aileron triangulaire. Lorsque sa tête apparaît, il n'y a plus de doute sur son identité : c'est un requin colossal. Un requin qu'aucun cinéaste n'aurait osé imaginer. A quelques centaines de kilomètres seulement de lui, il y a peut-être une île ou un continent avec une ville, où des spectateurs frémissent en regardant la énième version des *Dents de la mer.* Le requin géant flâne encore quelque temps, en surface. Puis, lentement, majestueusement, le *Carcharodon megalodon* bascule ses trente mètres et ses soixante tonnes vers les profondeurs, où il continuera à mener sa vie errante, la même qu'il y a vingt-cinq millions d'années, comme si les hommes n'existaient pas.

***

Le requin blanc *(Carcharodon carcharias)* est classiquement considéré comme le plus dangereux des squales. Par sa taille, il est le troisième des requins. Il se classe en effet après le requin-baleine, qui atteint vingt mètres et se cantonne aux mers tropicales, et le requin-pèlerin, que nous connaissons déjà. Mais ces deux géants sont des mangeurs de plancton dont les hommes n'ont rien à redouter. Il n'en est pas de même du requin blanc, surnommé le « grand blanc » ou, avec quelque outrance, la « mort blanche ». En réalité, il n'est pas blanc. Il a le dos gris foncé, avec le ventre blanc. Une tache noire se remarque à la base des nageoires pectorales. Squale de haute mer, surtout répandu dans les mers tropicales, le requin blanc s'approche parfois des côtes, et il s'est déjà échoué en France. Bien entendu, l'animal est dangereux pour un homme qui tomberait à l'eau dans son voisinage, ce qui n'arrive pas tous les jours à l'Européen ou à l'Américain moyen. Il est vrai que les dents du requin blanc sont fort impressionnantes. Longues et larges, crénelées, en forme de poignard, elles mesurent jusqu'à sept centimètres et demi, du collet à la pointe.

Un requin blanc de huit mètres est déjà un beau spécimen, dépassant nettement la moyenne de l'espèce. Certains individus, semble-t-il, sont encore bien plus grands. En 1870, on captura à Port Fairy, dans l'état de Victoria, en Australie, un requin blanc qui aurait mesuré onze mètres dix. Toutefois, l'examen de ses mâchoires et de ses dents, conservées au British Museum of Natural History de Londres, ne paraît pas confirmer de telles dimensions.

Un super-requin blanc

Jadis, dans les mers, il exista un requin blanc beaucoup plus grand que l'espèce actuelle. Ce *Carcharodon megalodon* apparut au miocène, c'est-à-dire il y a environ vingt-cinq millions d'années (ou peut-être avant), pour s'éteindre, pense-t-on, voici seulement dix mille ans.

Le megalodon devait mesurer de vingt-cinq à trente-cinq, ou même quarante mètres! Les plus grands spécimens auraient pu peser deux cents tonnes, dépassant ainsi les grands cétacés actuels, qui « plafonnent » à cent vingt tonnes. Bref, le megalodon aurait été l'animal le plus lourd de tous les temps! Ses mâchoires, démesurées, avaient jusqu'à un mètre quatre-vingts d'ouverture. (Une photo, souvent reproduite, montre un homme s'y tenant debout.) Ses dents mesuraient quinze centimètres, voire plus. Une colline de Californie a été baptisée « Sharktooth Hill » (la colline de la Dent du Requin), car des dents de megalodons y furent trouvées en abondance. En Floride, des dents de vingt-quatre centimètres auraient même été découvertes. Au Muséum de Paris, le Pr. Charles Roux et Patrick Geistdoerfer étudient actuellement des dents de requins trouvées dans le fond de l'océan Indien. Elles constituent le noyau de nodules et remonteraient à cent mille ans, mais certaines paraissent plus récentes. Parmi elles figure une dent de *Carcharodon* dépassant huit centimètres. Il s'agit, jusqu'ici, bien sûr, de restes fossiles. Cependant, on peut s'interroger sur la survivance de ce super-requin blanc. Possibilité fantastique, qui s'appuie sur plusieurs indices. Un requin blanc géant de vingt mètres a la réputation de fréquenter la False Bay, près du Cap. En mars 1980, une dépêche de Ballina, en Australie, affirmait : « Des observations d'un requin de quatre-vingt-dix pieds vu au large de la côte du Queensland et de Nouvelle-Galles du Sud se rapportent, croit-on, à l'ancien requin géant, *Carcharodon megalodon*, ancêtre du requin blanc moderne. Des dents fossiles de la gigantesque créature, vieilles seulement de cinq mille ans, ont été découvertes au large de la côte de Victoria ces dernières années [1]. » On peut se demander si les dents de megalodon trouvées au fond de la mer sont toujours fossiles. Le célèbre navire océanographique *Challenger*, à la fin du siècle dernier, avait découvert, au fond du Pacifique, des dents actuelles de requin blanc, longues de douze centimètres et demi. D'ailleurs, l'examen des dépouilles de baleines ramenées naguère à la station baleinière australienne d'Al-

1. *Strange Phenomena*, 5, 1, mars 1980, p. 5.

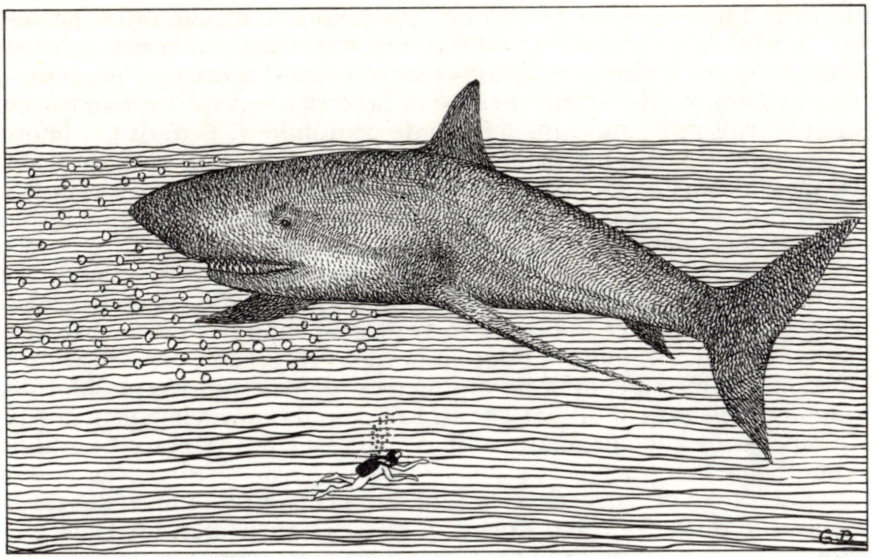

4. *Le megalodon : des « dents de la mer » qu'aucun cinéaste n'oserait imaginer.*

bany a montré des traces de blessures, dont les auteurs ne pouvaient être que de gigantesques requins blancs. Il y a mieux encore. En mars 1954, le cotre australien *Rachel Cohen* est en cale sèche à Adélaïde. On découvre alors, plantées dans sa quille en bois, dix-sept dents de requin blanc. Elles mesurent en moyenne huit centimètres à la base et dix centimètres du collet à la pointe. Ces dents se trouvent juste à l'aplomb de l'arbre d'hélice, qui est tordu. Le demi-cercle décrit par l'implantation des dents et des traces a, environ, deux mètres de diamètre! Le capitaine se souvient alors d'un choc nocturne, lors d'une tempête, dans les parages de Timor, en Indonésie. Il est possible que le super-requin ait été attiré par les reflets de l'hélice. Sa longueur fut évaluée à vingt-quatre mètres. Des faits concordants plaident donc en faveur de la survivance du megalodon. Il habiterait à des profondeurs plus grandes que le requin blanc « normal », mais non dans les abysses, où, nous le savons, il ne trouverait pas de nourriture. La survie de ce monstrueux requin a, en outre, l'intérêt d'expliquer une autre énigme : si colossal soit-il, le megalodon servirait de proie à un autre monstre, dont on se demande comment il se nourrit. Rendez-vous au chapitre suivant.

Des mérous géants

La découverte récente de l'extraordinaire requin à grande bouche, que nous avons relatée, prouve en tout cas qu'il existe des poissons de forte taille toujours inconnus. Et certains océanographes en ont vu, de leurs « yeux vu »! Ainsi, John Isaacs, de l'Institut Scripps d'océanographie, en Californie, avait construit des dispositifs compliqués, avec caméra, appât, bouée lumineuse, pour photographier les poissons jusqu'à trois mille six cents mètres de profondeur. Il réussit la photo d'une espèce inconnue de sept mètres, au large de Baja California. De même, dans les environs des Hawaii, par mille huit cent cinquante mètres de fond, il photographia six autres spécimens, dont l'un de plus de neuf mètres.

Ancien directeur adjoint du département océanographique de l'UNESCO, le Dr. Eugène Lafond effectue en 1966 des recherches au large de San Diego, dans une sorte de soucoupe plongeante baptisée *Deepstar 4000.* Un jour, le pilote lui crie : « Regardez, regardez! » Un poisson gigantesque, long de dix mètres, défile devant un hublot! Sa silhouette est celle d'un bar géant. Les deux hommes le voient battre de la nageoire caudale, haute d'un mètre vingt. Ses yeux sont « grands comme des assiettes ».

Directeur de la section de biologie marine de l'université de la Californie du Sud, le Dr. Robert J. Menzies participait en 1958 à la croisière océanographique du *Vema,* avec pour ambition de capturer un monstre inconnu. Un jour, alors que le *Vema* croisait au large de la côte pacifique de l'Amérique du Sud, il a bien cru toucher au but. Il avait appâté son hameçon avec un grand calmar et l'avait descendu à trois cent soixante mètres de profondeur. Au bout d'un moment, la corde se tend. Menzies et son compagnon se regardent, stupéfaits : un animal avait la force de secouer un hameçon d'un mètre, un « plomb » de quinze kilos et un câble d'acier de trois cent soixante mètres! Les deux hommes commencent à haler. Lorsque l'hameçon émerge, ils ont la surprise de constater que le crochet est tordu ; le calmar a disparu. Quel animal avait mordu? Un megalodon, peut-être? Un autre poisson? Ou l'un de ces monstres dont il sera parlé dans le prochain chapitre. Personnellement, je préfère que l'on découvre ces animaux autrement qu'en les capturant.

Particulièrement intriguantes sont les cinq dents découvertes, en 1968, plantées dans le corps d'un petit requin capturé au large du Portugal. Longues de douze centimètres, blanches, ces dents ont, au niveau du collet, le calibre d'un cigare, puis elles s'affinent jusqu'à leur pointe, acérée comme une aiguille. Elles sont légèrement cambrées. De quel animal provenaient-elles? Quel poisson géant avait essayé de croquer le petit requin? L'hypothèse la plus vraisemblable est qu'il se serait agi d'un mérou, mais un mérou colossal.

Cibles trop fréquentes, hélas, des chasseurs sous-marins, les mérous sont des poissons massifs, carnivores et voraces, dont une espèce vit en Méditerranée. Les mérous des mers chaudes ont souvent de belles couleurs.

Un mérou géant *(Promicrops lanceolatus)* habite les océans tropicaux. Sa tête est énorme, et sa gueule a quarante centimètres de diamètre. En Polynésie, le record de taille appartient à un spécimen capturé à Bora Bora en 1967 : il mesurait deux mètres quinze, et accusait cent quarante-huit kilos et demi. Des mérous encore plus grands auraient été vus sur le littoral d'Australie : longs de plus de deux mètres cinquante, ils pèseraient, pense-t-on, quelque trois cents kilos. Sur les côtes brésiliennes et dans le golfe du Mexique, ce sont des spécimens de plus de cinq cents kilos qui auraient été vus, et pêchés...

Nous devons à Adrian Conan Doyle d'intéressants témoignages sur le « bass géant » qui habiterait le littoral oriental de l'Afrique [1]. Celui-ci raconte qu'au prix de gros efforts il est parvenu, sur la côte du Kenya, à pêcher un énorme bass, autrement dit un mérou, long de deux mètres vingt, mais pesant seulement cent quinze kilos. Il faut dire qu'un tiers du corps du poisson était occupé par une gueule immense : le tour de ses mâchoires atteignait un mètre dix. Selon A. Conan Doyle, l'espèce peut peser jusqu'à deux cent soixante-quinze kilos, et même, au dire de certains pêcheurs, une tonne! Il court au Kenya d'effrayantes histoires de mérous géants qui auraient dévoré des hommes. Un administrateur britannique, qui nageait dans le port de Lindi, aperçut une grande ombre qui montait vers lui. Il atteignit un radeau, juste au moment où, tout près de lui, retentissait un claquement sec : le bruit des mâchoires du bass qui se refermaient...

Certains n'ont pas craint d'assimiler le « poisson » biblique qui avala Jonas, classiquement considéré comme un cachalot, à un mérou géant...

Le problème du « ri »

Le 8 janvier 1983, la presse [2] annonce, avec photos à l'appui, la découverte du « monstre de la baie des Anges ». Les photos montrent six personnes tenant fièrement la dépouille d'un animal serpentiforme long de trois mètres vingt-cinq. Celui-ci a été capturé par un pêcheur dans la baie des Anges, près de Nice.

L'identifier n'est pas difficile : il s'agit de l'un des plus grands poissons marins, le régalec *(Regalecus glesne)*, souvent surnommé « roi des harengs » (parce qu'il avait la réputation d'accompagner les bancs de harengs). Cette espèce est parfois signalée sur nos côtes méditerranéennes : un spécimen a été capturé à Super-Plage (Var) en juillet 1981, et un autre à l'île du Levant en juillet 1963. Elle apparaît parfois aussi sur le littoral atlantique. Elle fréquente d'ailleurs les océans du monde entier.

Le régalec doit à son aspect ses autres appellations de « poisson-rame » ou de « poisson-ruban ». Mesurant jusqu'à sept mètres, il est

1. Dans son livre : *Océan Indien, un paradis peuplé de monstres* (Flammarion, 1954). A. Conan Doyle était le fils du romancier. On lui doit également des informations sur un mystérieux reptile d'Ethiopie. Il avait vraiment hérité de son père le goût de la cryptozoologie...
2. Notamment *Midi libre*.

haut seulement de trente à cinquante centimètres, et large de dix à vingt-cinq centimètres. Et encore, le quart ou la moitié de sa hauteur correspond à sa nageoire dorsale, qui s'étend de la tête à la queue. Cette nageoire dorsale est rouge, voire écarlate, et dentelée. Ses premiers rayons, étirés, forment une aigrette longue d'un mètre. Les nageoires pelviennes (c'est-à-dire les nageoires paires de l'arrière du corps) sont réduites à deux rayons épineux. De même, la nageoire caudale (autrement dit la queue) se présente sous l'aspect de quelques filaments. La peau est nue, sans écailles, vaguement argentée, avec de petites taches sombres. Les dents, minuscules, sont aiguës.

Le régalec nous intéresse non seulement parce qu'il est encore très mal connu, mais aussi parce qu'il s'est trouvé mêlé plus d'une fois à des affaires de monstres. Il arrive parfois en effet qu'un régalec apparaisse en surface, ondulant tel un serpent. Il est alors souvent pris pour un serpent-de-mer. Par exemple, en novembre 1917, des membres de l'équipage du vapeur hollandais *Hazenwind* observent un monstre marin entre Bornéo et Célèbes. Ils signalent une ligne rouge sur sa tête : ce détail trahit à coup sûr un régalec.

Ce poisson ne semble pas dépasser sept mètres. Il pèse alors plus de deux cent cinquante kilos. On lui a quelquefois accordé des dimensions plus grandes, jusqu'à vingt mètres. Rien ne permet d'affirmer qu'il atteigne une telle taille. Si on la lui attribuait, c'était pour expliquer des apparitions de serpents-de-mer qui n'étaient pas du tout des régalecs.

Si, donc, de nombreux grands poissons sont encore mal connus, voire inconnus, il en est de même de certains cétacés (sans parler de ceux impliqués dans l'énigme du serpent-de-mer). Par exemple, diverses espèces de baleines-à-bec ne sont guère connues que par des dépouilles ou des ossements échoués sur des plages. Et il y a l'inverse : des cétacés qui ont été vus en mer, mais dont on ne possède aucun spécimen. Ainsi, lors de l'expédition du *Discovery* dans l'océan Antarctique, en 1902, le Dr. Edward Wilson observa des cétacés d'une espèce manifestement inconnue. Longs de six à neuf mètres, presque entièrement noirs, ils avaient un très grand aileron dorsal, haut d'environ un mètre, en forme de sabre. Cette espèce avait déjà été signalée, par Sir James Ross notamment. Sans doute s'agit-il d'une orque inconnue.

A plusieurs reprises, des cétacés à deux nageoires dorsales ont été observés. En 1819, une bande entière de ces étranges dauphins ont été rencontrés dans le Pacifique, entre les îles Hawaii et l'Australie, par une expédition scientifique. Ces dauphins portent sur le front une sorte de nageoire recourbée en arrière, en plus de l'habituel aileron dorsal. Tout récemment a éclaté une nouvelle affaire cryptozoologique dans laquelle un mammifère marin inconnu est, d'évidence, en cause. Au début, cette affaire pouvait susciter quelque suspicion, lorsque, dans la presse américaine, parurent des titres de ce genre : « La découverte du siècle! Une famille de sirènes trouvée dans le Pacifique [1]. »

1. *Weekly World News* du 13 septembre 1983.

L'on apprenait ainsi qu'un ethnographe de l'université de Virginie, le Dr. Roy Wagner, avait découvert des êtres bizarres sur les rivages de Nouvelle-Irlande. Cette île est située au nord-est de la Nouvelle-Guinée, et fait partie de la Papouasie-Nouvelle-Guinée. Les descriptions de ces êtres, prétendument humanoïdes, étaient pour le moins extravagantes. Ils auraient été connus des habitants, qui, même, les mangeaient.

Le Dr. Wagner retourna sur l'île, en compagnie de Richard Greenwell, également américain, qui s'était déjà illustré dans d'autres expéditions zoologiques. Ils réussirent des photos du *ri* – c'est ainsi que les insulaires appellent l'étrange animal – et rapportèrent de nouveaux éléments à son sujet. Les photos montrent le dos d'un mammifère en train de nager en surface. Cet animal présente, quand il nage, une flexion prononcée. Il n'a pas d'aileron dorsal. Sa queue, bilobée, est horizontale, ce qui est bien un caractère de mammifère.

Le *ri* pourrait être soit un cétacé, soit un sirénien. Dans le premier cas, il serait étrange qu'il n'ait pas d'aileron dorsal, lequel existe chez l'immense majorité des cétacés. Dans le second cas, on pense tout de suite au dugong, qui habite les côtes de Nouvelle-Guinée et des régions voisines. Cependant, les habitants de Nouvelle-Irlande connaissent le dugong et le distinguent bien du *ri*. De plus, la flexion que présente celui-ci en nageant est beaucoup plus importante que chez le dugong.

Le fait que le *ri* soit, semble-t-il, localisé à un petit secteur fait plutôt penser à un sirénien, car les cétacés ont en général une vaste répartition. En tout état de cause, on a manifestement, avec le *ri*, un mammifère marin ignoré à portée de la main.

Fascinante vache-de-mer

Restons parmi les siréniens pour nous intéresser à un animal fascinant entre tous, la rhytine de Steller, ou vache-de-mer *(Hydrodamalis stelleri)*. Son histoire commence en 1741. Le tsar de Russie Pierre le Grand a envoyé une flotte en direction de la Sibérie orientale. Elle a mission de résoudre un mystère : l'Amérique et l'Asie sont-elles reliées par un isthme ou séparées par un détroit?

Le chef de l'expédition est le Danois Vitus Béring. Le naturaliste de la mission est l'Allemand Georg Wilhelm Steller. L'expédition découvrira le détroit auquel son chef laissera son nom. Une autre trouvaille immortalisera le nom de Steller.

L'un des navires de la flotte, le *Saint-Pierre*, fait naufrage près d'une île déserte, à l'est du Kamtchatka. Béring et Steller, qui étaient à bord, errent avec leurs compagnons sur les rivages de l'île. Soudain, ils tombent en arrêt devant un spectacle ahurissant. Dans l'eau peu profonde qui baigne les criques de l'île sont vautrés, par dizaines, d'énormes animaux inconnus. Ils mesurent jusqu'à huit mètres. Ce ne sont ni des phoques, ni des otaries, ni des morses. Ils broutent le varech ou les choux marins, qu'ils mâchonnent lentement, en balançant la tête et le cou. Des goélands se posent sur leur dos, pour manger

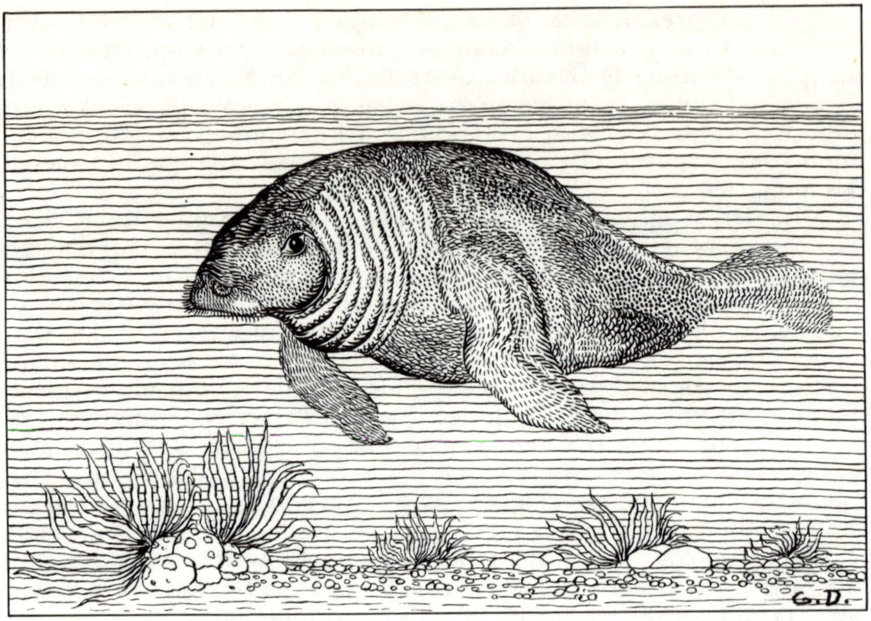

5. *On espère toujours revoir les rhytines dans les solitudes du Pacifique Nord.*

les crustacés parasites qui grouillent dans les replis de leur peau. Leur corps paraît en effet annelé sous l'effet de constrictions transversales. Leur peau noirâtre, presque cornée par endroits, semble distendue par la graisse; des poils se remarquent çà et là. Les pattes antérieures des étranges animaux sont transformées en nageoires. Il n'y a pas de membres postérieurs. Le corps se termine par une nageoire fourchue.

Les navigateurs peuvent se promener au milieu des troupeaux de ces animaux. Leur dos émerge constamment. De temps à autre, ils sortent la tête de l'eau, en respirant bruyamment. Les jeunes demeurent au voisinage des adultes, qui se placent autour d'eux pour les protéger, quand les bandes se déplacent. Pour dormir, ces curieuses bêtes se mettent sur le dos, le ventre en l'air.

Steller a vite compris dans quel groupe de mammifères celles-ci se classaient. Leurs mamelles en position pectorale, notamment, lui ont fait comprendre qu'il s'agissait de siréniens. Ces animaux ont donc pris place dans cet ordre, au voisinage du dugong et des lamantins. Ils seront désormais connus sous l'appellation de « vaches-de-mer » ou de « rhytines de Steller ».

Béring meurt du scorbut sur l'île qui portera également son nom. Avec sa voisine, l'île du Cuivre, également habitée alors par les rhytines, l'île de Béring fait partie des îles du Commandeur, qui appartiennent à l'URSS. Au milieu du dix-huitième siècle, l'effectif de vaches-de-mer pouvait être évalué à deux mille sujets environ.

La vache-de-mer était parfois longue de neuf mètres pour un poids de treize tonnes. Ce monstre sans défense n'allait pas tarder à être massacré pour sa chair et sa graisse. Les hommes furent sans pitié pour cette espèce, dont la disparition est devenue le triste exemple de la dextérité humaine en ce domaine. En 1768, la dernière rhytine était, semble-t-il, tuée. Vingt-sept ans avaient suffi à rayer cet animal du nombre des espèces vivantes. A moins que...

Si nous nous attardons ici sur la vache-de-mer, c'est parce que l'on conserve l'espoir de la revoir vivante. Et c'est là une perspective fascinante. Car la vache-de-mer, en raison peut-être de sa brève histoire, a toujours fait rêver les hommes : l'énigmatique et indolent « Sea Cow » est ainsi l'un des héros du conte de Kipling, *Le Phoque blanc.* Il est certain que la rhytine a eu, jadis, une répartition géographique beaucoup plus vaste. Ainsi, un fragment de crâne de vache-de-mer, datant, il est vrai, de dix-neuf mille ans environ, a été découvert près de Monterey, en Californie. Des ossements de l'espèce ont également été trouvés près de Prince Rupert, en Colombie britannique. Elle a aussi habité le Groenland. Curieusement, d'ailleurs, des observations récentes semblent suggérer que des rhytines fréquenteraient toujours la côte pacifique de l'Amérique du Nord. Mais, surtout, des rapports très troublants ont continué à faire état de la présence de vaches-de-mer dans les parages du Kamtchatka. Ainsi, un animal évoquant la rhytine est observé entre 1795 et 1818 près de l'île de Béring, par un agent d'une compagnie américaine, M. Krivkof. Un spécimen est encore signalé en 1854. Vers 1880, le zoologiste polonais B. Dybowski recueille des témoignages selon lesquels le *kapustnik* (mangeur de choux), comme disaient les Kamtchadales, aurait survécu jusque vers 1830. Une dépouille se serait échouée vers 1910 au nord du golfe d'Anadyr.

Aux alentours de 1960, un marin russe, Ivan Skripkine, aurait observé des rhytines durant plusieurs années. En juillet 1962, un événement fait grand bruit. Un navire de recherches soviétiques, le *Bourane,* rencontre, près du cap Navarin, à cent mètres de distance, six grands animaux marins, et un autre semblable le lendemain. Longs de huit mètres, ils ont une peau noirâtre et la lèvre supérieure fendue en bec de lièvre. Ils nagent en formation serrée, s'immergent, puis réapparaissent. Ils progressent en s'élevant sur l'eau d'une façon particulière. S'agit-il vraiment des rhytines? Peut-être, plus simplement, des narvals femelles, qui n'ont pas la célèbre défense du mâle.

Un témoignage plus précis a été publié en 1977. Des pêcheurs ont découvert, dans la baie d'Anaptinskaga, la dépouille échouée d'un curieux mammifère marin. Sa peau était noire, il montrait des nageoires pectorales et une queue comparable à celle d'une baleine. Son nez était allongé. A la faveur de cet événement, on apprit que des étudiants avaient ramassé des ossements de rhytines vieux, semble-t-il, de dix ans seulement. Et puis, au printemps 1984, une dépêche a fait état de la découverte d'un squelette de vache-de-mer sur la côte d'une île du Pacifique nord. Reste à savoir s'il était récent... En tout cas, le pro-

> **Le phoque pygmée**
>
> *Les marins danois, norvégiens et allemands connaissent bien les bandes de phoques-pygmées qui vivent au large des côtes de la mer de Barents, entre la Norvège, le Svalbard et la Sibérie. Ces phoques demeurent pourtant énigmatiques.*
>
> *Comme le rappelle Roland Heu, vice-président de la Société arctique française, ces phoques constituent vraisemblablement une sous-espèce du phoque marbré ou annelé* (Pusa hispida pygmaea). *Elle a été décrite d'après un spécimen détenu, au début du siècle, au zoo de Hambourg.*
>
> *Le phoque pygmée ne mesurerait que soixante-treize centimètres. Il s'en forme des bandes de trois cents têtes, ce qui n'est pas le cas des autres phoques marbrés. De plus, cette sous-espèce est très alerte, d'où les appellations de « phoque-fantôme » ou de « phoque-lutin » que lui donnent les marins. Sa petite taille est-elle due à la sous-alimentation? Et pourquoi cette modification du comportement? Ces questions demeurent sans réponses.*

blème de la survivance de la fabuleuse rhytine de Steller est bel et bien posé.

Les siréniens nous amènent tout naturellement à parler des sirènes. Elles sont le plus souvent considérées comme des femmes-poissons. En fait, elles furent d'abord, dans la mythologie, des femmes-oiseaux. On considère en général que les siréniens, qui ont des mamelles pectorales, sont à l'origine du mythe des sirènes, auxquelles ils doivent leurs noms. Aujourd'hui, il apparaît que les sirènes représentent plutôt un idéal féminin inaccessible : c'est seulement plus tard que l'on a rapproché les siréniens de ce mythe. Toujours est-il que des navigateurs ont parfois relaté des rencontres avec des sirènes ou leurs homologues masculins : hommes marins, poissons humains ou hommes-poissons. S'il ne s'agit pas de récits inventés de toutes pièces, des poissons, des phoques ou des siréniens peuvent être à l'origine de ces témoignages. En d'autres cas, la solution serait différente. Ces « hommes marins » ont pu être, en fait, des hommes redevenus plus ou moins sauvages, tel celui qui, en 1674 ou 1675, aurait été tué sous les murs de Boulogne-sur-Mer par un officier du guet, parce qu'il ne répondait pas à ses sommations...

Vrai casse-tête pour un faux crâne

Au cours d'une promenade sur une plage, au bord de la mer, on est toujours surpris du nombre d'« objets » apportés par la mer et sur lesquels il est difficile de mettre un nom précis : coquillages, ossements, invertébrés divers, algues, etc.

Quelquefois, l'identification est si difficile que l'on peut penser avoir fait une véritable découverte. Ainsi, en 1973, un Français qui travaille au Moyen-Orient dans les télécommunications, Olivier Dewynter, ramasse, sur une plage du golfe Persique, une curieuse pièce osseuse. C'est un ossement de couleur blanche, long de dix centimètres et demi, et dont la forme est tout à fait celle d'un crâne. Il présente trois paires d'orifices; on aurait tendance à voir dans quatre d'entre eux des orbites et des narines. Une sorte de crête sagittale s'observe sur la partie postérieure (?) du spécimen.

Olivier Dewynter m'écrit en 1981 pour me faire part de sa trouvaille et de son désir de voir ce spécimen identifié. Après un premier examen, je comprends que ce ne sera pas facile : l'« objet » du golfe Persique ne ressemble à rien de connu. Je le montre (ou en fais voir des photos) à de nombreux spécialistes français et étrangers. Chacun émet une opinion, et il s'ensuit une valse incroyable d'hypothèses, peut-être unique dans les annales de la zoologie : plus de quarante au total! En voici un choix : crâne de tortue, os tympanique de cétacé, objet cultuel préhistorique, concrétion aux formes bizarres, support d'épine de raie, os de dugong, phalange de chameau, crâne d'albatros, calcaire percé par des pholades (mollusques perceurs), os de poisson-globe, etc. Ce qui était sûr, c'est que nous avions affaire à une pièce osseuse, actuelle et pleine – une radiographie à la Salpêtrière le montrait – à l'exception de deux canaux qui passaient par les six orifices. En dépit de son aspect, ce n'était donc pas un crâne, tout au moins pas un crâne entier.

Peu à peu, il apparut que c'était du côté des poissons qu'il fallait orienter les recherches. On évoqua un moment les esturgeons et même le cœlacanthe. Il y avait néanmoins plus de chances que le spécimen ait appartenu à un téléostéen : en effet, l'immense majorité des poissons sont des téléostéens.

J'avais envoyé des photos de la pièce mystérieuse à des spécialistes étrangers. L'un d'eux, le Dr. Colin Patterson, du British Museum de Londres, répondit qu'il s'agissait vraisemblablement du toit crânien d'un poisson des mers chaudes, le *Pomadasys hasta*. Et il donnait la référence d'un article paru dans une revue allemande et qui décrivait des spécimens semblables [1]. Cet article était effectivement illustré de photos qui montraient des « objets » comparables. Il révélait qu'un premier spécimen de ce type avait été trouvé à Karachi en 1960. Il avait fallu quatre ans aux zoologistes allemands W. Klausewitz et T. Hedinger pour l'identifier.

Ces pièces osseuses proviennent donc du crâne du *Pomadasys*, poisson côtier et carnivore, qui mesure en général quarante centimètres. Chez ce poisson se développe, avec l'âge, une sorte de calotte osseuse dans la partie supérieure du crâne : elle s'échoue parfois seule.

Si donc le mystère était en grande partie éclairci, il subsistait le problème de la taille. Comme Olivier Dewynter put s'en rendre compte

1. *Senckenbergiana Lethea*, 46, 1965, pp. 161-175.

lors d'une visite au British Museum, les toits crâniens de *Pomadasys hasta* trouvés jusqu'ici sont nettement plus petits que le sien. Celui-ci ne proviendrait-il donc pas d'une espèce plus grande de *Pomadasys*, peut-être encore inconnue?

J'avais eu l'occasion de raconter l'affaire du *Pomadasys* sur France-Inter. A la suite de l'émission, un habitant de la région lyonnaise, Gustave Rauch, me signalait qu'il avait trouvé en Irlande un autre spécimen étrange. Et, très aimablement, il me l'envoyait et m'en faisait cadeau. L'« objet » en question a été découvert sur la côte méridionale de l'Irlande, près de Cork, voici quelques années. Il gisait dans la zone de balancement des marées, ce qui est singulier pour un fossile, car c'est sûrement un fossile – mais de quelle époque? Son aspect n'est pas moins étrange. Long de dix centimètres, il évoque, lui aussi, un crâne, par sa face « supérieure » comme par l'« inférieure ». Il suscita également toute une série d'hypothèses : on vit même en lui un morceau de corail fossile, voire un fruit lignifié...

Dans un premier temps, il fut identifié par des paléontologistes comme un morceau de vertèbre de dinosaure. Le problème est qu'on n'a jamais trouvé de restes de dinosaure en Irlande. Aussi cette hypothèse suscita-t-elle l'étonnement du Dr. Colm E. O'Riordan, conservateur du département de paléontologie du National Museum de Dublin. Une correspondance avec le Dr. O'Riordan et de nouvelles visites au Muséum de Paris et à l'université de Jussieu permirent de confirmer le diagnostic « vertèbre ». Mais une vertèbre de quel animal? Un amphibien ou un reptile de l'ère primaire? Un mosasaure ou un plésiosaure? Un grand mammifère du Quaternaire : ours, mégacéros (grand cerf des tourbières d'Irlande), renne, cheval, mammouth? Ou encore cétacé? L'éventail reste ouvert. Il serait intéressant de dater le spécimen. Malheureusement, les méthodes de datation des fossiles ne remontent pas loin dans le temps, et elles impliqueraient la destruction de la pièce. Celle-ci garde son mystère – et demeure source d'espoir. Si elle venait vraiment d'un grand reptile, et d'un grand reptile postérieur à l'ère secondaire? Il est toujours permis de rêver...

Etrange trouvaille en Camargue

Voici quelques années, un passionné de cryptozoologie, Jean-Pierre Sylvestre, trouve un curieux animal sur la plage des Saintes-Maries-de-la-Mer, en Camargue. Long d'une dizaine de centimètres, il a une forme de toupie. Sa partie postérieure est assez dure. La pointe, qui porte deux ou trois paires de mini-tentacules, se termine par ce qui ressemble à un œil unique. Un organe mal défini sort de l'animal.

La photo prise par J.-P. Sylvestre n'a pas permis, jusqu'ici, d'identifier ce spécimen.

Le cargo et la méduse géante

Nous aurons remarqué plus d'une fois que les océans hébergent nombre d'espèces gigantesques. Lorsqu'un groupe animal est représenté à la fois sur le domaine terrestre (eaux douces comprises) et dans le milieu marin, c'est presque toujours dans ce dernier que vivent ses représentants les plus grands : que l'on pense aux mammifères, aux poissons, aux mollusques, etc.

Il existe ainsi, dans les mers, de nombreux animaux géants, à la limite du connu et de l'inconnu, et qui méritent que l'on s'intéresse à eux. Par exemple, dans les parages de l'Australie et de la Nouvelle-Zélande évoluent d'étranges silhouettes blanches, quasi fantomatiques, longues parfois d'une douzaine de mètres. Leur forme est un peu celle d'immenses chaussettes, car elles sont cylindriques et creuses. Leur diamètre peut dépasser un mètre vingt, ce qui permet à un plongeur d'y pénétrer et d'y constater alors que la surface interne de ces curieux organismes est bien lisse, au contraire de leur paroi externe, qui est rugueuse. L'ensemble paraît gélatineux. Des sortes d'épines sont visibles dans leur enveloppe, qui est fort mince.

Quels sont donc ces êtres? Ce sont des pyrosomes. Pour les situer dans la classification, un peu de zoologie est nécessaire. Les vertébrés sont des cordés, car leur colonne vertébrale dérive d'une structure embryonnaire, la corde dorsale. Or il est des animaux qui, sans être des vertébrés, possèdent une corde dorsale. Ce sont, par exemple, l'amphioxus et les ascidies : le violet, consommé sur les côtes méditerranéennes, est une ascidie. Des organismes assez semblables aux ascidies dérivent en pleine mer : ce sont, entre autres, les pyrosomes.

Les colonies flottantes de pyrosomes ne mesurent parfois que dix centimètres, mais atteignent donc quelquefois plusieurs mètres. Les saillies qui se remarquent à la surface de la colonie correspondent à autant d'individus. Les pyrosomes produisent souvent une luminosité intense. Ils émettent, quand ils sont excités, des feux rouges ou bleus. Ils sont hermaphrodites.

Les colonies géantes de pyrosomes ont été surtout signalées dans le Pacifique. L'une d'elles aurait été filmée en 1963 sur la côte de l'Oregon, aux Etats-Unis : mais peut-être était-ce plutôt une colonie de salpes, organismes comparables, qui s'accrochent les uns aux autres pour former de longues chaînes flottantes...

En 1963 était observé à Sandy Hook, près de New York, un serpent-de-mer qui aurait pu être un spécimen géant de ceste de Vénus. Le ceste de Vénus appartient à l'embranchement des cténaires, organismes marins plutôt primitifs. Il a l'aspect d'une ceinture (*ceste,* en effet, est le terme mythologique pour ceinture), longue d'un mètre cinquante pour huit centimètres de large. Il est transparent et vogue lentement en pleine mer. Peut-être en existe-t-il des individus géants?

L'existence de vers marins géants est sûre, quoique peu connue. On connaît ainsi une eunice longue de huit mètres. Les eunices sont des annélides (autrement dit des vers annelés), c'est-à-dire des parents des lombrics, des sangsues et des arénicoles, dont nous avons tous vu les tortillons de sable sur les plages.

Le *Lineus longissimus* est un ver tout différent, du groupe des némertes. Il n'est pas plus épais qu'un lacet de chaussure, et mesure normalement dix mètres. Comme il est très extensible, il peut s'étirer jusqu'à atteindre quarante mètres!

Crabes et homards présentent, parfois, eux aussi, des dimensions impressionnantes. A Fécamp, un vieux capitaine montre des pinces provenant d'un homard de près d'un mètre, capturé à Terre-Neuve. En 1967, d'énormes crabes auraient été trouvés sur les côtes de Cuba, puis d'autres en 1973. Andres Alfaya [1] écrit à leur sujet : « Les cinq crabes que conservaient les pêcheurs de la coopérative avaient une carapace aussi grande que la roue d'un camion, sans compter leurs pinces, énormes, qui mesuraient plus d'un mètre vingt. D'après les calculs du spécialiste envoyé sur place, ces animaux extraordinaires devaient peser entre cent et cent cinquante kilos! Il fallut calculer ce poids, car, lorsqu'ils ont été trouvés sur la côte, le sel les avait complètement desséchés. »

Il est difficile de statuer sur ces étonnantes assertions. On connaît déjà un crabe énorme et redoutable : c'est celui qui vit sur les côtes de Tasmanie. Il pèse près de trente kilos, et ses pinces mesurent près de cinquante centimètres. Sa carapace atteint quarante centimètres de largeur. Le crabe à échasses du Japon, autre géant, est bien différent. Il déambule juché sur des pattes minces et interminables : l'envergure de ses pinces est de quatre à cinq mètres, tandis que son corps ne dépasse pas trente centimètres de largeur! Jadis, certains auteurs ne craignirent pas d'évoquer des crabes géants sur le dos desquels un régiment aurait pu manœuvrer!

En 1977, c'est une éponge géante qui est signalée au large de San Francisco. Comme elle avait poussé sur un dépôt de produits radioactifs, sa taille aurait pu être due à une mutation. Elle fut amenée à terre, mais elle glissa dans la mer et fut, semble-t-il, mangée par les requins.

Et nous en arrivons à une catégorie d'animaux marins qui, chaque été, défraient la chronique : les méduses. En fait, ce n'est pas tant à cause de leur taille que les méduses font alors parler d'elles, mais bien plutôt en raison de leur nombre et du danger qu'elles peuvent représenter.

Il faut d'abord s'entendre sur ce que l'on appelle méduses. Celles-ci font partie de l'embranchement des cnidaires [2], qui groupe les hydres, les coraux, les actinies ou anémones-de-mer, etc. Ces animaux

1. *Le Triangle des perturbations,* Laffont, 1981, p. 76.
2. Les cnidaires étaient jadis réunis aux cténaires, dont nous avons parlé, dans l'ensemble des cœlentérés.

sont caractérisés par la possession de cellules venimeuses. Ces cellules se présentent comme de petites ampoules à venin dans lesquelles baignent autant de filaments en spirales. Quand l'animal attaque une proie, les filaments se dévaginent et lui inoculent le venin. C'est pourquoi le baigneur qui heurte une méduse ressent une brûlure comparable à celle provoquée par une ortie.

Chez beaucoup de cnidaires le même animal passe par un stade polype, fixé, et un stade méduse, libre. Les « méduses » classiques font partie des acalèphes. Ces dernières années, elles se sont mises à pulluler d'une façon extraordinaire, en Méditerranée surtout, sans doute parce que les poissons qui s'en nourrissent ont été abusivement détruits.

Les méduses qui s'échouent sur nos plages, par les beaux jours d'été, sont en général des aurélies, dont le diamètre ne dépasse guère cinquante centimètres. Souvent bleutées, elles possèdent quatre glandes génitales en fer à cheval, facilement visibles dans leur « ombrelle » gélatineuse.

Des méduses de plus d'un mètre de diamètre sont rares dans nos régions. Dans les mers arctiques vit une espèce *(Cyanea capillata)* dont l'ombrelle atteint deux mètres de diamètre et dont les tentacules, très dilatables, mesurent jusqu'à quarante mètres! C'est là le record officiel de taille pour les méduses. En existe-t-il de plus grandes?

Il ne faut guère accorder foi à l'observation d'une sorte de méduse violette de quinze mètres de diamètre, dans les parages du « triangle des Bermudes ». Dans le Pacifique, d'énormes méduses ont été parfois signalées. Et, à cet égard, une revue australienne [1] a rapporté un événement tout à fait extraordinaire, mais, à vrai dire, peu croyable. Enfin, sait-on jamais?...

En 1973, un cargo, le *Kuranda*, se trouve au grand large de Sydney. Il est presque recouvert par une vague et se retrouve avec, sur le pont, une énorme masse gélatineuse, qui aurait pesé quelque vingt tonnes... C'est une méduse colossale. Ses tentacules, dont certains mesurent soixante mètres, serpentent sur le pont et enlacent la salle des machines. L'un d'eux frappe à mort la vigie. Le *Kuranda* envoie un SOS. Un bateau arrive. Son équipage, à l'aide de puissantes lances à incendie, rejette à la mer le fantastique animal...

1. *Psychic Australian*, 4, 3, juin 1979, p. 2.

5

Les bras de la mer

AINSI donc, dans les mers et les océans de notre époque, vogueraient encore des créatures étranges. Près de la surface croiseraient le multi-aileron et l'otarie à long cou, le cheval marin et le multibosse, et peut-être les derniers des mosasaures. En profondeur, le *Carcharodon megalodon* continuerait sa ronde silencieuse, rencontrant parfois quelque énorme « anguille »...

La galerie des monstres marins ne sera complète que lorsque nous aurons fait connaissance avec les deux derniers, bien différents de tous ceux que nous avons cherché à identifier jusqu'ici. Nous les avons déjà évoqués en termes voilés, ces deux animaux auxquels leurs longs tentacules couverts de ventouses confèrent une réputation de monstres terrifiants. « Qu'est-ce donc que la pieuvre? C'est la ventouse », écrit Victor Hugo dans *Les Travailleurs de la mer.* Car nous avons reconnu, bien sûr, le calmar géant et la pieuvre gigantesque.

Depuis longtemps, les navigateurs redoutent des animaux fantastiques qui ne sont autres que des pieuvres ou des calmars mythifiés. Ainsi, les pêcheurs scandinaves avaient très peur du fabuleux Kraken, capable d'agripper, avec ses tentacules, les mâts d'un navire pour l'entraîner dans les abysses.

Dans une chapelle de Saint-Malo figurait jadis, en guise d'ex-voto, un tableau représentant une pieuvre géante enlaçant de ses bras les mâts d'un voilier. Celui-ci avait, paraît-il, été attaqué par le monstre sur la côte de l'Angola. Les marins firent le vœu, s'ils en venaient à bout, de remercier le Ciel dans une chapelle de leur ville, Saint-Malo. Et ils chargèrent un peintre de représenter la scène. Cet ex-voto a aujourd'hui disparu.

Remontons davantage dans le temps. Chacun a entendu parler de Charybde et de Scylla. Au cours de son périple, Ulysse est averti par la magicienne Circé : la route qu'il doit suivre passe entre deux rochers gardés chacun par un monstre. Si Charybde est manifestement un tourbillon, Scylla pourrait bien être, dans l'esprit d'Homère, une pieuvre géante. Le nom même de *Scylla* proviendrait peut-être de la même racine que *squid,* nom anglais du calmar.

Dès le dix-septième siècle, cependant, des éléments plus tangibles parviennent entre les mains des zoologistes. Ainsi, en 1639, un monstre marin s'échoue à Thingöre, en Islande : la description qui en est donnée ne laisse pas de doute sur son identité, c'est bien un calmar géant. Un autre spécimen s'échoue en 1661 près de Scheveningen, aux Pays-Bas.

Il nous faut dès à présent rappeler ce que sont exactement les calmars et les pieuvres. Le vaste embranchement des mollusques se divise en plusieurs classes, dont les principales sont les lamellibranches (huître, coque, moule, etc.), les gastéropodes (escargot, limace, bigorneau, etc.) et les céphalopodes. Ces derniers sont des mollusques qui, littéralement, ont les pieds (*pous, podos,* en grec) sur la tête *(kephalê).* En effet, ils possèdent un bouquet de tentacules qui prolongent la tête en entourant la bouche. Cette bouche est, plus précisément, un bec aux arêtes tranchantes qui évoque un bec de perroquet inversé, car la mandibule inférieure dépasse la supérieure. Un organe particulier, l'entonnoir, sert à chasser l'eau et permet à l'animal de progresser à reculons, par réaction. Une « poche de noir » sécrète la fameuse encre qu'en cas de danger l'animal projette par l'entonnoir pour « couvrir » sa fuite. Plus particulièrement, les céphalopodes sont remarquables par la complexité de leurs yeux, qui évoquent ceux des vertébrés, et par celle de leur système nerveux : celui-ci constitue un véritable cerveau, enfermé dans une capsule cartilagineuse, qui est presque un crâne.

Les pieuvres (ou poulpes) ont un corps globuleux et huit tentacules égaux couverts de ventouses. Les calmars, proches parents des seiches, ont un corps allongé, hydrodynamique, et dix tentacules : huit courts, couverts de ventouses, et deux longs, qui ne présentent de ventouses qu'à leur extrémité, renflée en massue. Autre différence : les calmars possèdent une coquille interne, cornée, la « plume » (homologue de l'« os » de seiche, bien connu), tandis que les poulpes n'en ont pas. Ceux-ci se cachent en général dans des recoins, tandis que les calmars nagent en pleine mer.

Le calmar le plus connu est de taille modeste : c'est l'encornet, consommé sous son nom espagnol de « calamar ». Au dix-septième siècle, l'existence de calmars géants se confirme donc peu à peu. A la fin du siècle suivant, il apparaît que d'autres indices les concernant peuvent être fournis par... le cachalot.

De titanesques combats

Le cachalot est, on le sait, le plus grand des cétacés à dents : long de vingt mètres, il pèse jusqu'à cinquante tonnes. Il est capable de plonger à de grandes profondeurs. Il n'est pas rare qu'il atteigne mille mètres : parfois, on en découvre un, mort à cette profondeur, enlacé dans un câble téléphonique... qu'il avait peut-être pris pour un tentacule de calmar géant.

Des observations récentes ont montré que le cachalot était susceptible de plonger – de « sonder », pour employer le terme exact – jusqu'à trois mille mètres de profondeur. Et, là, il attend, il attend qu'un calmar géant passe à proximité. Et il fonce dessus. Choc de géants! Le cachalot a saisi le corps du calmar dans sa gueule : le mollusque, instantanément, l'a enlacé de ses tentacules; il semble prisonnier comme dans un filet. Cependant, le cachalot cherche à remonter vers la surface, car, bientôt, il aura besoin de respirer. La lutte va donc se poursuivre en surface. Si quelque navire se trouve dans les parages, ses occupants pourront suivre à la jumelle le terrible affrontement. Dans de grandes gerbes d'écume, le cachalot apparaît et disparaît alternativement, toujours enlacé par le calmar, qu'il tient dans sa gueule. La victoire du cétacé ne fait pas de doute pour les requins qui tournent autour des deux combattants, dans l'espoir de manger quelques débris des tentacules du calmar. Peu à peu, l'étreinte de celui-ci va se desserrer, et le cachalot n'aura plus qu'à dévorer son énorme corps sans vie. Mais il gardera, gravées dans sa peau, les empreintes des ventouses du calmar. De plus, les débris de celui-ci provoquent, dans le tube digestif du cachalot, la formation de concrétions, qu'il rejettera ensuite par la bouche ou par l'anus. Ces concrétions seront parfois découvertes flottant en pleine mer : elles ne sont autres que le célèbre ambre gris, si recherché en parfumerie qu'il a été surnommé l'« or flottant ».

Ainsi donc, dès 1775 environ, un tentacule long de huit mètres vingt-trois est découvert dans la gueule d'un cachalot capturé par des baleiniers. Un naturaliste français, Pierre Denys de Montfort, décide d'enquêter sur les céphalopodes géants. Il apprend des baleiniers de Dunkerque qu'un tentacule rougeâtre de près de quatorze mètres a été trouvé flottant en pleine mer. P. Denys de Montfort effectue un véritable travail de pionnier en établissant l'existence de gigantesques céphalopodes.

Des « Architeuthis » aux quatre coins du monde

Bientôt, ceux-ci vont encore davantage sortir de l'ombre. Et l'on va s'apercevoir – ce qui n'était pas évident jusque-là – qu'il s'agit de calmars, et non de poulpes. Le calmar géant reçoit le nom scientifique (qui sonne fort bien) d'*Architeuthis princeps.*

Un épisode capital survient le 17 novembre 1861. Ce jour-là, l'aviso *Alecton* se trouve non loin des Canaries, lorsqu'un matelot aperçoit une étrange épave qui flotte sur la mer. Le commandant décide de manœuvrer pour approcher le bateau du curieux objet. Il reconnaît un « poulpe géant ». L'équipage s'empare de fusils et de harpons, confectionne des lassos pour le capturer. Les marins criblent le calmar – car c'en est un – de balles. Ils lui plantent un harpon dans le corps : ils parviennent à lui passer un nœud coulant autour du corps et tentent de le hisser sur le pont. Mais la corde sectionne la partie postérieure du calmar, qui retombe dans l'eau et disparaît. Son corps mesurait environ cinq mètres, et ses petits tentacules un mètre quatre-vingts; les grands manquaient. Ce calmar était rouge : en effet, les *Architeuthis* sont souvent d'une couleur rougeâtre.

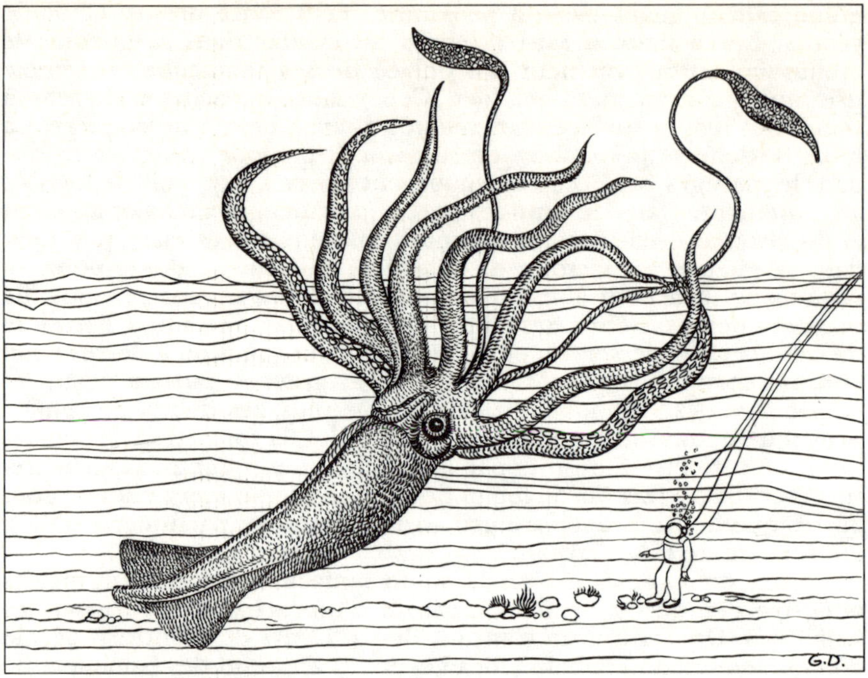

6. *Le calmar géant existe, mais quelle taille peut-il atteindre?*

Par la suite, des échouages de calmars géants vont être signalés çà et là à travers le monde, principalement en Norvège et à Terre-Neuve. Ainsi, le 2 novembre 1878, un gigantesque calmar est trouvé à Thimble Tickle, sur la côte septentrionale de Terre-Neuve. Il est toujours considéré comme le plus grand *Architeuthis* officiellement mesuré. Voici ses dimensions : tête et corps, 6,10 mètres. Long tentacule : 10,70 mètres. Longueur totale : environ 17 mètres. Œil (diamètre) : 40 centimètres. Bec : 20 centimètres. Tour d'un petit tentacule (à la base) : 85 centimètres. Plus grandes ventouses (diamètre) : 10 centimètres. Notons que les yeux du calmar géant sont considérés comme étant les plus grands dans le règne animal, du moins jusqu'à nouvel ordre...

En tout cas, la découverte des céphalopodes géants impressionne vivement les écrivains. Nous avons déjà évoqué l'épisode des *Travailleurs de la mer,* où Victor Hugo décrit le combat de Gilliatt, le pêcheur de Guernesey, contre une pieuvre géante. Pour sa part, Jules Verne raconte, dans *Vingt mille lieues sous les mers*, l'attaque du *Nautilus* par une horde de céphalopodes géants, qu'il appelle tantôt pieuvres et tantôt calmars. Il est possible que Jules Verne ait lui-même vu un calmar géant sur la Manche.

Echouages et captures continuent. En 1903, un calmar géant atteignant onze mètres cinquante de longueur totale est signalé à Veteraeelen, en Norvège. Viennent ensuite deux épisodes mal élucidés, mais qui pourraient concerner des spécimens plus grands que celui de 1878. En 1924, le corps mutilé d'un énorme céphalopode s'échoue à Baven-on-Sea, en Afrique du Sud. Ce corps avait deux mètres soixante-quinze d'épaisseur et devait être celui d'un *Architeuthis.* En 1933, c'est un calmar de vingt-deux mètres qui aurait été trouvé près de Terre-Neuve encore.

En 1954, deux calmars géants sont découverts coup sur coup dans le fjord de Trondheim, en Norvège. Le second dépassait neuf mètres, dont deux mètres pour la tête et le corps. Il fut étalé sur une bâche et, durant quinze jours, dix mille curieux défilèrent pour voir le monstre...

En 1968, un spécimen de sept mètres (dont un mètre quarante-quatre pour le corps) est pris au large de la Scandinavie par un chalutier de Boulogne-sur-Mer, qui le rapporte dans cette ville.

En 1971, un spécimen de dix mètres cinquante est découvert dans l'Antarctique, probablement dans l'estomac d'un cachalot. La même année, des pêcheurs espagnols capturent, au large de Terre-Neuve, un spécimen de treize mètres cinquante. Quelques calmars d'assez belle taille sont également pris au Japon : un sujet de trois mètres cinquante en 1973, et un de plus de cinq mètres, en 1978.

Pour leur part, les expéditions de l'association internationale Greenpeace, qui s'opposent aux baleiniers, ont l'occasion de rencontrer des *Architeuthis* en 1975-1976, dans le Pacifique nord : un spécimen de dix mètres, mort, flottant sur la mer, et un de quatre mètres vingt.

En septembre 1979, un journaliste de la revue *Océans,* R. Berlinghi, observe, aux Açores, un calmar dont le corps mesure de quatre à cinq mètres : l'animal, vivant, qui se laisse voir en surface, a sans doute été malmené par un cachalot. En février 1980, un spécimen de sept mètres vingt (dont deux mètres quarante pour le corps) s'échoue sur la côte du Massachusetts.

A peu près à la même époque, un calmar attaque l'engin sousmarin français *Archimède,* qui se trouve alors au large des Canaries, par trois mille mètres de fond : il arrache l'un des « bras » de l'engin. A ce propos, il est permis de se demander si les calmars géants peuvent mettre en péril la sécurité d'un navire. La plupart des rapports faisant état d'attaques d'embarcations par des *Architeuthis* sont sujets à caution. Le plus crédible est le drame du *Britannia.*

En mars 1941, le transport de troupes britannique *Britannia* est coulé par un navire allemand dans l'Atlantique tropical. Voilà qui n'est pas sans nous rappeler l'épisode de l'*U-28.* Et, là encore, les monstres ne sont pas loin... Douze rescapés parviennent à s'accrocher à un petit radeau, mais celui-ci est si exigu que tous n'y tiennent pas en même temps. Certains doivent rester dans l'eau, cramponnés au radeau. De temps en temps, ils échangent leur situation inconfortable, contre celle, un peu plus sûre, de leurs compagnons. Une nuit survient un calmar géant. De l'un de ses « fouets », il enlace un homme et l'arrache du radeau. Quelque temps après, un autre des naufragés, le lieutenant Cox, est à son tour attaqué par un calmar, peut-être le même. Mais curieusement, cette fois, l'animal n'insiste pas. Le lieutenant Cox conservera tout de même, sur sa jambe, des cicatrices en forme de ventouses.

L'écrivain Rémy Gantès n'est pas convaincu de la culpabilité d'un ou de deux *Architeuthis* en cette affaire [1]. Il a en effet retrouvé le rapport d'origine du lieutenant Cox. Or celui-ci ne fait pas mention de calmars. Pour lui, le premier animal était une raie manta. Le second était une pieuvre. Pourtant, la douleur qu'il ressentit lors de l'attaque fait plutôt penser, effectivement, à un calmar, dont les ventouses « mordeuses » font plus mal que les ventouses d'un poulpe. Mais, surtout, Cox donne des précisions curieuses. Il écrit en effet : « J'étais dans l'eau, suspendu au radeau, quand je ressentis une terrible douleur et fus happé par une pieuvre. Elle me prit à la jambe, et, quand je saisis le tentacule, il me piqua la main. Je fus piqué à la tête. C'était comme un million d'abeilles et, depuis, j'ai perdu presque tous mes cheveux. J'ai aussi été piqué à la bouche. J'ai entendu crier un quartier-maître nommé Joe. Lui aussi avait été piqué... » Or ces multiples piqûres font irrésistiblement penser à l'attaque d'une grande méduse ou d'une physalie. Les physalies, surnommées « galères », « caravelles », ou « vaisseaux de guerre hollandais ou portugais », sont des cnidaires flottants et coloniaux, munis d'un gros flotteur et de longs tentacules, très urticants. R. Gantès estime que les symptômes du lieutenant Cox correspondent tout à fait à ceux que produirait une physalie. Oui, mais la physalie, qui dérive passivement dans la mer, pourrait-elle « attaquer » un homme? On peut imaginer que la mer l'ait projetée vers Cox. Quant à la première attaque, elle aurait été le fait d'une raie manta, cette raie géante qui atteint six mètres d'envergure et exécute des bonds spectaculaires au-dessus des flots. *A priori,* on voit mal ce poisson, mangeur de plancton, enlever un homme... Pourtant, la manta a la curieuse habitude de serrer des objets entre ses nageoires, par exemple des cordes d'ancre. Il est possible que, dans certains cas, elle cherche à « envelopper » un homme, sans intention agressive certes, mais avec des conséquences graves... C'est ainsi qu'une manta aurait pu enlever l'un des rescapés du *Britannia.* D'autres passagers du radeau maudit furent dévorés par des requins. Et lorsqu'un bateau espagnol repéra ce nouveau radeau de la *Méduse,* il n'y restait que trois survivants, dont le lieutenant Cox.

Des calmars géants fréquentent-ils les parages de la France? Le 8 juin 1935, le chalutier *Palombe,* de La Rochelle, captura au large de l'île d'Yeu un *Architeuthis* de huit mètres, dont un mètre soixante-dix pour le corps et la tête. En août 1889, un calmar de forte taille s'est

1. *Le Mystère des pieuvres géantes,* Etudes vivantes, 1979.

peut-être échoué à l'île Saint-Honorat, dans l'archipel des îles de Lérins, au large de Cannes.

Comme on l'aura remarqué, les échouages de calmars géants surviennent surtout dans les régions tempérées. Pourtant, ils sont, de toute évidence, cosmopolites : ils vivent au large des côtes, le plus souvent à des profondeurs assez grandes, dans tous les océans. Si les courants entraînent un calmar vers des eaux froides, il aura tendance à s'élever, mais finira par succomber, s'il parvient dans des eaux trop froides. Ainsi s'expliqueraient les échouages à Terre-Neuve, en Scandinavie, en Ecosse, etc. Quant à la taille du calmar, le record officiel de dix-sept mètres de longueur semble allègrement battu par certains spécimens. Rappelons aussi le tentacule de quatorze mètres signalé par Pierre Denys de Montfort. Et il y a encore des empreintes géantes de ventouses sur la peau des cachalots. Celles-ci, contrairement à ce que l'on pourrait penser, n'ont pas grandi avec le cétacé, car elles sont bien nettes. Ce faisceau d'indices convergents plaide en faveur de l'existence d'*Architeuthis,* dont la longueur totale atteindrait trente mètres, ou les dépasserait.

La fantastique dépouille de Floride

Ainsi donc, il était apparu au dix-neuvième siècle que les céphalopodes géants à l'origine du mythe du Kraken étaient des calmars géants. Les pieuvres gigantesques étaient oubliées : sans doute n'avaient-elles jamais existé. Nous avons continué l'histoire des *Architeuthis* jusqu'à notre époque, mais il nous faut revenir en arrière, jusqu'à l'année 1896.

Les calmars et le pétrolier

Un pétrolier norvégien de cent cinquante mètres et de quinze mille tonnes, le Brunswick, *aurait été « attaqué » à trois reprises, entre 1930 et 1933, par des calmars géants. Les trois attaques auraient eu lieu dans le Pacifique, entre les Samoa et les Hawaii.*

Elles se seraient déroulées toutes les trois de la même façon. Alors que le Brunswick *file douze nœuds (22,22 kilomètres / heure), le calmar apparaît à l'arrière et à bâbord du navire. Il nage parallèlement à lui. Parvenu au niveau de son étrave, il se précipite sur lui, cherchant à l'étreindre de ses tentacules. Peine perdue, bien sûr : le mollusque glisse le long de la coque du pétrolier, et se fait déchiqueter par l'hélice.*

Comment expliquer de tels faits? Il a été supposé que le calmar avait pris le bateau pour un cachalot. Mais le Brunswick *était sept à huit fois plus long qu'un grand cachalot. De plus, c'est celui-ci qui attaque les* Architeuthis, *et non l'inverse.*

Alors, le calmar n'aurait-il pas pris le pétrolier pour l'une de ses proies, un grand requin par exemple?

Le 30 novembre de cette année-là, deux jeunes garçons, Robert Coles et Dunham Coretter, font une promenade à bicyclette le long de la plage d'Anastasia, près de Saint Augustine, en Floride. Ils découvrent alors une sorte d'énorme carcasse en grande partie enfouie dans le sable. Ils vont signaler leur trouvaille au Dr. Dewitt Webb, un médecin qui a fondé et préside une société savante locale. Celui-ci va examiner la mystérieuse dépouille dès le lendemain. La partie émergeant du sable mesure plus de sept mètres de long, un mètre vingt de haut et six mètres de large. La carcasse est blanche, avec de légères teintes roses et argentées.

Le 7 décembre, le Dr. Webb retourne sur les lieux, en compagnie de deux photographes. Ceux-ci prennent des photos de l'épave, qui sont parvenues jusqu'à nous.

Quelques jours plus tard, un certain M. Wilson affirme avoir découvert, en creusant dans le sable, des tentacules de l'animal : l'un d'eux mesurait près de huit mètres. Ensuite, une violente tempête survient : la mer reprend l'épave et la rejette en un autre point de la côte, sur la plage de Crescent. Il faudra finalement un attelage de plusieurs chevaux pour tirer la dépouille, et la placer plus loin de la mer; elle sera sans doute enterrée.

Restait le principal : déterminer la nature de cette extraordinaire épave, dont le poids fut évalué à cinq tonnes. Le Dr. Webb pensa d'abord à un cétacé, puis à une pieuvre gigantesque : les moignons des tentacules qui partaient du corps évoquaient évidemment un céphalopode. On alerta un zoologiste, le Dr. Addison Verrill, professeur de zoologie à l'université Yale. D'après les éléments qui lui furent fournis, le Dr. Verrill estima qu'il s'agissait d'un calmar géant. Puis, changeant d'avis, il vit dans la dépouille de Floride un spécimen de poulpe gigantesque, auquel il donna le nom scientifique d'*Octopus giganteus* Verrill 1897.

Certes, l'épave ne montrait plus ni bec, ni yeux, ni ventouses. Seuls, des muscles massifs étaient visibles à la faveur d'une ouverture des téguments. Extrapolant à partir des photos et de la description du spécimen, Verrill écrivait : « Le poids de la créature à l'état vivant était de dix-huit à vingt tonnes environ. Elle avait alors huit énormes tentacules, chacun long de trente mètres ou plus, aussi épais que le mât d'un grand vaisseau, et garni de centaines de ventouses en forme de soucoupes : les plus grandes avaient quelque trente centimètres de diamètre. Ses yeux dépassaient sans doute cette dimension. Sa poche à encre devait contenir de quarante à quarante-huit litres d'encre. L'animal nageait rapidement sans doute, mais, normalement, il rampait lentement sur le fond, à la recherche de ses proies. » Verrill ajoutait qu'il existait sûrement des centaines ou des milliers de poulpes semblables, qui devaient vivre à deux cents miles au large de la Floride. Il avait fait examiner des échantillons du spécimen que lui avait adressés le Dr. Webb. Celui-ci en avait envoyé d'autres à la Smithsonian Institution. L'examen de ces échantillons devait inciter Verrill à changer d'avis. Il trouva qu'ils ressemblaient fort à de la graisse de baleine :

l'animal était donc un cétacé, et non une pieuvre. Plus précisément, l'étrange épave de Floride aurait été la partie supérieure de la tête d'un cachalot. Dans ces conditions, Verrill mettait évidemment en doute l'existence de morceaux de tentacules, qui ne figurent pas sur les photos. Le Dr. Webb n'apprécia pas, on l'imagine, cette volte-face de Verrill.

L'affaire en resta là et tomba dans l'oubli. En 1957, cependant, un chercheur du Naval Undersea Research Laboratory de San Diego, F.G. Wood, décide de s'attaquer à l'énigme. Il retrouve les articles et la correspondance suscités par l'échouage. Surtout, il apprend que les échantillons adressés à la Smithsonian Institution y sont encore. Et, effectivement, quelques masses fibreuses et blanchâtres y mijotent toujours dans un bocal de formol.

Dans les mystérieux trous bleus

Un biologiste de l'université de Floride, J. F. Gennaro Jr., les examine au microscope. Ils ne peuvent pas provenir d'un vertébré. Le tissu conjonctif qu'ils contiennent est bien celui d'un céphalopode. L'agencement des fibres permet d'éliminer le calmar : en effet, chez celui-ci, les fibres, qui se coupent perpendiculairement, forment des bandes d'épaisseurs très différentes. Au contraire, ces bandes sont de même épaisseur chez les pieuvres : c'est ce que le microscope révélait à Gennaro. Wood et Gennaro écrivent alors, dans le numéro de mars 1971 de la revue *Natural History,* un grand article sur la pieuvre géante. La direction de la revue, manifestement effrayée par la publication de cet article, décida de mettre en vente ce numéro pour le 1er avril : ainsi, en cas de réactions trop vives de scientifiques en place, la revue pouvait se retrancher derrière un canular. Beaucoup de lecteurs crurent d'ailleurs à un poisson d'avril.

Bien au contraire, l'existence d'un poulpe colossal, dont l'envergure totale était de quelque soixante mètres, était bien établie. Plus récemment, Gennaro a effectué des recherches sur le collagène de l'animal (le collagène est une protéine), qui ont confirmé le diagnostic « pieuvre ». Verrill, dans ses premières conclusions, avait vu juste. Il fallait maintenant en savoir plus sur *Octopus giganteus,* monstre parmi les monstres. Où vit-il? Quel est l'effectif de sa population? Est-il localisé à une seule région? De quelles proies se nourrit-il?

Nous devons rendre ici hommage à deux chercheurs, l'un américain, et l'autre français, qui, par leurs enquêtes, ont beaucoup fait progresser nos connaissances sur les poulpes gigantesques : ce sont Gary Mangiacopra, déjà cité, et Michel Raynal.

Le premier a fait remarquer que l'épave de Saint Augustine provenait vraisemblablement des Bahamas. En effet, le courant de Floride, qui remonte vers le nord le long de la côte américaine, à partir des Bahamas, aurait pu apporter la carcasse géante. Et, précisément, des rapports sur des pieuvres de grande taille nous viennent des Bahamas.

7. *La pieuvre géante des Bahamas, monstre parmi les monstres.*

En 1956, déjà, un guide de pêche bahaméen, nommé Duke, avait rapporté à Wood que des céphalopodes aux bras de vingt-trois mètres habitaient les eaux de l'archipel. Pour attaquer, ils s'accrochaient au fond et tentaient d'atteindre la surface avec un autre bras : c'est là tout à fait un comportement de pieuvre. Or les Bahamas présentent un relief sous-marin d'un type très particulier : celui-ci, comme le souligne M. Raynal [1], conviendrait très bien à des poulpes. Il s'agit des trous bleus *(blue holes).* En effet, les sept cents îles et îlots de l'archipel des Bahamas sont les sommets d'un vaste plateau calcaire, situé à très faible profondeur : parfois seulement quelques mètres. Ce plateau est percé de multiples grottes, dont la voûte s'est quelquefois effondrée : elles sont devenues ce que l'on appelle les « trous bleus ». Les pêcheurs bahaméens redoutent le mystérieux animal qui habiterait ces trous bleus et qu'ils appellent le « lusca ». Ce lusca, qui serait capable de faire chavirer les navires et de les entraîner dans la mer, ressemblerait à une pieuvre géante, ce qui n'est pas pour étonner.

A vrai dire, certains témoignages sont pour le moins ahurissants. Ainsi, en 1968, un plongeur, Bruce Mounier, aurait rencontré, au nord de Bimini, une grosse tortue à face de singe, qu'il appelle l'« abominable homme des neiges sous-marin »! Charles Berlitz, bien connu pour ses ouvrages sur le triangle des Bermudes, évoque un monstre assez comparable à face de primate et au cou de serpent, appelé luska... Tout cela se recoupe fort bien, et ne nous éloigne pas des poulpes

1. *Amazone,* n° 1, pp. 42-46.

géants autant qu'il semblerait. Il faut dire qu'à cet égard l'affaire du triangle des Bermudes a quelque peu échauffé les esprits : ainsi une pieuvre gigantesque a été mise en cause – sans aucun fondement – dans la disparition d'un navire, le *Cyclops,* en 1918...

En 1967, un guide noir avait également parlé au zoologiste canadien Bruce Wright du lusca, « grande et dangereuse bête, mi-poulpe, mi-dragon », hôte des trous bleus et des cavernes. Or, vingt-cinq ans environ plus tôt, B. Wright lui-même était peut-être passé bien près d'un poulpe géant. Ce jour-là, il entraînait des nageurs de combat dans un trou bleu. Tout à coup, un banc de poissons disparaît en un éclair. Ensuite apparaît un rémora, tandis que les plongeurs ressentent un fort courant venant du fond du trou. L'explication? M. Raynal la donne sans doute : « Tout cela évoque une énorme pieuvre se déplaçant par réaction en expulsant l'eau avec violence par son tube locomoteur. » Quant au rémora, poisson qui se colle, grâce à sa ventouse, sur les bateaux ou les grands animaux, il venait peut-être de se détacher de la pieuvre.

Le lusca est donc manifestement une pieuvre géante qui, par la grâce du processus de mythification, a pris des aspects de tortue, de singe ou de dragon. Parfois, cependant, c'est plutôt à l'*Architeuthis* qu'il peut être assimilé. On connaît plusieurs témoignages sur des combats entre cachalots et céphalopodes au large des Bahamas. Un bras de l'un des mollusques en question put être recueilli et identifié : c'était un tentacule de calmar géant.

En 1963 et 1964, un pêcheur, Tommy Gifford, pêche en bateau près de Bimini, utilisant un câble en guise de ligne, ainsi que des hameçons géants en acier. Il attrape ainsi plusieurs « monstres », qui, racontera-t-il, remorquèrent durant des heures son embarcation de douze mètres, et contre la pleine puissance de ses machines, encore... Une autre fois, sa ligne d'acier fut proprement cassée en deux, par un coup de dents, estime-t-il. Certes, ces faits pourraient être imputés à des animaux variés : requin géant, *Architeuthis,* anguilliforme géant. Mais, dans les parages des Bahamas, on pense plutôt à des poulpes colossaux.

Des pieuvres géantes en Méditerranée?

Autre témoignage encore, celui d'un chimiste canadien, George J. Benjamin. Vers la fin des années 1950, il s'apprêtait à plonger dans un des trous bleus de l'île d'Andros, quand son guide le mit en garde. Peu de temps auparavant, le bateau de celui-ci avait dérivé de son mouillage et avait été entraîné vers le trou bleu où les deux hommes se trouvaient. Là, le lusca « avait projeté ses mains et l'avait englouti ». G. J. Benjamin plongea tout de même : le bateau gisait effectivement au fond du trou bleu, à demi enfoui dans le sable. Est-ce seulement un phénomène de siphon qui l'avait entraîné jusque-là, ou bien alors...?

En 1964, une affaire de pieuvre géante s'est soldée par des photos assez intéressantes. Des pêcheurs avaient raconté qu'un animal énorme, à l'allure de calmar, avait arraché leurs lignes. Une expédition partit de Miami vers la région de Bimini, où s'étaient déroulés les incidents. Et elle obtint des photos montrant « une chair brune indéfinissable » par cent à deux cents mètres de fond.

D'autres relations sont plus sujettes à caution. Ainsi, celle du lieutenant Harry E. Rieseberg. Celui-ci prétendit, en 1939, avoir livré combat à une pieuvre géante au cours d'une plongée sur une épave chargée de trésors, à cent miles au nord d'Haïti. Il aurait découpé l'animal avec les pinces d'un « robot ». Le tout étayé par un film et des photos. Ce témoignage est plus que suspect. D'abord, la pieuvre n'aurait mesuré que sept mètres trente d'envergure, ce qui est déjà imposant mais n'en fait pas un poulpe monstrueux. Ensuite, « cent miles au nord d'Haïti », cela signifie au beau milieu des Bahamas : alors, pourquoi ne pas le dire? Enfin, Rieseberg a raconté le même combat dans un livre, mais en le situant, cette fois, au large du Pérou.

En tout état de cause, les Bahamas paraissent bien être le centre de dispersion de l'*Octopus giganteus.* Il n'est pas impossible que l'aire de répartition de celui-ci s'étende à d'autres régions de l'Atlantique.

M. Raynal estime que deux secteurs pourraient être propices à la pieuvre géante. D'abord, la côte du Belize, en Amérique centrale, où existent des formations géologiques comparables aux trous bleus des Bahamas. Ensuite, la région des Keys au sud de la Floride. Et, effectivement, l'on connaît un témoignage venant d'un secteur voisin.

En 1897, un juge du nom de Tuttle pêchait dans sa barque, au large de Palm Beach, lorsqu'un tentacule se colla à l'une de ses mains. Il le trancha d'un coup de hachette. Quatre ou cinq autres tentacules apparurent alors, et il les sectionna également. L'animal lui-même émergea ensuite, mais le juge s'en tira avec seulement une vive douleur là où les tentacules l'avaient touché. Mais s'agissait-il bien d'une pieuvre?

A défaut de monstres...

On ne rencontre pas tous les jours de poulpes ou de calmars gigantesques, mais de petites espèces sont communes sur nos côtes. Le calmar ordinaire, ou encornet, atteint facilement cinquante centimètres. L'ommatostrèphe est plus grand et très svelte. La seiche est plus petite, et plus massive. La pieuvre ordinaire présente deux rangées de ventouses sur chaque tentacule, tandis que l'élédone, à l'odeur musquée, ne possède qu'un seul rang de ventouses.

Des seiches s'échouent parfois en nombre sur les plages, victimes, semble-t-il, d'un déséquilibre interne. Plus fréquemment, l'os de seiche s'échoue seul. Il n'est pas rare de découvrir des grappes noires, surnommées « raisin-de-mer », et qui ne sont autres que des pontes de seiches. Les œufs de pieuvres, qui sont blancs, sont plus rares (ne pas les confondre avec les œufs du buccin, un gastéropode).

Cette histoire, version moderne de l'hydre de Lerne, laisse rêveur. N'est-ce pas plutôt un calmar qui a attaqué, car les ventouses de calmar, dentelées, font plus mal, nous le savons, que celles des pieuvres? Ou, alors, une méduse géante ou une physalie?

Voyons maintenant si des pieuvres de forte taille peuvent se rencontrer dans d'autres régions du monde. Le secteur nord-est de l'océan Pacifique, de l'Alaska à la Californie, est le domaine d'un poulpe de forte taille, le poulpe pointillé *(Octopus dofleini)*, ainsi nommé en raison des taches en forme d'anneaux qui parsèment son corps. Les zoologistes lui accordent généralement une envergure de six à sept mètres pour un poids de cinquante à soixante kilos. Cependant, sur les côtes de l'état de Washington vivraient des spécimens de cent quatre-vingts kilos.

En Alaska aurait été capturée une pieuvre de dix mètres quarante d'envergure, mais au petit corps. En 1821, le navigateur allemand Otto von Kotzebue avait rapporté qu'aux îles Aléoutiennes des poulpes géants attaquent parfois les embarcations et les entraînent dans les eaux, si leurs occupants ne tranchent pas rapidement leurs tentacules.

Plus récemment, le Dr. Newman, conservateur de l'aquarium de Vancouver, a fait état de la capture de deux énormes pieuvres en 1956 et 1957. La première atteignait huit mètres cinquante d'envergure pour un poids de cent quatre-vingt-dix-huit kilos; la seconde, neuf mètres soixante-quinze pour deux cent soixante-dix kilos.

Troisième région fréquentée par les pieuvres de forte taille, et qui nous touche de plus près : le Bassin méditerranéen. Nous avons remarqué que les *Architeuthis* y paraissent exceptionnels, mais nous nous rappelons que Scylla était peut-être une pieuvre géante.

Il est, quelque part sur la côte méditerranéenne française, une histoire que l'on se raconte depuis des dizaines d'années, avec certainement beaucoup d'exagération, mais qui a sans doute un fond de vérité. En ce lieu, entre deux rochers, vivrait une redoutable pieuvre géante. Peut-être certains lecteurs ont-ils reconnu l'endroit : je préfère ne pas le préciser davantage, par crainte que la municipalité ne fasse dynamiter les rochers... Toujours est-il qu'une longue série de témoignages confirme la présence, en Méditerranée, de pieuvres de belle taille. Au douzième siècle, un plongeur sicilien du nom de Nicolas, surnommé « Nicolas-Poisson » en raison de ses capacités natatoires, rapporta avoir vu, dans le détroit de Messine, « des troupeaux de poulpes effroyables » qui adhèrent aux rochers par des bras de trois mètres; leur corps est plus grand que celui d'un homme...

D'autres indices nous viennent de la Côte d'Azur et du littoral provençal. Au milieu du siècle dernier, un poulpe de vingt-cinq kilos et de près de cinq mètres d'envergure fut capturé à Nice. Vers 1920, une pieuvre de dix-huit kilos et de trois mètres cinquante d'envergure fut tuée par un scaphandrier dans la baie de Villefranche-sur-Mer. C'est en 1912 qu'a été trouvé le plus gros poulpe méditerranéen dûment mesuré. L'année précédente, le cuirassé *Liberté* avait explosé dans la rade de Toulon. En 1912, donc, un matelot-scaphandrier du nom de Ledu descend dans la darse Missiéssy [1] pour rechercher des objets tombés du cuirassé lors de la catastrophe. Soudain, surgissant d'un recoin, apparaît un poulpe géant. Il enlace le scaphandrier. Celui-ci a oublié son poignard, mais a le temps de tirer la sonnette d'alarme. Il est ramené inanimé à la surface, le poulpe encore attaché à lui : celui-ci est tué. *Le Petit Journal,* qui rapporta l'événement avec, comme il se doit, un dessin terrifiant à l'appui, écrivait : « Il ne pesait pas moins de soixante kilos et ses ventouses étaient plus grosses qu'une pièce de cinq francs. » Quant à son envergure, elle était d'environ huit mètres...

Il est donc certain que des pieuvres de belle taille existent à notre porte, en Méditerranée. Il en est peut-être encore de plus grandes. Ainsi, un plongeur raconta avoir rencontré au large du Pirée, en Grèce, une pieuvre aux yeux « grands comme une soucoupe ». Si ce témoignage est exact, et même en tenant compte d'une certaine exagération, on peut évaluer à douze mètres l'envergure d'une telle pieuvre.

Certes, nous sommes loin des soixante mètres des poulpes colossaux de la région Floride-Bahamas, mais il faut avouer que la rencontre de pieuvres de cette taille doit être tout de même très impressionnante.

Si donc l'existence de calmars et de pieuvres gigantesques est bien assurée, même si les spécimens les plus grands nous sont encore quasi inconnus, il reste à se poser la question : quelle est la nourriture de ces mollusques géants? Car il faut, à ces monstres, une alimentation à leur taille, c'est-à-dire soit des proies énormes, soit des proies plus petites, mais en grand nombre. Ainsi, Michel Raynal a émis l'hypothèse que les poulpes des Bahamas pouvaient se nourrir des langoustes épineuses étudiées, ces dernières années, dans les parages de l'archipel. Ce sont ces langoustes qui, sans qu'on sache vraiment pourquoi, partent parfois en migration à la queue leu leu sur le fond de la mer par millions d'individus, chacune tâtant la précédente de ses antennes, vers une destination inconnue. L'on peut aussi imaginer que les céphalopodes géants se nourrissent d'énormes poissons, ou d'autres grands céphalopodes d'une taille inférieure à la leur, ou encore de cétacés. On a notamment pu penser que les *Architeuthis* attaquaient les *Carcharodon megalodon,* dans la mesure où ceux-ci survivent encore. Si c'est le cas, quelle chaîne alimentaire! Le cachalot se nourrit du calmar géant, qui dévore le super-requin blanc, qui engloutit quelque énorme thon ou mérou... N'est-il pas merveilleux de penser que ce monde de titans persiste dans les océans d'une planète dont l'homme croit pourtant être le maître?

1. Une darse est un bassin ouvert dans un port.

6

L'insondable mystère du loch Ness

Le monstre du loch Ness jouit d'une célébrité universelle. Véritable supervedette de la cryptozoologie – qui eut tout de même un concurrent sérieux, dans les années 1950, en la personne de l'homme des neiges et qui, en France, affronte la rivalité de la Bête du Gévaudan –, il polarise sur lui un intérêt presque exagéré, car, nous en sommes désormais convaincus, les mystères zoologiques ne manquent pas de par le monde. Il n'en reste pas moins que le monstre du loch Ness pose une énigme particulièrement irritante. En effet, la masse de documents et d'informations réunis sur lui est énorme : elle remplit déjà de nombreux livres. Mais, en face de cela, pas la moindre pièce palpable qui pourrait étayer l'une des multiples hypothèses avancées sur la nature du monstre.

Avant tout, plantons le décor. Le loch Ness est le plus grand lac des îles Britanniques [1]. Long de trente-huit kilomètres, et large au maximum de deux kilomètres quatre cents, ce lac étroit s'étire obliquement à travers les montagnes d'Ecosse. Il fait partie de la « Grande Vallée », ou Glen More, qui rattache l'Atlantique à la mer du Nord. Le loch Ness est ainsi relié, au sud, au loch Oich par le canal calédonien, et, au nord, à la mer du Nord par la rivière Ness : celle-ci débouche dans la mer à Inverness.

Le loch Ness se trouve à quinze mètres au-dessus du niveau de la mer. Sa superficie est de cinq mille six cent soixante-cinq hectares. Sa profondeur moyenne est de cent trente mètres, ce qui est très important. Il présente deux dépressions, qui atteignent au moins trois cents mètres de profondeur. Le volume d'eau du loch est évalué à plus de sept milliards de mètres cubes. L'hiver, cette eau a une température de cinq degrés; l'été, le fond du lac demeure à cette température.

Les eaux du loch Ness sont opaques. En effet, les rivières qui s'y jettent y amènent de la « terre de bruyère », si bien qu'un plongeur, à quelques mètres de profondeur, ne voit même plus ses mains...

La Grande Vallée est une ancienne faille que les glaciers de l'ère

1. Rappelons qu'en Ecosse les lacs sont appelés « lochs ».

quaternaire ont creusée encore davantage, en se retirant. Puis, voici cinq mille à sept mille ans, une élévation du niveau des terres a coupé le loch Ness de la mer, à laquelle, nous l'avons dit, il demeure relié. Cette histoire du loch Ness est importante à connaître, et il faudra en tenir compte dans nos recherches sur l'identité de ses mystérieux occupants.

La photo du médecin

L'affaire du monstre du loch Ness a véritablement éclaté le 2 mai 1933. Ce jour-là, l'*Inverness Courier* rapporte qu'un étrange animal a été vu dans le loch Ness. C'est un ménage – M. et Mme John MacKay, propriétaires d'un hôtel à Drumnadrochit, localité des bords du loch, qui a vu deux curieuses bosses émerger des eaux du lac.

Il faut dire que le « monstre » a été observé depuis la nouvelle route qui vient d'être construite sur la rive nord du loch. Cette route est véritablement à l'origine de l'affaire : elle va entraîner un afflux de promeneurs sur les berges du loch, auparavant assez difficiles d'accès.

Très vite, l'affaire du monstre du loch Ness va prendre une grande ampleur. Pour beaucoup de gens, ce n'est qu'un canular, ou une invention de journalistes en mal de copie, ou une conséquence du whisky. Ou bien, encore, ce sont les Ecossais qui ont inventé cette histoire pour attirer les touristes. Ou alors, le monstre n'est qu'une carcasse de zeppelin ou un chapelet de mines flottantes... Les zoologistes ne prennent pas l'affaire au sérieux : l'existence d'un grand animal inconnu dans un lac d'Ecosse leur paraît impossible...

Pourtant, les observations continuent. Mais, dès à présent, il faut insister sur un point important. Si « le » monstre du loch Ness existe, ce ne peut être un animal unique, thèse évidemment insoutenable : il ne peut s'agir que d'une population, se reproduisant régulièrement, d'une espèce animale connue ou inconnue, localisée au loch Ness ou existant aussi ailleurs.

Cette présence de monstres dans le loch paraît en tout cas fort ancienne. Si l'on compulse les chroniques écossaises, on trouve de nombreuses mentions sur le monstre du loch Ness, depuis le Moyen Age. Ainsi, au sixième siècle, un saint homme, du nom de Columba, aurait, d'un signe de croix, chassé un animal aquatique qui aurait tué un habitant de la région.

Et voici qu'en novembre 1933 une première photo est prise. Due à Hugh Gray, elle montre un long « objet » sinueux nageant en surface, tout en faisant bouillonner l'eau autour de lui. En décembre, Malcolm Irvine, un cinéaste de la Scottish Film Productions, obtient un film du monstre : on y voit celui-ci durant près d'une minute nageant à la vitesse de quinze kilomètres/heure. Particulièrement chanceux, M. Irvine réussira, en 1936, un second film montrant la tête de l'animal s'élevant et s'abaissant à chaque mouvement du corps.

Le 1er avril 1934 est prise la plus célèbre des photos du monstre. Qu'elle ait été réussie le 1er avril ne diminue en rien son intérêt. Son auteur est un chirurgien londonien, le Dr. R. K. Wilson : aussi est-elle passée à la postérité comme la « photo du médecin ». En fait, Wilson en prit plusieurs... La plus importante montre une silhouette noire, légèrement recourbée à son extrémité, et entourée de remous concentriques. A la base de cette silhouette semble apparaître ce qui pourrait être un corps. Sur une autre photo, l'« objet » en question a presque disparu dans l'eau.

Le premier problème est que ces deux photos ne montrent aucun repère. On a donc pu se demander si elles avaient bien été faites au loch Ness. D'aucuns ont insinué qu'elles avaient été prises en Inde ou à Ceylan et représentaient la trompe, émergeant de l'eau, d'un éléphant domestique. Ou bien alors, si elles avaient été prises au loch Ness, elles montreraient la trompe d'un éléphant échappé d'un cirque et qui aurait vécu quelque temps dans les eaux du loch : hypothèse bien invraisemblable...

Tout récemment, en avril 1984, le *Daily Mail* a publié d'autres photos du Dr. Wilson qui montrent les rives du loch Ness. Une autre hypothèse voit dans l'objet recourbé l'aileron dorsal d'une orque. Mais, de nos jours, ce cétacé aurait beaucoup de mal à pénétrer dans le loch Ness. Divers zoologistes ont pu penser qu'il s'agissait de la queue d'une loutre en train de plonger. Il existe en effet des loutres, et même de belle taille, dans le loch. Cependant, la loutre aurait disparu si vite que le Dr. Wilson n'aurait pas eu le temps de changer de plaque et donc de prendre un second cliché. La photo originale aurait été récemment améliorée par des procédés modernes, et des moustaches seraient apparues...

Le dossier du loch Ness, au fil des années, s'est donc enrichi de milliers d'observations, de dizaines de photos et de quelques films. Voici, parmi bien d'autres, une observation typique de « Nessie », le surnom donné au monstre. On la doit à Mme M. Moir, en octobre 1936 : « Il bruinait légèrement, le loch était gris, le ciel était gris et la couleur de la créature était gris très foncé, nettement en contraste sur le fond plus clair de l'eau et du ciel. Le monstre était immobile sur la surface du loch, tourné en direction d'Inverness. Sa longueur avoisinait dix mètres. Il était difficile de juger la distance exacte qui nous séparait, mais il était assez près pour que nous puissions le voir très distinctement. Il y avait trois bosses, la plus grande au milieu, la plus petite derrière le cou. Le cou était long et svelte, la tête petite, et sans traits discernables. Très souvent, il trempait la tête dans l'eau comme s'il se nourrissait, ou peut-être seulement s'amusait. »

Le monstre apparaît tout au long de l'année. Les observations sont plus fréquentes l'été, peut-être parce qu'il aime se chauffer au soleil, ou plus simplement parce que les promeneurs sont plus nombreux sur les bords du loch. Le moment le plus propice à une observation semble être le début de la matinée. Il a été calculé qu'il faut en moyenne trois cent cinquante heures d'affût pour voir « quelque chose ». La durée des observations varie en général de vingt secondes à trois minutes. Souvent, c'est un cou semblable à un poteau télégra-

Monstre et tourisme

Le loch Ness est devenu un haut lieu touristique. Dans les localités des rives du loch on vend des foules de bibelots à l'effigie du monstre, ainsi que des cartes postales qui se veulent humoristiques. Aussi, certains n'ont pas manqué d'insinuer que le monstre était une invention des Écossais pour attirer les touristes.

En fait, c'est faux. D'ailleurs, les touristes agacent plutôt les habitants de la région, par la pollution qu'ils entraînent. Et les accrochages de voitures sont fréquents le long du lac, car les conducteurs n'ont pas l'œil à leur conduite!

phique qui apparaît, sans tête visible, sans doute parce qu'elle se situe du côté opposé à l'observateur. Nessie nage parfois très vite, jusqu'à quarante ou cinquante kilomètres/heure, voire plus. Sa taille est évaluée à une dizaine de mètres en moyenne. Il a donc un long cou – du moins d'après bon nombre de témoignages. Le corps, massif, semble porter quatre battoirs. L'existence d'une queue est controversée. L'animal est souple et ondule dans un sens vertical surtout. Il est souvent décrit avec trois bosses, celle du milieu étant la plus grosse, mais elles peuvent varier de taille.

Les photos présumées de Nessie, nous l'avons dit, sont assez nombreuses. Presque aussi célèbre que celle du médecin, la photo prise en 1951 par un bûcheron, Lachlan Stuart, montre trois bosses émergeant de l'eau. Ce serait la carte postale la plus vendue du monde!

En juillet 1955, M. P. MacNab s'arrête près du château d'Urquhart, qui domine le loch, pour en prendre la photo. Soudain, il entend un bruit dans l'eau. Il a juste le temps de remplacer son objectif par un téléobjectif de cent cinquante millimètres. Un énorme animal surgit de l'eau. P. MacNab le photographie. La photo est intéressante, car le monstre et le château y figurent l'un et l'autre. Par comparaison avec la hauteur du château, qui est de près de vingt mètres, on peut évaluer à cette même longueur la partie émergée de l'animal. Mais la photo ne montrerait-elle pas deux spécimens? Si on l'examine avec soin, on s'aperçoit que les deux bosses ne sont pas tout à fait dans le prolongement l'une de l'autre. Comme la seconde bosse est plus petite que la première, on a pu penser qu'il s'agissait d'un mâle accompagné de sa femelle, ou d'un jeune suivant sa mère.

Plus d'une fois, plusieurs animaux ont été vus ensemble. Le gardepêche Alexander Campbell (qui, en tout, aurait observé Nessie dixhuit fois!) dit avoir vu le dos de trois monstres apparaître à la surface du loch. Le premier et le second étaient nettement plus gros que le troisième. Tandis que la progression des deux premiers était régulière, le troisième zigzaguait comme s'il s'amusait. Etait-ce un jeune qui folâtrait au cours d'une sortie en famille?

En juin 1937, deux élèves de l'abbaye de Fort Augustus voient trois petits monstres longs d'un mètre seulement qui s'esquivent quand ils cherchent à les attraper.

Le dossier s'épaissit

En avril 1960, un ingénieur en aéronautique, Tim Dinsdale (qui deviendra par la suite l'un des meilleurs spécialistes du loch Ness), réussit un film du monstre. Un matin, aux alentours de 9 heures, il remarque un objet immobile à la surface du lac. Dans ses jumelles, celui-ci apparaît sous forme d'une bosse évoquant une barque retournée : c'est là une comparaison souvent faite par les témoins. Et puis, voici que l'« objet » se met à avancer, dans la direction opposée à Dinsdale. Celui-ci pose ses jumelles et, calmement, commence à filmer. Il voit très bien le monstre dans le viseur. L'animal change de direction, laissant un sillage en zigzag, puis, lentement, s'enfonce dans l'eau.

Tim Dinsdale raconte : « A environ deux cents ou trois cents mètres de la rive opposée, alors qu'il avait disparu de la surface, il vira brusquement à gauche et poursuivit sa route parallèle à la berge. Je distinguais toujours nettement le sillage, comparable à celui que laisserait la tourelle d'un sous-marin au ras de l'eau. Je voyais, se succédant à un rythme régulier, jaillir à la surface des paquets d'écume à chaque coup d'aileron. »

Ce film est analysé par le Joint Air Reconnaissance Intelligence Center (JARIC), service photographique de la RAF, qui publiera sur lui un rapport ne comptant pas moins de dix-neuf paragraphes. Selon ce rapport, l'« objet » filmé par Tim Dinsdale dépasse la surface d'au moins un mètre cinquante. Sa largeur est d'un mètre quatre-vingts. Sa vitesse est évaluée à seize kilomètres/heure. Ce film demeure l'une des pièces à conviction les plus importantes du dossier du loch Ness.

Le monstre a encore été filmé l'année suivante par Richard Raynor. Son film montre un objet long de deux mètres dix et laissant un sillage. Plus mystérieux est le film pris par un certain Dr. MacRae. Il serait sensationnel. Mais son auteur, aujourd'hui disparu, l'a déposé dans un coffre avec ordre à ses héritiers de ne l'en jamais sortir...

Le 27 mai 1960 est prise une photo, très nette celle-là, mais peut-être, justement, trop nette pour être honnête. Elle est due à Peter O'Connor, qui la réussit, affirme-t-il, alors qu'il se tenait dans l'eau jusqu'à la taille, à une vingtaine de mètres du monstre. La photo montre un énorme dos, en avant duquel émerge obliquement un cou mince. Il est permis de demeurer sceptique sur l'authenticité de cette photo. Pourtant, elle rappelle assez une autre photo prise en août 1934 par le Dr. James Lee.

Il est ainsi apparu au fil des années que les mystérieux habitants du loch Ness viennent assez régulièrement à la surface. Pour respirer? Sans doute, mais pas obligatoirement.

Abordent-ils les rives? Ils ne sont pas véritablement amphibies, sinon ils auraient été repérés depuis longtemps. Il semble qu'ils soient attirés par les embouchures des petites rivières qui se jettent dans le loch, peut-être pour y chasser les poissons. Et puis, en de rares occasions, ils ont été vus sur les berges, elles-mêmes. Dans la nuit du 5 au 6 janvier 1934, un étudiant en médecine, Arthur Grant, rentre chez ses parents à motocyclette. Il roule sur la route d'Inverness à Drumnadrochit quand il aperçoit une silhouette sombre sur le bas-côté, près de buissons. L'animal, car c'en est un, bondit sur la route juste devant lui, la traverse en deux sauts, et disparaît dans les fourrés de la berge du lac.

Arthur Grant racontera que la bête avait un long cou et une petite tête, avec de grands yeux ovales. Sa queue, longue d'un mètre cinquante à deux mètres environ, se terminait d'une façon arrondie. La longueur totale du monstre était de quatre mètres cinquante à six mètres. A. Grant s'arrêta, sauta de sa moto et s'élança à la poursuite de l'animal, juste pour entendre le « plouf » de la bête plongeant dans le loch et pour voir des remous à la surface de l'eau. Pendant deux jours, un groupe d'étudiants d'Edimbourg, qui enquêtaient sur le monstre, examinèrent les lieux de la rencontre. Ils remarquèrent que l'herbe et les fougères étaient écrasées, comme si un animal de la grosseur d'une vache s'était couché là.

Le témoignage d'Arthur Grant est resté justement célèbre. Mais il en est d'autres qui nous montrent que les monstres viennent parfois sur les berges. En 1879, des enfants pique-niquaient sur la rive septentrionale du loch. Ils avaient presque terminé de manger quand ils entendirent du bruit derrière eux. Ils se retournèrent et virent un animal qui se dirigeait vers l'eau. Il était gris comme un éléphant, mais avait un long cou. Il semblait les regarder tandis qu'il entrait dans le loch. Vers 1930, des collégiens de Drumnadrochit racontèrent à leur professeur qu'ils avaient vu « un animal très extraordinaire et effrayant dans les marais bordant la baie d'Urquhart ». En effet, ce sont surtout des enfants qui fréquentent les estuaires et les marais des rives du loch Ness.

Une autre importante observation sur la terre ferme est celle faite par M. et Mme George Spicer, le 22 juillet 1933, vers 16 heures. Ce ménage londonien n'avait jamais entendu parler du monstre : l'« affaire » venait seulement de commencer. Les Spicer roulent en voiture le long du loch. Tout à coup, ils voient, à deux cents mètres environ de distance, une sorte de trompe qui sort d'un taillis : elle se tient horizontalement à un mètre du sol, en ondulant de haut en bas. Puis apparaît un corps massif, qui occupe toute la chaussée. La « chose » disparaît de l'autre côté de la route avant que les Spicer n'arrivent sur les lieux. Ils s'arrêtent, mais ne voient plus rien.

Au printemps 1977, deux ménages campent sur le rivage de la baie d'Urquhart. Une nuit, ils entendent un animal (?) sortir de l'eau, en respirant bruyamment. Ils n'osent quitter leur tente. Le lendemain, on remarquera que des herbes et des arbustes sont écrasés... Notons que des halètements un peu semblables à ceux d'un cheval essoufflé sont fréquemment attribués au monstre.

Sonar, satellite, ordinateur...

L'énigme du loch Ness n'a cessé, depuis 1933, d'exciter l'imagination des hommes. D'innombrables moyens ont été mis en œuvre pour percer le mystère. Des sous-marins de poche ont patrouillé dans le loch, mais l'opacité des eaux n'a pas permis à leurs équipages de voir grand-chose. On a exploré le fond à l'aide de traîneaux munis d'appareils photo, afin de découvrir des ossements. L'équipe de Walt Disney a diffusé de la musique, dans l'espoir d'engager un dialogue sonore avec les monstres.

On a pensé prélever à l'arbalète un fragment de leurs tissus pour en effectuer une biopsie. Des appâts imprégnés d'hormones sexuelles ont été déposés sur les rives du loch...

Ces dernières années, de nouvelles idées ont germé dans des cerveaux particulièrement imaginatifs. Ainsi, certains ont voulu dresser des dauphins à traquer Nessie. Ces dauphins étaient entraînés en 1979, à Islamorada, en Floride. Ils devaient être porteurs d'une caméra dont le déclenchement automatique se faisait au passage de tout « objet » en mouvement.

L'un des dauphins est mort dans des conditions mystérieuses, et le projet a été ajourné. Il devait être repris, mais semble abandonné. Et c'est tant mieux, car il se serait agi, une fois de plus, d'une exploitation abusive des dauphins.

Des canulars

L'affaire du monstre du loch Ness n'a pas manqué de susciter d'innombrables canulars.

Ainsi, en décembre 1933, des empreintes extraordinaires sont découvertes sur les berges du loch. Un chasseur de fauves qui enquête au nom du Daily Mail *déclare à leur sujet : « C'est une bête dont les pattes à quatre doigts ont environ vingt centimètres de large. Il s'agit d'un très puissant animal à pattes souples, qui doit mesurer environ six à sept mètres de long. Les empreintes montrent nettement les ondulations des pattes et la marque des ongles ou griffes. » En réalité, ces empreintes avaient été faites à l'aide d'un pied d'hippopotame monté en cendrier.*

En 1975, des pompiers fabriquent un faux monstre, en papier mâché, équipé d'un moteur et diffusant des cris de morse... C'est Nellie, la fiancée de Nessie, qui devait attirer celui-ci... Mais Nessie restera indifférent.

Deux employés d'un zoo britannique trouvèrent, eux, intelligent de déposer sur les rives du loch le cadavre d'un éléphant-de-mer... On devine le bruit que fit l'annonce de la découverte du cadavre d'un gros animal sur les berges du loch Ness...

La dernière idée en date vient d'un homme d'affaires britannique, Roger Parker. Il compte installer sur le loch des bouées de la taille d'un ballon de football auxquelles seront suspendues des cassettes et autres appareils qui enregistreront sons, lumières et mouvements des vagues. Toutes les heures, ces informations seront transmises à un satellite Tiros. A partir de celui-ci, elles gagneront des stations terrestres françaises et américaines, et, de là, le centre spatial de Houston. Celui-ci les enverra au service Argos du CNES (Centre national d'études spatiales) de Toulouse, qui les traitera sur ordinateur. Enfin – dernière étape de ce long périple –, les résultats parviendront à la firme de M. Parker. Ce projet ambitieux, mais non pas utopique, verra-t-il le jour? *Wait and see.*

Depuis longtemps, déjà, des chercheurs ont essayé d'enregistrer d'éventuels signaux émis par les monstres. Et, à plusieurs reprises, ils ont réussi. Notamment, entre mai et août 1982, Adrian Shime a sillonné les eaux du loch à bord du laboratoire aquatique qu'il a conçu lui-même. Il a capté une quarantaine de signaux « d'une force extraordinaire ».

Il y a une quinzaine d'années ont débuté des recherches au sonar. Elles ont montré que des « objets » de forte taille se déplaçaient dans le loch, à la vitesse appréciable de trente-trois kilomètres/heure, ce qui exclut des objets entraînés par les courants. Et il est peu probable que ce soit des bancs de poissons... Alors?

Une nouvelle étape dans les recherches scientifiques sur le mystère du loch Ness a été franchie en 1970, avec l'entrée en scène de l'Académie des sciences appliquées de Boston. Cette année-là, des chercheurs de cette académie, dont son président, le Dr. R. H. Rines, arrivent au loch Ness avec un matériel très moderne. Leur méthode consiste à suspendre à des bateaux, par des câbles, à une dizaine de mètres de profondeur, un sonar ultra-sensible et un appareil photo : celui-ci, lorsqu'un « objet » passe devant lui, prend une photo toutes les quinze secondes.

Le 8 août 1972, vers 1 h 40 du matin, dans la baie d'Urquhart, de nombreux poissons, sans doute surtout des saumons, sillonnent l'écran du sonar, tels des têtes d'épingle. Tout à coup, les têtes d'épingle deviennent des tirets : les poissons fuient. Ils fuient un ennemi invisible. Mais voici que celui-ci apparaît sur l'écran, sous l'aspect d'une forme noire, qui grossit. Les saumons se sont éclipsés, mais la « chose » est toujours là : elle évolue sous les bateaux. Soudain, celui où se trouvent les observateurs pivote, et la silhouette disparaît. Le monstre a dû être photographié! En effet, des clichés furent expédiés aux Etats-Unis et développés avec le plus grand soin. Ils furent ensuite traités sur ordinateur par des spécialistes de la NASA.

Deux de ces photos sont fort intéressantes. L'une montre une « queue » (?) cylindrique; l'autre, une sorte de nageoire en forme de losange, attachée à un corps à la peau rugueuse.

Trois ans plus tard, au cours de l'été 1975, l'équipe de Boston va connaître de nouveaux succès. Elle bénéficie alors de l'aide du

Pr. H. Edgerton, qui a mis au point un flash très puissant, destiné à percer les eaux obscures du loch. L'une des nouvelles photos obtenues montre ce qui paraît bien être la partie antérieure d'un grand animal, muni de deux palettes natatoires et d'un long cou recourbé, terminé par une petite tête. Cette image accrédite parfaitement les descriptions du monstre en surface. Sur une autre prise de vue apparaît ce qui semble être la tête en gros plan, surmontée de deux « cornes » qui la font ressembler à la fois à une tête de girafe et à celle d'un escargot...

La publication de ces photos fait sensation en Grande-Bretagne : elle amène des zoologistes de premier plan à prendre parti. C'est le cas de Peter Scott, bien connu comme responsable du WWF (World Wildlife Found ou Fonds mondial pour la nature). Il décide d'organiser, à Edimbourg, un symposium sur l'énigme du loch Ness.

Cependant, plusieurs zoologistes du British Museum of Natural History de Londres publient une déclaration selon laquelle « aucune des photographies présentées n'est assez révélatrice pour établir formellement l'existence, et encore moins l'identité, d'un gros animal dans le loch ». A l'annonce de ce communiqué, les institutions qui devaient cautionner le congrès d'Edimbourg se rétractent. P. Scott décide de l'annuler, mais il tient, en compagnie de R. Rines, une conférence de presse. Ils présentent les photographies, ainsi qu'un tableau, exécuté par Scott, artiste à ses heures, et représentant les monstres tels qu'il les voit. La séance est plutôt houleuse. Un opposant du British Museum apporte la contradiction. Et le lendemain paraît dans *Nature,* une importante revue scientifique britannique, un article de P. Scott et de R. Rines intitulé « Naming the Loch Ness Monster » (« Un nom pour le monstre du loch Ness »). Ce nom est *Nessiteras rhombopteryx,* l'« animal du Ness à nageoire en losange ». P. Scott penche pour l'hypothèse du plésiosaure. Nous nous souvenons que ce reptile de l'ère secondaire a été maintes fois évoqué à propos du serpent-de-mer. Et, effectivement, l'allure du monstre du loch Ness rappelle beaucoup cet animal. Mais, là aussi, divers arguments s'opposent à cette identification. Nous savons que les plésiosaures n'avaient pas la souplesse qu'on leur prête souvent. De plus, étant sans doute ovipares, ils devaient venir pondre sur le rivage (à moins, bien sûr, d'être devenus vivipares). Enfin, les reptiles habitent surtout les régions chaudes, et, *a priori,* ce n'est pas dans un lac écossais que l'on s'attendrait à trouver un plésiosaure relique.

De multiples hypothèses

Nous voici sur le point d'examiner les multiples hypothèses sur l'identité du monstre du loch Ness. Ne nous attardons pas sur celles qui se bornent à voir en lui une espèce connue de phoque, cétacé, requin, raie ou tortue, par exemple. N'attachons guère d'importance non plus à celles qui le réduisent à une carcasse de dirigeable ou à un vol d'oiseaux... Plus originale serait la thèse qui fait du monstre une masse végétale qui se déplacerait sous l'action de gaz de fermentation. Malheureusement pour cette hypothèse, de telles masses végétales n'ont jamais été trouvées dans le loch.

Une variante de cette thèse a fait quelque bruit en 1982. Elle était due à un ingénieur électronicien, Robert P. Craig. Selon celui-ci, le monstre du loch Ness ne serait qu'un tronc de pin sylvestre... En effet, selon M. Craig, lorsqu'un tronc de pin sylvestre (ce conifère est abondant sur les rives du loch) tombe dans le loch, il se gorge peu à peu d'eau, pour, finalement, couler au fond du lac. Sous l'effet de la pression des eaux du loch, une partie de la résine contenue dans le bois en sortirait et recouvrirait le tronc. Elle formerait une sorte d'enduit étanche, empêchant l'eau qui imprègne les fibres de bois de quitter le tronc. La dégradation du bois entraînerait alors la formation de gaz. De minuscules bulles de gaz empliraient alors des « poches » situées dans la résine et les goudrons qui se trouvent encore dans le tronc, mais seraient repoussées vers ses extrémités. Bref, il se formerait, aux deux bouts du tronc, de véritables flotteurs remplis de gaz. Ces flotteurs, un beau jour, feraient remonter le tronc vers la surface. Lorsqu'il y parviendrait, les poches de résine et de gaz exploseraient, provoquant un bouillonnement. Alors, le tronc coulerait à nouveau, et, cette fois, pour toujours.

Ingénieuse, certes, la théorie du pin sylvestre ne peut vraiment être retenue. Comment, en effet, expliquerait-elle le long cou, les apparitions sur les rives, les émissions de sons, par exemple? Pour sa part, un physicien canadien, W.H. Lehn, avance une autre explication. Pour lui, c'est simplement la réfraction atmosphérique qui est en jeu. En effet, lorsque la température de la surface de l'eau est inférieure à celle de l'air, la réfraction peut entraîner des distorsions des objets. Notamment, quand le gradient de température n'est pas uniforme, un simple point peut devenir une succession de points, autrement dit une ligne verticale. Si l'observateur se déplace verticalement, un objet fixe paraît s'animer. Or un lac comme le loch Ness présente des conditions climatiques favorables à de telles distorsions. Il est possible que la réfraction atmosphérique soit effectivement responsable de certaines observations de « monstres ». Mais une telle hypothèse ne peut rendre compte de tous les aspects du problème du loch Ness : quiconque en connaît le dossier en sera convaincu.

Nous en arrivons aux hypothèses les plus intéressantes, celles qui considèrent que Nessie est un animal d'espèce inconnue. Ces hypothèses sont au moins au nombre d'une dizaine. En remontant l'échelle zoologique, on a pu voir dans le monstre du loch Ness :

– une annélide polychète
– une sangsue
– un mollusque nudibranche
– un poisson anguilliforme
– un stégocéphale
– un urodèle
– un plésiosaure
– un sirénien
– un cétacé primitif
– un pinnipède.

Nous remarquons que certains de ces animaux sont d'eau douce : ce sont le stégocéphale, l'urodèle, la sangsue. Le loch Ness étant un lac d'eau douce, il serait normal que le monstre appartienne à une espèce dulçaquicole, comme on dit. Les autres animaux en cause sont marins, ou « plutôt » marins (car les siréniens sont partiellement d'eau douce).

Il est en effet très possible que Nessie soit d'origine marine. Rappelons-nous que le loch Ness est un ancien fjord qui fut coupé de la mer voici plusieurs milliers d'années. Si des animaux marins avaient pénétré dans le loch, ils se seraient alors trouvés bloqués, « piégés », dans celui-ci. Ce processus est relativement fréquent. Les grandes espèces marines remontent volontiers les fleuves. En Europe, c'est le cas des phoques. Le delphinaptère, grand cétacé blanc de l'Arctique, apparaît parfois dans l'Elbe et le Rhin. Jadis, le marsouin fréquentait Rouen, Nantes et Bordeaux, voire, parfois, Paris... Des requins remontent l'Amazone sur plus de trois mille cinq cents kilomètres. Les poissons-scies font des incursions dans les fleuves de Nouvelle-Guinée. Et ne parlons même pas des espèces franchement migratrices, comme l'esturgeon. Et c'est ainsi que des animaux d'origine marine se sont trouvés piégés en eau douce par des phénomènes géologiques. On connaît un dauphin, le lipote, dans un lac de Chine; il existe des phoques dans la mer d'Aral et le lac Baïkal; un requin habite le lac de Nicaragua, en Amérique centrale.

La présence d'une espèce marine dans le loch Ness s'expliquerait donc fort bien. Il n'est même pas exclu (quoique ce soit peu probable) que les hôtes mystérieux du lac effectuent encore des migrations entre le loch Ness et la mer, par la rivière Ness : en août 1965, alors que cette rivière était en crue, un animal au long cou y fut aperçu...

Examinons de près, maintenant, chacune des dix grandes hypothèses. Le monstre pourrait-il être une annélide polychète? Les annélides sont les vers annelés, c'est-à-dire segmentés, qui se divisent en trois groupes : les sangsues, les lombrics (ou vers de terre) et les polychètes (dont le nom signifie « à nombreuses soies », car leur corps en est couvert). Les annélides polychètes sont abondantes dans les mers : l'arénicole, qui vit dans le sable et rejette les tortillons que tout le monde a vus, en fait partie, comme les sabelles, qui habitent des tubes d'où dépasse le gracieux panache de leurs branchies.

Certaines polychètes sont de grande taille : une eunice atteint huit mètres de long. Les segments d'une polychète encore plus grande pourraient être les « bosses » décrites par les témoins. Mais le calibre de l'animal resterait très inférieur à celui du monstre. La vie en eau douce ne serait pas une objection : il existe quelques polychètes dulçaquicoles. Beaucoup de ces vers étant de mœurs prédatrices, une espèce géante pourrait se nourrir des poissons du loch. Néanmoins, l'aspect d'une polychète géante ne « collerait » que difficilement à celui du monstre.

Il se nourrit de saumons

Il nous faut ici ouvrir une importante parenthèse. Nous venons d'évoquer la richesse du loch en poissons. Il y a de fortes chances, en effet, que le monstre soit un carnivore, et non un herbivore, car le lac est pauvre en plantes aquatiques et en plancton.

Certains auteurs ont contesté la richesse en poissons du loch Ness. En fait, les saumons viennent se reproduire dans les rivières se jetant dans le loch Ness. Les jeunes quittent celui-ci lorsqu'ils pèsent environ deux cent cinquante grammes. Ils y reviennent trois ans plus tard : ils pèsent alors jusqu'à dix-huit kilos. Désormais ils ne mangent pratiquement pas. Et c'est heureux, car le loch Ness aurait du mal à les nourrir. Des calculs ont été faits sur le nombre de saumons regagnant alors le loch Ness. Au mois d'octobre, ces derniers y pénètrent, par chaque rivière où ils ont pondu, au rythme de cinq à la seconde, soit dix-huit mille à l'heure, et ce durant quatre jours. Au total, cela donne un chiffre d'un million sept cent mille saumons. Et comme sept rivières à saumons se jettent dans le loch, ce sont donc onze millions neuf cent mille saumons qui en viendraient. En comptant la trentaine de cours d'eau plus petits, ce sont treize millions de saumons qui pénétreraient dans le loch.

Le poids moyen d'un poisson est alors de dix livres; leur biomasse totale est donc de soixante-cinq mille tonnes environ : de quoi nourrir une masse de prédateurs de dix-huit mille six cents tonnes. Supposons que seulement un pour cent des saumons soient dévorés par les monstres : cette faible proportion pourrait nourrir cent quatre-vingt-six tonnes de monstres, soit cent cinquante monstres de mille deux cents kilos (ce dernier poids est en effet celui qui peut être attribué au monstre).

En résumé, les saumons du loch nourriraient fort bien un monstre prédateur, polychète géante ou autre. Le même raisonnement s'applique parfaitement à notre deuxième animal hypothétique, la sangsue géante. Les contorsions d'une sangsue rendraient assez bien compte des mouvements du monstre. Et n'oublions pas que les sangsues ne sont pas toutes suceuses de sang : il en existe de prédatrices, qui se nourrissent de vers ou de limaces. Véritable monstre de science-fiction, une sangsue d'une dizaine de mètres serait cependant difficile à imaginer. Les plus grandes sangsues connues dépassent à peine vingt centimètres : il y aurait donc un fossé considérable à franchir.

Si le monstre était une sangsue ou une polychète, cela expliquerait tout de même pourquoi on n'en a jamais trouvé ni crâne, ni os, ni squelette, puisqu'il serait un invertébré. Et cela vaut pour notre troisième hypothèse : le nudibranche géant. Les nudibranches sont des mollusques marins de la classe des gastéropodes, c'est-à-dire de lointains parents des bigorneaux et des escargots. En raison de leur allure, ils sont souvent surnommés « limaces de mer ». Ils sont de forme allongée, sans coquille, et parfois dotés de belles couleurs. Ils sont capables de nager. Leur nourriture se compose en général de cnidaires ou autres animaux fixés.

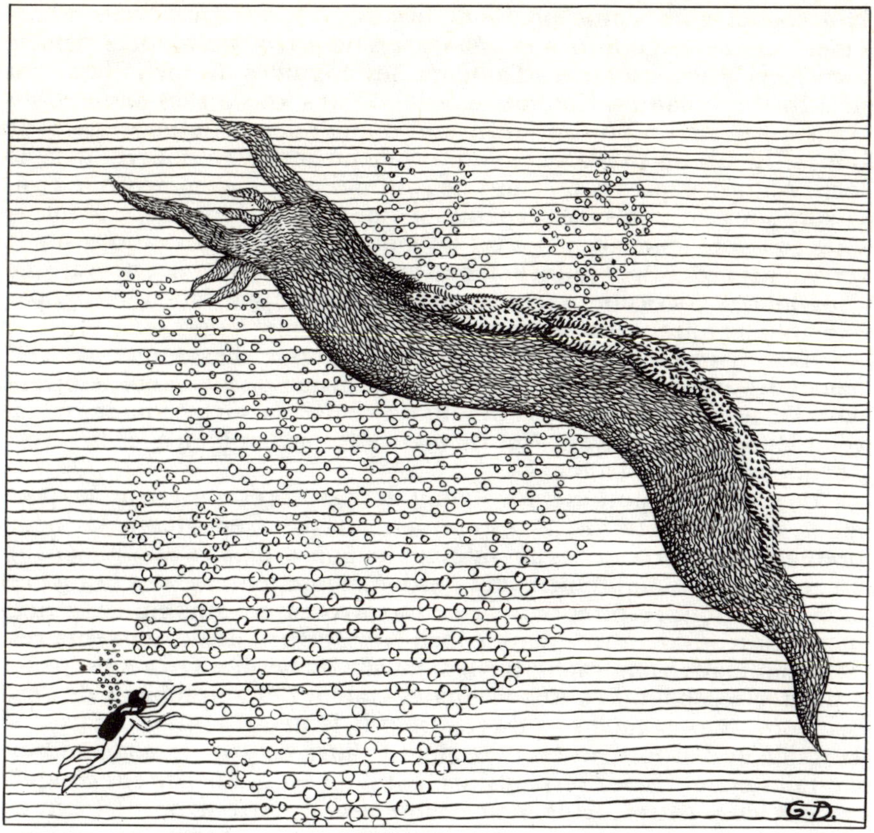

8. *Un nudibranche géant : une hypothèse ingénieuse pour expliquer les monstres lacustres.*

Depuis longtemps déjà, certains auteurs ont assimilé le monstre du loch Ness à un nudibranche géant. Là encore, cette identification expliquerait assez bien les contorsions de l'animal. Cependant, les nudibranches ne mesurent que quelques centimètres, sont tous marins, et ne sont pas véritablement prédateurs... Il n'empêche qu'une brochure du Loch Ness Investigation Bureau déclare que « la possibilité d'une limace de mer géante présente moins de contradictions que n'importe quelle autre théorie actuelle ».

Un amphibien démesuré ?

Et nous en arrivons aux vertébrés. Un poisson anguilliforme géant? Nous savons que l'existence, dans les mers, de poissons de ce type est attestée non seulement par des témoignages, mais aussi par la découverte de leptocéphales démesurés. Il est donc permis d'imaginer que des anguilliformes géants se soient trouvés bloqués dans le loch Ness. Curieusement, d'ailleurs, les anguilles du loch Ness sont déjà fort imposantes. Comme dans les océans, ce sont les ondulations transversales d'un poisson géant qui donneraient une impression de bosses. Et un tel prédateur n'aurait aucun mal à se nourrir dans le loch. Ajoutons que les poissons ne sont pas muets, comme on le croit encore souvent, mais très capables d'émettre des sons. Cependant, le long cou conviendrait mal à un tel animal. Et les observations sur la terre s'accorderaient difficilement avec un poisson : il est vrai que l'anguille, à l'occasion, est fort capable de ramper dans l'herbe, par exemple lorsqu'un barrage fait obstacle à sa migration...

Les diverses hypothèses que nous venons d'examiner concernaient des animaux – annélides, mollusques ou poissons – qui respirent dans l'eau et n'ont donc pas besoin de venir à la surface pour renouveler leur provision d'air. Ces théories s'accordent bien avec la rareté des apparitions de l'animal.

Les autres hypothèses invoquent des vertébrés possédant des poumons, et donc astreints à respirer en surface. Cependant, les deux premières concernent des amphibiens (naguère appelés « batraciens »). Or il existe des amphibiens qui gardent toute leur vie des branchies et peuvent donc respirer dans l'eau. Carnivores, des amphibiens géants inconnus n'auraient pas, dans le loch Ness, de problèmes alimentaires. Et ces animaux viendraient facilement sur les berges. On a ainsi pensé à un stégocéphale. Les stégocéphales étaient des amphibiens de l'ère primaire, ceux-là mêmes qui réussirent la fameuse « sortie des eaux ». De taille et d'aspect variés, ils avaient l'allure de grosses salamandres. Certains étaient assez serpentiformes : il en est qui perdirent complètement leurs pattes, tel le genre *Sauropleura*. Cette hypothèse est, au total, assez séduisante, à condition qu'un stégocéphale ait survécu depuis quelques centaines de millions d'années...

L'hypothèse urodèle fait au contraire appel à des amphibiens actuels qui conservent leur queue à l'état adulte, c'est-à-dire, essentiellement, les tritons et les salamandres. Cette théorie présente, elle

Deux mini-monstres

Récemment, deux animaux inattendus ont été découverts dans le loch Ness. Certes, leur taille ne permet pas de les considérer comme des monstres, mais ils ont néanmoins leur intérêt.

Le premier est, semble-t-il, une sorte de crevette : il a été filmé par deux plongeurs, à deux cent cinquante mètres de profondeur.

Le second est une planaire, c'est-à-dire un ver plat, d'origine américaine. Il a sans doute été introduit dans le loch par les appareillages des chercheurs de Boston. Il forme aujourd'hui de véritables masses.

aussi, des points positifs. Il existe en Chine et au Japon, donc sous des climats assez comparables, des salamandres géantes, qui atteignent un mètre quatre-vingt-cinq de long. Il faudrait imaginer qu'une espèce beaucoup plus grande habite le loch Ness. Les « bosses » du monstre s'expliqueraient par les festons de la crête qui orne le dos des tritons, en période nuptiale au moins. Il est vrai que les bosses ont été décrites à d'autres époques de l'année.

Nous ne reviendrons pas sur la thèse, restée si populaire, du plésiosaure, dont nous avons montré les points faibles. Précisons que, contrairement à ce qu'écrivent parfois des journalistes mal informés, le monstre n'a jamais été assimilé à un dinosaure. Les dinosaures, qui étaient terrestres ou, au plus, amphibies, ne pourraient mener une existence aquatique.

Et voici maintenant les hypothèses mammaliennes, c'est-à-dire celles selon lesquelles le monstre serait un mammifère. D'abord, ne serait-ce pas un sirénien? Rappelons-nous l'histoire de la rhytine de Steller, ou vache-de-mer. Coïncidence curieuse, les îles du Commandeur, où elle vivait, se situent à une latitude très voisine de celle du loch Ness. Surtout, les bosses attribuées au monstre ne sont pas sans évoquer les constrictions transversales du corps de la rhytine. Il demeure toutefois difficile d'imaginer un sirénien pourvu d'un long cou. Et puis, un tel mammifère serait herbivore. Or nous avons vu que le loch ne peut guère nourrir un gros animal au régime végétarien. Bien que séduisante au premier abord, l'hypothèse du sirénien ne peut donc guère être retenue.

La thèse suivante est celle du cétacé primitif. Nous savons qu'il exista autrefois, à l'ère tertiaire, des cétacés archaïques, les archéocètes, issus de mammifères terrestres et ancêtres des baleines, cachalots et dauphins actuels. Le genre principal fut le zeuglodon. Nous avons vu que certains des serpents-de-mer ne seraient autres que de tels cétacés primitifs. Là encore, on pourrait supposer qu'un animal de ce type se soit trouvé « piégé » dans le loch Ness. L'allure générale, le long cou, le régime piscivore, lui conviendraient bien, mais non la capacité à venir sur la terre ferme.

Reste la dernière hypothèse, celle du pinnipède. Il est facile de deviner qu'il s'agit plus précisément de l'otarie à long cou. B. Heuvelmans, qui avait décrit ce pinnipède inconnu, l'avait non seulement assimilé à l'un des types de serpents-de-mer, mais aussi au monstre du loch Ness. D'abord, cet animal est signalé avec une fréquence particulière dans les mers du nord-ouest de l'Europe et dans les parages de l'Ecosse. Ensuite, son signalement correspond très bien au monstre : long cou, corps massif, trois bosses, palettes natatoires, etc. La « queue » (photographiée en 1972) poserait un problème plus épineux, les otaries n'ayant guère de queue. Une espèce inconnue pourrait en posséder une, et le monstre en a-t-il vraiment une?

Si l'on admet que l'otarie à long cou met bas en pleine eau, son incognito prolongé s'explique plus facilement. Mais elle est, nous le savons aussi, capable de venir à terre à l'occasion. Enfin, elle est, bien

9. *L'otarie à long cou : son existence expliquerait bien des mystères.*

sûr, piscivore. Souvenons-nous aussi que ce pinnipède respirerait peut-être en surface grâce aux « périscopes » qui prolongeraient ses narines. Or, précisément, un témoin a rapporté avoir vu, un jour, deux petites protubérances qui cheminaient parallèlement à la surface du loch : n'était-ce pas les deux narines surélevées de Nessie?

L'hypothèse de l'otarie à long cou est la plus forte, la plus cohérente. Et nous verrons, dans le chapitre suivant, que d'autres arguments encore plaident en sa faveur. Mais alors, disent les sceptiques, s'il s'agit d'un grand mammifère, comment se fait-il qu'aucune dépouille, qu'aucun squelette, n'ait jamais été découvert? D'abord, les rives du lac, plutôt escarpées, ne sont guère favorables à un échouage. Ensuite, il est possible que les monstres se lestent, à la façon des crocodiles (ou, jadis, des plésiosaures), en avalant des pierres : celles-ci feraient couler leurs cadavres. Ou bien, les basses températures qui règnent dans le loch Ness empêcheraient les gaz de décomposition de se former : ceux-ci ne seraient pas assez abondants pour faire remonter le corps. On a aussi imaginé que les monstres, cannibales, dévoraient leurs morts...

Bref, nous donnerons la préférence à la thèse de l'otarie géante à long cou, tout en reconnaissant que les hypothèses faisant appel à des invertébrés ou à des amphibiens ne manquent pas de séduction, et l'on comprend que des spécialistes les défendent encore.

Des faits inexplicables

Nous n'en avons pourtant pas terminé avec les hypothèses sur le monstre. Certains auteurs, intrigués par la disproportion existant entre l'abondance des témoignages, photos, films, etc., et l'absence de preuves palpables, en sont venus à l'idée que la solution de l'énigme du loch Ness devait être recherchée en dehors de la zoologie. Aussi ont-ils émis toutes sortes d'hypothèses ingénieuses, et parfois extravagantes, à son sujet. Je m'empresse de dire que je crois ces thèses inutiles. C'est seulement pour leur pittoresque que je vais les mentionner. Peut-être l'une ou l'autre d'entre elles serait-elle plus justifiée dans le cas d'autres énigmes animales, que nous étudierons par la suite.

Ainsi, un chercheur français, Gilbert Cornu, a-t-il été frappé par les caractères étranges prêtés à Nessie par les témoins : vitesse de la nage, petites « antennes », peau qui, parfois, vibre ou ondule comme si elle était détachée du corps, etc. L'animal paraît prendre un malin plaisir à surgir devant un témoin, et à couper sa route (s'il est sur la terre ferme) comme pour l'intriguer délibérément. Ces détails évoquent les témoignages sur les OVNI et les extraterrestres présumés. Aussi la thèse selon laquelle le monstre serait « programmé » par une « intelligence » inconnue a-t-elle fait son chemin – ce qui a le don d'exaspérer les cryptozoologistes.

On a dit que les monstres étaient seulement des hologrammes, c'est-à-dire des photos à trois dimensions. Ou bien, alors, c'est la magie noire qui a été invoquée. Le loch Ness a même été exorcisé. D'aucuns ont pensé que les molécules d'un animal disparu, comme le plésiosaure, auraient pu, après avoir été emprisonnées dans les roches voisines du loch, être libérées et reconstituer un tel animal...

Revenons à des faits plus tangibles, mais également fort étranges. Le 29 septembre 1952, John Cobb tente de battre, sur le loch Ness, le record du monde de vitesse sur eau. Un lac aussi long et aussi rectiligne est très favorable à ce genre d'exploit. Il a atteint la vitesse de trois cent trente kilomètres/heure, lorsque son canot bondit sur des vagues. L'origine de ces vagues n'a jamais été élucidée. Par qui, par quoi avaient-elles été produites? John Cobb est tué.

En 1967, des traces de morsures sont décelées sur un saumon de quinze livres, dont la plupart des écailles ont été arrachées. Il ne peut s'agir d'une morsure de phoque. De mystérieuses traces de morsures ont été aussi relevées sur des cadavres de noyés, qui, parfois, étaient même étrangement mutilés. On sait que des grottes s'ouvrent sous l'eau, dans le loch. Comme les rives de celui-ci sont élevées, il est très possible qu'elles débouchent sur des cavernes situées au-dessus du niveau de l'eau. Et si elles étaient le refuge des monstres?

Comme nous l'avons compris, pour que la population de monstres du loch Ness soit viable, il faut qu'elle soit au moins d'une dizaine ou une quinzaine de spécimens. Un spécialiste français du loch Ness, Jean Berton, est parvenu à localiser les individus en question. Selon lui, deux couples paraissent fixés au voisinage de la baie d'Urquhart, l'un près du château, l'autre près de la rive nord de la baie. Un ou deux spécimens se cantonneraient près de Foyers ou d'Inverfarigaig. Un énorme monstre semble résider dans le secteur de Horseshoe [1]. Quatre ou cinq sujets vivraient dans les parages de Dores, à l'extrême nord du loch. Spécialement intéressant est le gros spécimen, véritable monstre parmi les monstres, qui fréquente le secteur de Horseshoe. Il pourrait s'agir d'un vieux mâle solitaire. En février 1960, T. Mac Leod a vu, en ce lieu, un monstre à demi émergé qui balançait son cou latéralement.

En dépit donc d'initiatives de tous ordres et de multiples investigations, le monstre du loch Ness garde son mystère. Le monstre, a-t-on dit, est l'âme de l'Ecosse. Peut-être. Mais il est plus que cela.

1. C'est-à-dire le Fer-à-cheval, ainsi nommé en raison d'un accident de terrain qui a cette forme.

7

Un pique-nique au bord du lac Champlain

EN fait, le monstre du loch Ness est un peu un usurpateur, car sa gloire a éclipsé les monstres lacustres innombrables signalés de par le monde. Un survol des lacs à monstres de la planète va se révéler fort instructif pour éclairer l'énigme du loch Ness. Je vous propose donc un double périple autour du monde, d'abord dans l'hémisphère boréal, ensuite dans les régions australes.

Partons de l'Ecosse, qui, outre le loch Ness, ne compterait pas moins d'une vingtaine de lacs à monstres! Disons-le tout de suite : c'est trop, tous ne pouvant abriter d'animaux inconnus. Dans certains cas, on penserait même à une sorte de contagion, ou de « jalousie », tant les éléments sont minces. Un lac écossais semble néanmoins fort intéressant. C'est le loch Morar. Ce lac sauvage, aux rives presque désertes, hébergerait un monstre surnommé « Morag ». Le 16 août 1969, en effet, deux chauffeurs de poids lourds, Duncan Mac Donell et William Simpson, traversent le loch Morar sur un petit yacht de cinq mètres. Tout à coup, Morag apparaît à l'arrière du bateau, le rattrape, et le heurte violemment. D. Mac Donell s'empare d'une rame et tente de repousser l'animal. Son compagnon tire sur celui-ci à la carabine. Le monstre plonge et disparaît.

Peu après la guerre, un groupe d'enfants fait une promenade en bateau sur le loch Morar. Soudain, l'un d'eux s'écrie : « Regardez! Qu'est-ce que c'est que cette grosse chose sur le bord, là-bas? » C'est un animal de la taille d'un éléphant, qui plonge dans un formidable « plouf ». Dans l'ensemble, le signalement de Morag est très semblable à celui de Nessie.

Au pays de Galles, des monstres ont été signalés dans le lac Bala. Or, lors de la première guerre mondiale, des phoques gris y furent entraînés à la détection des sous-marins. Les monstres ne seraient-ils pas leurs descendants?

D'Irlande en Suède

Les lacs d'Irlande, les *loughs,* comme on les appelle, ont aussi leurs affaires de monstres. Et notamment le lough Ree, sur la rivière Shannon. Le 18 mai 1960, trois prêtres de Dublin, les Pères Matthew Burke, Daniel Murray et Richard Quigly, pêchent la truite dans ce lac. Ils voient passer un animal à long cou et à tête serpentine. Ce cou est suivi par une grosse bosse. Le monstre progresse à une vitesse régulière sans troubler la surface du lac. Ils l'observent durant deux ou trois minutes : ensuite, l'animal plonge, réapparaît, puis s'immerge à nouveau, à trente mètres de la berge.

Une trentaine d'années plus tôt, un facteur à la retraite, Paddy Hanley, pêche en bateau dans le lough Ree, lorsque sa ligne se tend. Son embarcation est alors entraînée à travers le lac par une « grosse pièce », vraiment très puissante. Il doit couper la ligne. Il ne verra pas l'animal. Ce genre d'événement a une explication : un monstre tente de s'emparer d'un poisson déjà pris à l'hameçon.

Les pays scandinaves non plus ne manquent pas de lacs à monstres. En Islande, une chronique de 1345 en signale déjà un dans le Lagarflot, lac de l'est de l'île. Vers le milieu du siècle dernier, un érudit islandais, le Dr. Hjaltalin, rapporta qu'il avait vu, sur les rives de ce lac, une dépouille étrange ne correspondant à aucun des mammifères des mers islandaises.

En novembre 1984, deux monstres auraient été vus dans le lac Kleifarvatn, dans le sud de l'Islande. Ils avaient un aspect chevalin. A un certain moment, ils seraient sortis de l'eau pour courir sur la rive, et se seraient à nouveau immergés ensuite. Ils étaient tout noirs. Ils auraient laissé des empreintes semblables à celles des chevaux : ce détail est fort suspect...

Véritable rivale de l'Ecosse, la Norvège possède quelque vingt-trois lacs à monstres! Et peut-être y aurait-il intérêt à aller fouiller sous un cairn (sorte de mégalithe fait de terre et de pierre) situé sur les berges du lac Rein, dans le Rogoland : un monstre lacustre aurait été inhumé, voici fort longtemps, sous ce cairn.

En Suède, un dossier fort consistant est celui du lac Storsjö, non loin d'Ostersund, dans le centre du pays. Un zoologiste suédois, le Dr. Peter Olsson, décida en effet, en 1898, de s'attaquer à l'énigme du monstre qui aurait habité le lac. Signalé à partir de 1820, le monstre du lac Storsjö aurait un long cou. Et il est parfois, lui aussi, comparé à un canot chaviré. En 1893, deux jeunes filles, Marta et Karin Olsson

Une mosaïque significative

Examiner les œuvres d'art apporte parfois des lumières sur des énigmes zoologiques. Le temple de Nodens (divinité sans doute irlandaise), qui se situe dans le Gloucestershire, en Angleterre, recèle une mosaïque romano-celte qui montre des animaux à long cou ayant tout à fait l'aspect des monstres lacustres. Deux d'entre eux se tiennent enlacés par le cou.

– des homonymes du savant – observent l'animal durant une heure et demie. Elles remarquent sa grosse tête ronde, ses grands yeux, sa peau luisante. D'autres témoins lui prêtent des « oreilles » rabattues vers l'arrière. En 1894, il est décidé de le capturer. Le roi Oscar II lui-même aurait fourni des fonds. Un baleinier norvégien sillonne le lac durant un an, armé de harpons. Un piège est placé, avec un porcelet comme appât. Peine perdue, le monstre demeure insaisissable. Influencé par Oudemans, Olsson l'assimile à un pinnipède géant. Ce serait un nageur fort rapide, qui atteindrait soixante-dix kilomètres/heure. Il continue à se montrer de temps à autre.

De la Suède, sautons à l'Union soviétique, où des monstres lacustres sont signalés, tant en Asie centrale qu'en Sibérie. Ainsi, en 1977, dans la première de ces régions, un membre de la Société soviétique de géographie, Andrei Petchorsky, raconta avoir vu un monstre dans le lac Kol-Kol : sa tête aurait mesuré plus de deux mètres de long et un mètre de large... En Sibérie, le lac Vorota serait habité par un animal doté d'une nageoire dorsale et aux yeux écartés : il évoquerait donc un dauphin d'eau douce ou un poisson.

Le monstre du lac Labynkir a commencé à défrayer la chronique en 1964. Cette année-là, le journaliste italien Brunello Vardano, du journal *Epoca*, rapporta avoir vu un cerf nager dans le lac, poursuivi par un chien de chasse. Soudain, tous deux disparurent; peu après, un monstre noir apparut un bref instant. En une autre occasion, l'animal du lac Labynkir se serait emparé de l'oie tuée par un chasseur, et du chien qui allait la chercher. Alors, le chasseur alluma un feu et plaça des charbons ardents dans une peau d'animal, et fit flotter le tout sur le lac. Le monstre se jeta sur la peau, disparut et réapparut, faisant un bruit terrible. S'était-il brûlé? On a voulu voir, dans ce monstre vindicatif, un brochet géant. Des géologues auraient vu ce monstre, de couleur grisâtre, nager sous la couche de glace sur laquelle ils marchaient. Dernier monstre soviétique, celui du lac Khaiyr, en Yakoutie, est au contraire décrit comme celui du loch Ness.

Au cours des dernières années, de nombreux rapports nous sont parvenus sur des monstres lacustres chinois et japonais. En Chine, près de la frontière coréenne, le lac Chang Pai Tien hébergerait un animal à bec de canard. Dans le nord du Tibet, un lac salé, le Wenbu, serait habité par un monstre, si l'on en croit les dépêches d'agence, « aussi grand qu'une maison »... En faisant la part de l'exagération, il semble que ce monstre évoque, lui aussi, celui du loch Ness.

Au Japon, dans l'île de Hokkaïdo, la plus septentrionale du pays, le lac Kussharo serait le fief d'un animal long de dix à quinze mètres, au cou de girafe, nageur rapide. « Kussy » – ainsi l'a-t-on appelé – a été photographié, malheureusement de loin. Une association a été créée pour le protéger. Dans la même île, un monstre a été observé dans le lac Tôya. L'*Hokkaïdo Shimbun* du 17 février 1978 écrit à son sujet : « On aperçut d'abord trois objets qui se tenaient à la verticale sur l'eau, presque au milieu du lac, au large de Bentenjima. Aussitôt, ils se déplacèrent vers l'ouest et disparurent au bout de dix minutes.

> **Des Alpes à la Pologne**
>
> *Quelques affaires de monstres lacustres ont défrayé la chronique en Europe occidentale et centrale. Plusieurs lacs d'Allemagne fédérale ont eu leurs « monstres ». En Pologne, en juillet 1982, un monstre sema l'effroi autour d'un lac artificiel situé à trente kilomètres au nord de Varsovie. Ces monstres sont certainement des silures géants. L'Europe orientale est en effet le domaine d'un très grand silure, le silure glane, qui atteint parfois quatre mètres. (Rappelons que les silures sont des poissons-chats.) Or ce silure, grâce aux fleuves et aux canaux, parvient parfois en des régions insolites, jusqu'en Suisse et en France par exemple.*
>
> *Les lacs des Alpes aussi ont eu leurs monstres. Dans le lac Majeur, un monstre à tête de cheval a été signalé à plusieurs reprises. Dans celui de Côme, un animal écailleux de quatre mètres aurait été vu par des pêcheurs en 1946. Des animaux étranges se seraient montrés dans l'Allier, à Vichy (vers 1934), et dans le Rhône (vers 1954). Il n'y a certainement pas grand-chose de sérieux, on s'en doute, dans tout cela, à moins que ces affaires ne puissent être rattachées à une énigme persistante de la faune des Alpes... à laquelle nous nous attaquerons dans le chapitre XIV.*
>
> *Et qui sait si, pour écrire* La Bête du Vaccarès, *bien connue des amateurs de littérature provençale, Joseph d'Arbaud ne s'est pas inspiré de quelque fait réel? Le Vaccarès, rappelons-le, est le plus grand étang de Camargue.*

Ils se balançaient de gauche à droite en progressant par larges ondulations. » Dans l'île Kyu-Shu, un animal étrange paraît habiter le lac Ikeda. De nombreux témoins disent avoir vu ce monstre, qui aurait deux bosses dorsales.

Ogopogo et Manipogo

Franchissons le détroit de Béring pour aborder l'Alaska. Dans le sud de cet état, le monstre du lac Iliamna a beaucoup fait parler de lui. Des aviateurs, au cours de survols du lac (et parmi eux, des astronautes de la NASA), disent avoir vu d'immenses silhouettes, de couleur aluminium et à la queue verticale, nageant à la surface du lac. Des pêcheurs rapportent que des « monstres » ont cassé leur ligne d'acier... Selon les uns, les hôtes mystérieux du lac Iliamna seraient des esturgeons géants. D'autres voient en eux des delphinaptères. On a évoqué les phoques et les requins. Selon une autre hypothèse, ces monstres ne seraient pas du tout des animaux...

Et nous en arrivons aux monstres lacustres du Canada et des Etats-Unis. Dans ces pays, la situation devient très complexe. La presse regorge d'articles, qui font sans cesse état d'apparitions dans de nouveaux lacs. Et il est très difficile de discerner le vrai dans tout cela.

Au Canada, plus précisément en Colombie britannique, le lac Okanagan est le domaine du célèbre monstre Ogopogo, vénéré de longue date par les Indiens. Le lac Okanagan, qui se situe sur les pentes des montagnes Rocheuses, est un lac long, étroit et profond. Il n'est pas sans rappeler le loch Ness.

En 1914, une carcasse en putréfaction fut découverte sur les berges du lac : elle ne correspondait à aucune espèce de la faune canadienne. Vers 1950, quinze passagers d'un autobus virent deux animaux à la surface du lac. En 1948, ce sont quatre petits monstres de trois mètres qui furent observés ensemble. Des empreintes ayant été relevées en plusieurs occasions, il semble qu'Ogopogo vienne sur les rives. Comme au loch Ness, d'innombrables hypothèses ont été avancées sur la nature du monstre : sirénien, esturgeon, amphibien, plésiosaure, illusion d'optique, etc. Il semble avoir été photographié. Le 3 août 1976, Edward Fletcher réussit des vues de l'animal, qu'il avait failli heurter avec son canot automobile. L'une montre une série de bosses; l'autre, une sorte de silhouette sombre qui s'effile tout en se recourbant. En tout cas, plusieurs statues d'Ogopogo peuvent se voir aux alentours du lac...

Autre monstre fameux, celui qui vivrait dans le lac Manitoba, vaste de trois cents kilomètres carrés, et les lacs avec lesquels il communique. Le 12 août 1962, deux pêcheurs, R. Vincent et J. Konefall, sont parvenus à le photographier. L'image montre une bosse haute d'environ soixante centimètres. Manipogo – ainsi a-t-on surnommé ce monstre – est souvent accompagné de mouettes, qui cherchent sans doute à capturer les poissons qu'il dérange. Peut-être a-t-on manqué une occasion de déterminer formellement son identité. En 1936, un pêcheur, Oscar Fredrickson, trouva un curieux os dans ses filets. Il fut, hélas, détruit lors d'un incendie. Cependant, le pêcheur en sculpta une réplique en bois, qui fut décrite par le Dr. J. A. Mac Leod, de l'université de Manitoba : celui-ci l'identifia comme une vertèbre de plésiosaure... Dommage que l'original n'ait pas été conservé! En octobre 1965, le pilote d'un canot, Ralph Sanderson, raconta que Manipogo avait nagé quelque temps à la même vitesse que son embarcation.

Le lac Pohenegamook, au Québec, est le domaine du monstre Ponik, qui est appelé, plus simplement, « la Bête du Lac » par les Québécois. A la fin du siècle dernier, déjà, des témoins rapportèrent avoir vu d'énormes poissons dans le lac. Plus récemment, l'animal a été décrit avec une tête de cheval ou de vache, portant une corne. Certains ont vu un rapport entre l'existence de ce monstre et la disparition de plusieurs personnes, dont les corps ne furent jamais retrouvés. Il semble bien que des esturgeons soient parfois pris pour Ponik, mais ils n'expliquent pas tout. Un écrivain scientifique, Michael Bradley, pense que l'animal vit dans la vase du fond, et remonte de temps en temps.

Depuis longtemps, les Indiens parlent du monstre qui vivrait dans le lac Utopia (Nouveau-Brunswick). Des témoins l'auraient vu se chauffant paresseusement au soleil, à la surface, ou, au contraire, faisant bouillonner l'eau et envoyant en l'air troncs d'arbres et autres débris flottants. Il est possible que l'animal ait accompli des migrations entre le lac et la baie de Fundy, toute proche, avant que des travaux ne lui barrent la route.

L'énigme du lac Champlain

L'énigme du lac Champlain nous retiendra plus longtemps. C'est, sans nul doute, après le loch Ness, le « lac à monstres » qui a le plus défrayé la chronique ces dernières années.

La première particularité du lac Champlain est d'être partagé entre le Canada et les Etats-Unis. Très allongé (c'est décidément une caractéristique de nombreux lacs à monstres), ce lac mesure cent soixante-dix kilomètres. Sa plus grande largeur est de vingt kilomètres, et sa profondeur atteint environ cent vingt mètres. Américain dans sa plus grande partie, ce lac est bordé par le Québec à son extrémité nord.

Le lac Champlain doit évidemment son nom à Samuel de Champlain, qui le découvrit en 1609. Ce qui est faux, c'est que Champlain aurait lui-même vu le monstre, comme on l'a parfois prétendu.

En 1978 a paru une brochure intitulée *The Natural History of the Lake Champlain Monster.* Elle est très significative de l'impact d'une affaire de monstre sur les mentalités. En effet, outre d'intéressants articles, cette brochure comporte de nombreuses publicités qui, toutes, exploitent le thème du monstre. Par exemple, une banque, pour symboliser la sécurité, nous montre une famille de monstres se réfugiant dans une grotte, ou bien le monstre regrette de ne pas avoir de jambes pour enfourcher une motocyclette...

Le monstre du lac Champlain a été surnommé « Champ ». La première observation circonstanciée qui en fut faite date du 22 juillet 1819. Il est 8 heures du matin lorsque le capitaine Crum aperçoit une étrange ondulation à la surface du lac. Puis un énorme animal apparaît, nageant rapidement vers le sud... Il semble donner un coup de queue à deux grands esturgeons. La description du monstre par le capitaine Crum est vraiment étrange : long de soixante mètres (!), il aurait eu une tête plate, et ses mâchoires n'auraient porté que trois dents... Ce récit sent fort le canular. Et il faut attendre 1878 pour qu'une observation plus sérieuse soit faite. Le 30 août, six passagers d'un yacht voient passer un animal qui ondule comme un serpent. Les témoignages vont alors se multiplier.

A la fin de juillet 1880, le Dr. Brigham et Sahley Shelters voient le monstre dans la baie de Missisquoi, à l'extrême nord du lac. Ils font le récit suivant : « L'étrange monstre se révéla être de grande taille : une partie de son corps, mesurant largement sept mètres, apparut au-dessus de la surface. Sa tête, aussi grosse qu'une barrique de farine, avait une forme irrégulière, et ses yeux étaient d'une teinte verdâtre. Il semblait hideux et répugnant à l'extrême. L'étrange créature, quand nous la vîmes, était tout près du rivage. Lorsqu'elle prit peur, elle disparut dans les profondeurs du lac, provoquant beaucoup d'agitation dans ces eaux d'habitude tranquilles. Le bruit qu'elle fit alors évoquait celui des roues à aubes d'un yacht à vapeur. »

En 1881, la fille du révérend John Enright prend le frais sur le pont arrière d'un vapeur, quand Champ émerge dans le sillage de celui-ci. Elle appelle le pilote du navire, qui voit à son tour l'animal, et tire même dessus. Deux ans plus tard, en 1883, le Dr. P. A. Wheeler se trouve sur la rive occidentale du lac Champlain. Son attention est attirée par un curieux remue-ménage dans les eaux peu profondes. S'étant approché, il croit entrevoir un poisson qui se débat. Puis l'animal se calme et s'élève à plus d'un mètre au-dessus de la surface. Le Dr. Wheeler observe alors un cou cyclindrique de couleur sombre, d'une vingtaine de centimètres de diamètre : il est terminé par une tête de même calibre. Ses yeux sont bien visibles. Le Dr. Wheeler va chercher des habitants du voisinage : ceux-ci ont le temps de voir le monstre s'éloigner, laissant un sillage derrière lui.

L'affaire du lac Champlain avait fait tellement de bruit que Barnum mit la tête du monstre à prix : il promit une prime de cinquante mille dollars à qui lui apporterait sa peau. Plus récemment, un jeune chercheur, Joseph Zarzynski, s'est attaqué à l'énigme posée par Champ. Il estime qu'au total près d'une centaine de témoignages sur celui-ci peuvent être « homologués ». Il en déduit que Champ est un animal farouche, peut-être nocturne et qui pourrait vivre sur les fonds du lac. J. Zarzynski n'a pas craint de donner une appellation scientifique au monstre : *Beluaaquatica champlainiensis,* « la grande bête aquatique du lac Champlain ». Il met l'accent sur les similitudes existant entre ce lac et le loch Ness. Comme celui-ci, il était jadis relié à la mer, et fut également creusé par les glaciers de l'ère quaternaire.

Une photo capitale?

Des témoignages récents recueillis par J. Zarzynski, on déduit que l'animal du lac Champlain possède un long cou et présente plusieurs bosses. Il est à peine utile de citer les diverses hypothèses, toujours les mêmes, avancées à son sujet. Celle de l'esturgeon géant est l'une des plus fréquentes, mais elle ne convainc pas ceux qui connaissent bien le dossier. Le zeuglodon et le plésiosaure ont également été proposés.

Le 5 juillet 1977, le mystère du lac Champlain est entré dans une phase nouvelle. Ce jour-là, une famille du Connecticut, Sandra et Anthony Mansi, et leurs enfants, pique-nique près de Saint Albans, au nord-est du lac. Soudain, Sandra Mansi remarque une agitation dans l'eau, à environ cent trente mètres de la rive. Puis une tête apparaît. Elle est terrifiée. Plus tard, elle racontera : « Je croyais que le monstre avait des pattes et qu'il allait venir sur la rive. » Elle a tout de même la présence d'esprit de prendre une photo. Durant trois ans, cependant, elle n'osera la publier. Elle se contentera de la montrer à

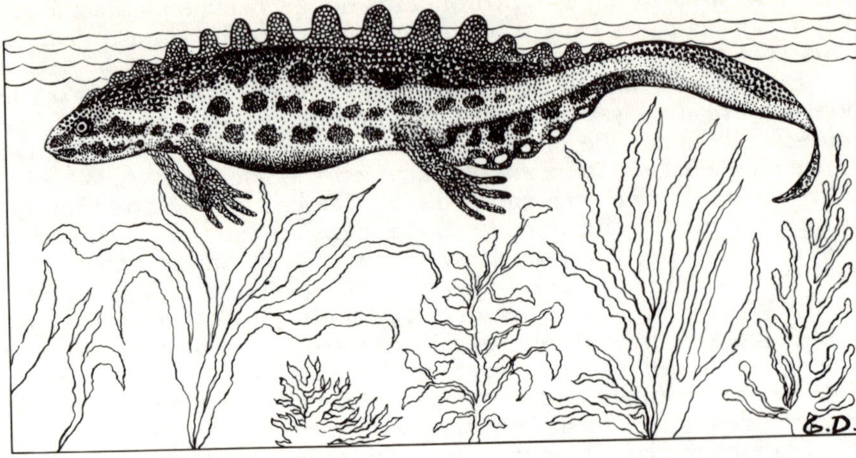

10. *Les monstres des lacs canadiens seraient-ils des amphibiens géants?*

des amis, leur disant qu'il devait s'agir d'un canard géant. Elle finira toutefois par la donner à la presse.

La photo de Sandra Mansi, dès lors, va faire le tour du monde. Les eaux bleues du lac y contrastent avec la berge opposée, boisée. Et, au beau milieu, émerge ce qui ressemble, à première vue, à quelque grèbe ou cormoran gigantesque. Cette « chose » présente, à droite, une sorte de bosse sombre. A gauche se dresse une protubérance en partie blanche, qui se recourbe, semble-t-il, vers le côté opposé aux observateurs. Plus à gauche encore apparaît, au ras de l'eau, une forme brunâtre.

La photo a été envoyée à l'Optical Sciences Center de l'université de l'Arizona. Elle a été jugée authentique après un examen très poussé. Les lignes de vagues sur l'eau ont été étudiées de près. Et elle a été soumise à l'Interactive Picture Processing System : autrement dit, elle a été passée au densitomètre. La photo a été transformée en un million de points. S'il y avait eu un truquage, il serait alors apparu. Il n'en fut rien. Cependant, établir l'authenticité d'une photo est une chose. Dire ce qu'elle représente en est une autre. Des sceptiques ont fait valoir trois arguments. Le négatif de la photo a disparu. Sandra Mansi n'a pu se rappeler l'endroit exact où elle avait pris la photo. Enfin, la proximité d'un banc de sable aurait permis à des plaisantins d'installer un faux monstre. Mais ne s'en seraient-ils pas vantés après la publication de la photo? Dans l'ensemble, la photo de Mme Mansi est considérée comme un élément important en faveur de l'existence de Champ.

Gagnons maintenant le lac Flathead (Montana), dans le nord-ouest des Etats-Unis. Les Indiens parlent depuis longtemps des monstres qui l'habiteraient. A partir de 1920, environ, les observations de

« grands poissons » se multiplient. Ou bien des pêcheurs se plaignent de ce que leurs filets sont déchirés par un énorme animal. Un événement étrange survient en février 1954. Carl Ahlgren pêche dans des trous creusés dans la glace du lac. Il aperçoit le museau d'un esturgeon qui dépasse de l'un des trous. Puis, à sa grande stupeur, il voit la queue du même poisson sortir par un autre trou, situé à plus de quatre mètres du premier...

Le 2 septembre 1955 se situe une observation, aussi massive par le nombre des témoins que par celui des animaux. En effet, une centaine d'estivants voient passer trente-six poissons, dont certains atteignent quatre mètres. Il se serait agi, cette fois encore, d'esturgeons. Au cours de l'été 1962, une adepte de ski nautique entre presque en collision avec un gros animal. Elle tombe à l'eau, tandis qu'un énorme « poisson » apparaît près d'elle : elle en sera quitte pour la peur. Et les rencontres ont continué jusqu'à ces dernières années. En général, le monstre du lac Flathead est décrit avec un énorme dos présentant parfois trois bosses; il aurait une nageoire dorsale. Il est sombre. Selon G. Mangiacopra, il existerait deux espèces de « monstres » dans ce lac : d'une part, des esturgeons géants; d'autre part, des éléphants-de-mer boréaux, qui se seraient trouvés bloqués dans le lac, suivant le processus que nous connaissons.

Cap maintenant sur le lac Payette, très proche du précédent, dans l'Idaho. Là aussi, le dossier est épais. Les observations ont été surtout nombreuses dans les années 1940 et 1950. La tête du monstre a été comparée à celle d'un crocodile au nez retroussé... Il fut surnommé « Slimy Slim », c'est-à-dire le « mince gluant ». On s'est demandé s'il ne se cachait pas dans les mystérieuses cavernes situées sous le niveau du lac.

L'affaire du lac Bear, dans l'Utah, a défrayé la chronique au siècle dernier. En 1871, un curieux animal y fut capturé vivant. Long de six à sept mètres, il nageait à l'aide de ses pattes ou de sa queue. Il est, hélas, impossible de savoir ce qu'il est devenu. Des monstres ont encore été signalés dans le lac Pocopotopang (Massachusetts), le lac Herrington (Kentucky), les lacs de Madison (Wisconsin), etc. Une mention spéciale pour Metro Maggie, le monstre du lac Ontario, l'un des Grands Lacs (en partie canadien). Long de douze mètres, il aurait un diamètre de soixante centimètres et une tête de brochet. On l'apercevrait se chauffant au soleil, à la surface du lac, à cent trente mètres seulement au large de Windermere Avenue, à Toronto.

Une affaire fort étrange est celle du monstre de White River, dans l'Arkansas, car, pour une fois, il s'agit d'un monstre fluviatile. La ville de Newport est très fière de s'intituler le « home of the White River Monster ». On a voulu chasser celui-ci au harpon; il a même été question d'employer la dynamite... On a cherché à l'attirer avec du jazz! L'animal émet de grosses bulles avant d'apparaître, ou bien alors rejette de l'huile. Ce monstre aurait une corne sur le front. On a vu en lui une énorme anguille qui remonterait le Mississippi avant de retourner ensuite dans la mer des Sargasses. Durant la dernière guerre, des sous-marins allemands ayant été signalés dans le Mississippi, certains se demandèrent s'il ne s'agissait pas plutôt de monstres regagnant la White River...

Un « périscope » sur un lac argentin

Nous avons bouclé un premier tour du monde, celui des lacs à monstres de l'hémisphère boréal. Il nous faut maintenant en accomplir un second, dans l'hémisphère austral. Il sera beaucoup plus court, car les terres émergées y sont beaucoup plus réduites.

En 1922, une affaire de « plésiosaure » remue l'Argentine. Cette année-là, un chasseur nommé Martin Sheffield remarque, près d'un lac des Andes argentines, une sorte de piste où la végétation est écrasée. Et, dans ce lac, il aperçoit un animal dont le corps évoque un crocodile, mais doté d'un énorme cou comparable à celui d'un cygne. Sheffield fait part de sa découverte à un zoologiste de Buenos Aires, le Dr. Clementi Onelli. Celui-ci décide alors de monter une expédition vers le lac en question, le lac Esguel, profond et perdu dans une région reculée. Elle ne trouvera rien.

La presse, à l'époque, s'était enflammée pour la survivance éventuelle d'un plésiosaure dans les Andes. Un café de Buenos Aires prit le nom d'*El Plesiosaurio*... Le plésiosaure devient l'emblème de la droite aux élections. Edmund Heller, un ancien compagnon de chasse de Théodore Roosevelt (qui fut, hélas, un chasseur forcené), retient un morceau de peau de l'animal pour le Muséum de New York. De nombreux scientifiques avaient manifesté leur scepticisme. Ou bien l'on soupçonna *Le Monde perdu* de Conan Doyle d'avoir un peu trop échauffé les esprits.

Toutefois, des témoignages plus récents ont fait état de l'existence de monstres dans des lacs argentins. Ainsi, dans les années 1950, B. Dickinson, qui habitait au bord du lac Lacar, dans le parc national de Lanin, remarqua d'étranges « objets » qui apparaissaient régulièrement à la surface du lac.

En octobre 1979, le Pr. Mauricio Rumboll m'adressait les informations que l'on va lire. Elles concernent le lac Nahuel Huapi. Elles prendront une signification particulière quand l'on saura que M. Rumboll a décrit une nouvelle espèce de grèbe localisée sur un lac argentin. Il m'écrivait donc : « Il y a quelques mois – plus précisément l'été dernier –, un journaliste a écrit un article sur de nouvelles apparitions, et franchement sans critères. Il a parlé avec ma mère, qui avait vu le 16 (?) février 1978 quelque chose que ni elle ni mon père n'ont pu expliquer : un cou long, d'à peu près trois mètres, à trois kilomètres du bord du lac, qui avançait à une certaine vitesse, laissant sur l'eau une tache notable. Quelques secondes plus tard, l'apparition se manifestait à nouveau. Les conditions étaient, à ce moment, parfaites pour l'observation, car il n'y avait pas de vent et la surface du lac semblait un miroir. D'autres personnes aussi, au même moment, ont vu la même chose : l'une d'entre elles croyait

Le monstre du Maroni

Les monstres lacustres ne manifestent en général aucune agressivité vis-à-vis de l'homme. Certes, on leur a parfois attribué des disparitions d'hommes, qu'ils auraient mangés, mais sans preuves. Aussi le cas du monstre du Maroni apparaît-il comme très spécial. En octobre 1962, un petit garçon de sept ans tombe dans ce fleuve, qui forme la frontière entre la Guyane française et le Surinam. Quelques heures plus tard, son cadavre est retrouvé, à demi dévoré. Quel animal est le coupable? Les blessures n'ont pu être faites par un caïman. Alors, c'est le maïpolina, qui est mis en cause. D'après les témoins qui disent l'avoir vu, cet animal inconnu a l'aspect d'un fauve au poil ras, aux pattes griffues, avec une raie sur le dos. Ses dents sont impressionnantes. Long de trois mètres, il est parfois vu couché sur un rocher.

L'identité de cet animal, qui serait donc un mammifère, demeure, dans la mesure où il existe, impossible à déterminer.

que c'était le périscope d'un sous-marin. Cet été (1979) aussi, on dit que la même chose est passée à peu près à la même date. Encore une fois, c'était un jour exceptionnel, sans vent et sans vagues. Le lac Nahuel Huapi a quelques ramifications : il est long de quatre-vingt-dix kilomètres et large de sept à huit kilomètres. Je n'ai pas encore vu la « Bête », mais je ne peux pas dire qu'elle n'existe pas : il y a déjà beaucoup d'observations. »

Franchissons maintenant l'Atlantique pour gagner l'Afrique du Sud, où est signalé, depuis fort longtemps, un mystérieux « Groot Slang », le Grand Serpent. Celui-ci aurait été vu tout au long du cours du fleuve Orange. Sa piste aurait été observée également sur les rives. Son cou s'élèverait à trois mètres au-dessus de l'eau. Il est permis d'imaginer que ce monstre ait jadis remonté l'Orange et qu'il ait aussi pénétré dans ses affluents, notamment le Vaal. En effet, la création d'un barrage sur le Vaal entraîna la formation d'un vaste lac, le Vaaldam. Or, en 1960, fut, pour la première fois, signalé dans ce lac un monstre qui devait faire beaucoup parler de lui par la suite. Une chanson, *Die Monster in die Vaaldam,* lui fut même consacrée. Le Pr. J. L. B. Smith, qui décrivit le cœlacanthe, déclara qu'il croyait que ce monstre pouvait exister : on ne pouvait souhaiter meilleure caution.

En avril 1964, un pêcheur, Daan Bester, fait une étrange observation sur les bords du Vaal. Au pied d'une falaise, il voit un animal long de quatre mètres, noir avec des taches jaunes. Dès qu'il aperçoit l'homme, celui-ci se rue vers le fleuve et y disparaît. Debout sur ses pattes, il aurait mesuré près d'un mètre. Il est manifestement impossible d'expliquer l'affaire du Groot Slang par des pythons de grande taille. Il y a bel et bien un curieux animal dans les eaux douces d'Afrique du Sud.

Et il en est de même dans les lacs d'Australie, notre étape suivante. Dans ce pays, le bunyip fait, depuis longtemps, partie des croyances locales. Cet être mystérieux habiterait donc les eaux douces d'Australie et de Tasmanie, il est en général décrit comme un phoque ou une loutre. En 1846, l'énigme du bunyip fut peut-être à deux doigts d'être élucidée. Un spécimen fut tué par des aborigènes. Son crâne fut alors examiné par plusieurs zoologistes. Ils virent en lui le crâne d'un poulain mal conformé, ou alors celui d'un veau. Quand d'éminents spécialistes se contredisent ainsi, il est permis d'être soupçonneux. Hélas, le crâne a disparu dans les caves de l'Australian Museum...

Le lac Galilée, au Queensland, paraît particulièrement fréquenté par des monstres. Ce lac perdu dans des montagnes difficiles d'accès serait le fief d'animaux au long cou serpentin. Pour cette raison, les aborigènes n'osent s'aventurer au milieu du lac; des traces ont été relevées dans la vase des berges. Or des archéologues ont découvert, dans des cavernes proches du lac, des peintures rupestres qui représentent des animaux semblables aux monstres du lac...

Une observation fort déconcertante est celle rapportée, en septembre 1949, par M. et Mme L. Keegan. Ils affirmèrent avoir vu, dans un réservoir à Laurisior, près de Melbourne, un animal long d'un mètre vingt, aux longues oreilles velues. Le plus extraordinaire est qu'il utilisait celles-ci comme des rames! Grâce à elles, il nageait à grande vitesse. Après avoir plongé, il réapparut à la surface, et le bruit qu'il faisait s'entendait à plus de mille cinq cents mètres de distance... Un professeur en vacances confirma le témoignage des Keegan.

Au bunyip australien fait pendant le waïtoreke néo-zélandais. Il est également décrit comme un mammifère amphibie, comparable à un phoque ou à une loutre. Or, l'existence éventuelle de cet animal serait révolutionnaire. En effet, la Nouvelle-Zélande ne possède aucun mammifère terrestre ou d'eau douce indigène, à part quelques chauves-souris. Toutes les espèces qui y vivent actuellement (comme les fameux cerfs, qui y pullulent) y ont été introduits par les hommes. Pourtant, la réalité du waïtoreke est convaincante. C'est vers 1850 que les zoologistes européens commencèrent à en entendre parler. L'animal, à la fourrure brune et luisante, habiterait les fleuves et les lacs des montagnes de l'île du Sud. Ses traces seraient parfois observées à environ mille mètres d'altitude. L'animal aussi, qui pousserait un glapissement aigu.

L'énigme est prise au sérieux par les zoologistes néo-zélandais. Un ouvrage scientifique sur les loutres [1] comporte un appendice sur *the New Zealand « Otter »*, la « loutre » de Nouvelle-Zélande. L'animal serait localisé à un certain secteur de l'île du Sud, près du lac Ellesmere. L'une des hypothèses avancées sur son identité en fait une loutre d'Asie, peut-être introduite par un navire venu de l'Inde, qui aurait

1. Harris (C. J.) : *Otters, a Study of the Recent Lutrinae*, Ed. Weidenfeld et Nicolson, Londres, 1968.

atteint la Nouvelle-Zélande avant les Européens. C'est assez peu probable. Ou alors le waïtoreke ne serait-il pas une espèce de loutre de mer, venue d'Amérique, par le Pacifique, à la nage? Ou bien, ne serait-ce pas un homologue de l'ornitorhynque australien? Ou encore... Mais, avant d'émettre cette autre hypothèse, il nous faut essayer de dresser le bilan du dossier d'ensemble des monstres lacustres.

Une théorie synthétique?

Ainsi donc, innombrables sont les lacs du monde où, un jour ou l'autre, quelque monstre a été signalé. Portons sur un planisphère ces multiples lacs. Dans l'hémisphère Nord, il en existe donc en Alaska, puis au Canada et aux Etats-Unis, des montagnes Rocheuses aux abords de l'Atlantique. Sautons l'Atlantique pour indiquer sur notre carte les loughs d'Irlande, les lochs d'Ecosse, les lacs d'Islande, Norvège et Suède, puis ceux d'Asie centrale soviétique, de Sibérie, de Chine et du Japon. Bref, nous obtenons une véritable « ceinture » de lacs à monstres prenant en écharpe tout l'hémisphère boréal. Dans l'autre hémisphère, ces lacs se situent en Argentine, en Afrique du Sud, en Australie, en Tasmanie et en Nouvelle-Zélande. Ainsi, les lacs à monstres se trouvent pratiquement tous dans les régions tempérées ou tempérées froides. En effet, nous aurons bientôt l'occasion de le constater, de nombreuses affaires d'animaux aquatiques étranges sont signalées dans les zones tropicales, de l'Amazonie à la Nouvelle-Guinée, en passant par l'Afrique, mais il s'agit d'animaux très différents. Les milieux qu'ils habitent aussi : ce sont plutôt des lacs marécageux, ou même des marais. Une seule exception notable, celle qui confirme la règle. Dans le lac Tasek Bara, en Malaisie, vivrait un monstre à long cou. Vers 1950, un officier de la police malaise se baigne dans ce lac. Soudain, à une quarantaine de mètres de lui, un cou long de quatre à cinq mètres surgit au-dessus des roseaux. En arrière de ce cou, deux bosses apparaissent. Le policier se hâte de regagner son bateau et de s'enfuir. Les habitants de la région du lac Tasek Bara connaissent bien cet animal. Il porterait deux petites cornes molles et pousserait un cri, comparable à la fois au barrissement de l'éléphant, au rugissement de l'otarie et à la corne de brume d'un bateau.

Une ou deux exceptions de ce type mises à part, les lacs à monstres se situent non loin de l'isotherme + 10° [1]. Ce sont souvent des lacs de montagne, aux rives escarpées, assez profonds, aux eaux froides et poissonneuses. Une telle cohérence écologique plaide en faveur de l'existence du monstre qui les habiterait et tend à indiquer qu'il appartient presque partout à la même espèce.

En effet, le portrait-robot de l'animal est assez constant : long cou, petite tête, corps massif, dos bossu. Il est capable de venir parfois sur la terre ferme. Ce signalement, nous le connaissons bien, c'est celui de l'otarie à long cou, que nous avons déjà rencontrée dans les

1. L'isotherme est la ligne qui relie les points ayant la même température moyenne.

mers comme dans le loch Ness. C'est donc elle qui habiterait, avec le même incognito, toute une série de lacs des deux hémisphères. On peut imaginer qu'elle soit devenue presque totalement aquatique, mettant bas notamment dans l'eau, pour échapper aux prédateurs, ours ou loups, qui habitent souvent les rives de ces lacs. Cependant, certaines descriptions attribuées aux monstres lacustres ne peuvent lui convenir. Dans quelques-uns de ces lacs, ceux-ci seraient plutôt des dauphins d'eau douce, comme en Sibérie, ou de grands poissons, esturgeons géants surtout, en Amérique du Nord.

Un chercheur français, Michel Meurger, qui a étudié sur le terrain les problèmes posés par les monstres des lacs du Québec, estime qu'une otarie ne pourrait y survivre en hiver. Il n'a remarqué dans la glace aucun trou par lequel elle viendrait respirer. Aussi M. Meurger pense-t-il que, dans certains cas, les lacs canadiens abriteraient plutôt un amphibien inconnu.

8

L'anaconda, un monstre à la mesure de l'Amazone

L'HÉLICOPTÈRE ronronne au-dessus de la savane. Pour les quatre militaires belges, c'est un simple vol de routine au Katanga, dans le sud de ce Congo belge qui, bientôt, deviendra le Zaïre. Nous sommes en août 1959. L'hélicoptère vole à environ cent vingt-cinq mètres d'altitude, à une vitesse de cent vingt kilomètres/heure. Soudain, le colonel Gheysen, qui somnolait, risque un œil vers la savane herbeuse, quelque peu boisée, qui défile sous l'appareil. Et il a la surprise de voir une sorte de long tronc d'arbre qui se met à remuer. Par le micro de son masque, il signale le fait au pilote. Celui-ci fait faire demi-tour à l'hélicoptère, qui, peu après, se trouve au-dessus de la « chose », à une quarantaine de mètres de hauteur. C'est un serpent gigantesque! Et l'adjudant-mécanicien Kindt a la présence d'esprit d'en prendre une photo. Celle-ci parviendra entre les mains de Bernard Heuvelmans : c'est désormais l'une des plus célèbres de la cryptozoologie moderne. Kindt et le même pilote reviendront survoler les lieux, mais ne retrouveront pas le serpent. Et, en mai 1960, l'adjudant Kindt se tue dans un accident d'hélicoptère...

La photo représente effectivement un énorme serpent. Elle a été examinée par de nombreux spécialistes. Le python, car c'en est un, se trouve parmi des arbustes et des termitières. Pour évaluer sa longueur, il faudrait connaître la hauteur exacte à laquelle se trouvait l'hélicoptère quand la photo fut prise. S'il était à trente-cinq mètres, le serpent mesure neuf mètres soixante-dix; s'il volait à quarante-cinq mètres, douze mètres cinquante; enfin, le python atteignait treize mètres quatre-vingt-dix, si l'appareil était à cinquante mètres. Bref, on peut admettre que l'animal mesurait entre douze et quatorze mètres, et que le diamètre de son corps était d'environ quarante-cinq centimètres. Il battrait ainsi les records de taille officiellement accordés aux pythons.

Rappelons tout d'abord que les pythons sont les plus grands serpents de l'Ancien Monde : ils sont répandus en Afrique, en Asie et en Australie. Ce sont des serpents constricteurs, c'est-à-dire qu'ils tuent leurs proies par étouffement. Les plus grands sont, en Afrique, le python de Saba, et, en Asie, le python molure et le python réticulé.

Les serpents géants antiques

Les zoologistes considèrent qu'ils atteignent au plus dix mètres de long. Et encore une telle taille est-elle, de nos jours, très rarement observée, pour la bonne raison que les pythons sont souvent tués (pour la maroquinerie notamment) avant d'avoir atteint leur mensuration maximale. C'est une observation que l'on peut hélas faire sur bien d'autres animaux que l'homme s'acharne à détruire. Le python photographié au Katanga en 1959 (et qui était certainement un python de Saba) était donc un géant parmi les géants.

Existe-t-il, ou a-t-il existé, des pythons encore plus grands? Ce n'est pas impossible. Un épisode fort curieux de l'Antiquité plaide en ce sens. Il nous a été rapporté par l'historien Diodore de Sicile. Vers 280 avant J.-C., le roi d'Égypte Ptolémée II était très fier de montrer à ses hôtes un énorme python, long de treize à quinze mètres, hébergé dans son palais d'Alexandrie. Provenant vraisemblablement du nord de l'Ethiopie, sa capture n'a pas été une entreprise de tout repos. Les chasseurs de Ptolémée ont repéré le serpent, qui guette ses proies près d'une mare. Ils tentent d'abord de l'attraper avec des cordes, mais le python, se retournant brusquement, tue deux d'entre eux. Les hommes décident alors d'opérer par ruse. Avec des joncs, ils fabriquent une sorte de filet qu'ils disposent près de l'entrée de la grotte où le python va certainement venir se retirer. Et celui-ci se prend au piège, mais, on l'imagine, se débat désespérément. Il ne parviendra pas à s'échapper et sera transporté à Alexandrie.

A peu près à la même époque, en 255 avant J.-C., près du fleuve Medjerda, c'est-à-dire dans le nord de l'actuelle Tunisie, l'armée du consul romain Regulus, en guerre contre Carthage, rencontre un serpent géant. Celui-ci commence par tuer un bon nombre de soldats. Les Romains le bombardent de grosses pierres et autres projectiles, et le mettent à mort. Son cadavre dégage une odeur pestilentielle, qui n'empêche pas les Romains de prélever sa peau pour l'envoyer au Sénat. Ce serpent aurait mesuré trente-cinq mètres, ce qui paraît vraiment difficile à croire.

Plus extraordinaire encore, des rapports récents font état de l'existence de serpents géants en Afrique du Nord. En 1959, pendant la guerre d'Algérie, un serpent de vingt mètres aurait été tué à la mitrailleuse, dans la région de Bénoud, près d'Aïn-Sefra, non loin de la frontière marocaine. En 1967, la construction d'un barrage se termine à Djorf-Torba, près de Colomb-Béchar, lorsque des serpents de forte taille commencent à se manifester dans le secteur. Ils seraient attirés par la graisse destinée à un concasseur. Un conducteur de bulldozer, Hamza Rahmani, aperçoit un jour l'un d'eux enroulé près d'un tas de pierres. En une autre occasion, H. Rahmani voit le serpent sortir de dessous des pierres. Il décide d'essayer de le tuer, et le coince avec les dents du godet de son excavatrice. Le reptile se débat une vingtaine de minutes, puis succombe. Regrettons qu'un réflexe encore trop fréquent, comme nous l'avons déjà remarqué, soit de tuer un animal exceptionnel. Ce serpent mesurait neuf mètres vingt. Il était brun foncé, avec, sur le dos, des taches carrées noires. Ses dents, longues de six centimètres, furent arrachées et, paraît-il, envoyées en France. Il serait capital de les retrouver.

Ce serpent n'était pas seulement extraordinaire par sa grande taille : il l'était aussi par la « crinière » noire, haute de dix centimètres, qu'il aurait portée sur la tête. Ce détail paraît extravagant. Pourtant, des vipères africaines, les vipères heurtantes, sont munies d'écailles formant une huppe. Les serpents géants d'Afrique du Nord ne seraient donc pas du tout des pythons, mais des sortes de vipères démesurées...

Les histoires de serpents géants les plus fantastiques, c'est en Amérique du Sud que nous allons les trouver. Les boas, on le sait, y sont les homologues des pythons africains. Ce sont également de grands serpents constricteurs, mais, alors que les pythons pondent des œufs, les boas sont vivipares.

En Amazonie, à la veillée, les histoires que l'on se raconte tournent toujours autour de boas géants, et surtout de l'anaconda. Celui-ci est un boa amphibie, de couleur olivâtre, avec de grosses taches noires arrondies. Pour capturer ses proies, l'anaconda attend qu'elles viennent boire. Il s'empare alors du cerf ou du pécari imprudent qui est venu se désaltérer près de lui, et l'étreint dans ses anneaux. Les traités de zoologie attribuent à l'anaconda une taille record de dix mètres. Mais d'innombrables récits invoquent des anacondas, ou, plus généralement, des boas beaucoup plus grands.

L'un des plus fameux témoins d'anacondas géants est le major Percy Fawcett, explorateur britannique dont la disparition dans l'Amazonie devait susciter tant d'émotion.

En 1907, Fawcett et ses compagnons descendent le rio Abuna. Tout à coup, une tête triangulaire émerge tout près de leur embarcation; elle est suivie d'un corps ondulant. Fawcett saisit sa carabine et tire sur le serpent, à trois mètres en arrière de sa tête, au moment où il aborde la berge. « L'eau se mit aussitôt à écumer, racontera l'explorateur, et il y eut plusieurs coups de boutoir violents contre la quille du bateau, comme si nous avions heurté un récif. »

Fawcett s'approche alors avec précaution de l'animal qui gît sur la rive. Des frissons lui parcourent le corps. Quatorze mètres en sont émergés, et cinq mètres restent sous l'eau. Avec une taille de dix-neuf mètres, cet anaconda, si l'on en croit Fawcett, était donc véritablement monstrueux.

Des boas colossaux?

D'autres récits nous viennent d'un voyageur d'origine danoise, Algot Lange, qui, dans un livre intitulé *In the Amazone Jungle (Dans la jungle amazonienne)* [1] et paru en 1912, a fait état de plusieurs rencontres avec des serpents géants.

1. Ed. Putnam's Sons, New York et Londres, 1912.

Il raconte d'abord l'histoire d'un seringueiro, José Perreira, qui, à trois reprises, s'était senti irrésistiblement attiré par « quelque chose » qui était caché sur la berge du fleuve. Et ce « quelque chose » finira par être découvert par les compagnons de l'homme : « C'était, nous dit A. Lange, un monstrueux boa constricteur. »

Cette histoire peut paraître suspecte, pour deux raisons. D'abord, la fascination qu'exerceraient les serpents n'est qu'une vieille légende. Ensuite, le boa constricteur n'est pas un très grand serpent : il ne dépasse guère cinq mètres. Il est donc peu probable qu'il en existe de gigantesques spécimens. Car, toujours selon A. Lange, le serpent fut tué et mesuré : il atteignait quinze mètres quatre-vingts. Le diamètre de son corps était de soixante-dix centimètres. Si cette histoire a un fond de vérité, c'est d'un anaconda qu'il s'agissait.

A. Lange raconte ensuite qu'il a lui-même vu et tué un « sucuruju », comme on dit au Brésil. Le reptile reposait sur un banc de sable, au clair de lune. Il était lové, formant une énorme masse. Le halètement dû à sa respiration était visible. Ses yeux étaient luminescents... Lange et ses compagnons indiens le mitraillèrent. Le serpent mesurait près de dix-huit mètres. Lange se lança alors dans une tirade enflammée : « Gentlemen, je suis, en ce jour du 29 juillet 1910, devant une peau de serpent dont la taille est extraordinaire. Quand je retournerai aux Etats-Unis et raconterai que j'ai vu et tué un boa constricteur de près de dix-huit mètres, on rira et je serai traité de menteur. »

Des histoires de ce genre, il en court beaucoup de la Guyane au Pérou et de la Colombie à la Bolivie. Elles permettent d'admettre que des anacondas de près de vingt mètres ont pu exister. J'ose à peine relater d'autres récits encore beaucoup plus fantastiques, et difficilement croyables. Ainsi, le 29 octobre 1929, un missionnaire allemand, le Père Victor Heinz, descend l'Amazone. Il est minuit. Soudain, l'équipage du bateau, pris de peur, se met à ramer énergiquement vers la rive.

« Qu'y a-t-il?, demande le Père.

– Là, un gros animal. »

Le missionnaire remarque alors des remous semblables à ceux provoqués par un bateau à vapeur. Au-dessus de la surface apparaissent deux lueurs vert bleuâtre.

« Mais non, dit-il, c'est le vapeur! Ramez de côté, de façon qu'il ne nous renverse pas.

– Ce n'est pas le vapeur, rétorquent les hommes. C'est un serpent géant. »

Celui-ci traverse le fleuve à grande vitesse. Sur la berge, quelqu'un agite une lampe, croyant que le navire est en danger. Aussitôt, le boa se redresse, et, à nouveau, ses yeux brillent. Il finira par disparaître.

La force d'un tel animal est à la mesure de sa taille, toujours si l'on en croit le Père Heinz. Le 27 septembre 1930, un Brésilien, Joao Penha, remarque deux lueurs vertes derrière un barrage flottant qui obstrue le cours d'un fleuve. De tels barrages, faits de troncs d'arbres et de branchages, ne sont pas rares sur les fleuves d'Amazonie. Tout

11. *Des anacondas démesurés évolueraient dans l'Amazone...*

à coup, le barrage cède sous la poussée d'une force prodigieuse. En même temps, une vague écumante, haute de deux mètres, balaie la rive. Un énorme serpent apparaît et il pousse le barrage sur quelque trois cents mètres...

Autre histoire incroyable : un serpent de trente-cinq mètres se serait égaré dans les vieilles installations du fort Abuna, au Brésil toujours. Il aurait été abattu par un tir de mitrailleuses : pas moins de cinq cents cartouches auraient été tirées sur lui. Son poids aurait atteint cinq tonnes! D'autres récits font état de boas de quarante mètres, tués depuis un avion, dont la tête ne peut être portée que par cinq personnes ou qui arrivent à la taille des hommes qui posent derrière leur dépouille. Car des photos de tels monstres ont été publiées... Mais les truquages sont si faciles... Et il faut se poser la question : un anaconda de quarante mètres serait-il biologiquement et écologiquement viable? L'on peut imaginer que certains de ces « serpents » soient en réalité des monstres marins qui auraient remonté l'Amazone... Les informations qui nous parviennent actuellement d'Amazonie sont moins fantastiques. La revue brésilienne *Revista geografica universal* a tout de même publié en septembre 1977 la photo d'un anaconda de six ou sept mètres de long, porté par cinq hommes. En janvier 1985, une dépêche en provenance du Paraguay nous apprend que la petite ville de Pilar, sur un affluent du rio Paraguay, est terrorisée par un « serpent » aquatique, à tête ronde, bouche immense, yeux gros comme des phares et... queue semblable à une grande fourche. Oui, mais est-ce vraiment un serpent?

Des histoires de serpents géants nous sont parfois venues d'Amérique centrale et de la Trinité, et même de Floride. Dans l'île de la Trinité, en mars 1889, les animaux domestiques, porcs, chèvres et chevaux, disparaissent d'une façon mystérieuse. La panique s'empare de la population. Quel animal monstrueux peut être responsable de ces déprédations? Un fauve? Un caïman? Des traces sont découvertes, qui mènent aux fleuves. La terreur augmente lorsque trois enfants, à leur tour, disparaissent. Puis deux autres. Des hommes accompagnés de chiens s'élancent sur la piste du monstre, dont le repaire a pu être localisé : une caverne étrange, où l'obscurité ne facilite pas les recherches. Le murmure d'une chute d'eau et le cri du guacharo, un oiseau cavernicole, rompent seuls le silence. Dans cette grotte, une mare. Soudain, les chiens se mettent à hurler. Et, devant les yeux terrorisés des hommes, la tête d'un énorme serpent émerge de la mare. Ils tirent. L'écho répercute le bruit des coups de feu, des pierres tombent, les guacharos volent en tous sens. Le serpent sort de la mare. Il faudra plusieurs rafales pour le tuer. Il mesurait quatorze mètres. Son diamètre atteignait soixante-quinze centimètres. Il avait le dos sombre et le ventre jaune, avec des cercles noirs. Dans son tube digestif furent retrouvés les restes de certaines de ses victimes. Tel est, du moins, le récit extraordinaire qui parut alors dans la presse.

Pour sa part, le *Chicago Tribune* du 8 décembre 1901 rapporte l'aventure d'un chasseur qui, dans les célèbres marais des Everglades, cherchait à tuer l'énorme alligator dont, pensait-il, il avait découvert la piste. Or, à sa grande surprise, il aperçut un immense serpent, long de près de neuf mètres. L'homme le tira à la tête, alors que le serpent dressait celle-ci pour observer les environs. Le serpent disparut dans les marais. Quatre jours plus tard, le chasseur remarquait des oiseaux rassemblés sur une charogne : c'était la dépouille du serpent. Comme il n'existe pas de serpent géant en Amérique du Nord, on peut estimer qu'il s'agissait d'un spécimen échappé de captivité.

L'Australie, aussi, posséderait ses serpents gigantesques. Ainsi, la taille maximale du serpent noir à ventre rouge est d'environ un mètre quatre-vingts. Mais des spécimens de deux mètres quarante ont été observés. Et un serpent noir de sept mètres cinquante aurait été tué près de Camden, au sud de Sydney, vers 1970. Le serpent-tigre australien ne dépasse pas non plus, normalement, un mètre quatre-vingts. Pourtant, en 1968, un spécimen de quatre mètres cinquante fut découvert dans les Blue Mountains (Nouvelle-Galles du Sud).

Ne quittons pas les serpents géants sans évoquer un curieux point de « cryptopaléontologie ». Un « crochet » fossile de grande taille a été découvert dans des terrains quaternaires du Grand Chaco, en Amérique du Sud. Par comparaison avec les crochets des serpents venimeux actuels, il semble que le serpent auquel il avait appartenu mesurait près de dix-huit mètres. Ce *Bothrodon,* comme on l'a appelé, aurait donc été un gigantesque serpent venimeux.

Expédition « Papusaurus »

Il est des idées fausses très difficiles à déboulonner. Ainsi lit-on constamment que le plus grand lézard du monde est le varan ou dragon de Komodo. Ce reptile, localisé sur de petites îles d'Indonésie, à l'est de Java, est fort impressionnant. Son aspect « préhistorique » attire beaucoup photographes et cinéastes. Il a été étudié notamment par le zoologiste français Pierre Pfeffer, et les îles qu'il habite sont désormais un parc national. Le varan de Komodo mesure jusqu'à trois mètres, ce qui est déjà considérable. Mais il n'est pas le plus grand lézard du monde. Le dossier des lézards géants est l'un des plus complexes qui soient, nous allons le voir. Ce qui est sûr, c'est que les plus grands des lézards, ou sauriens [1], sont les varans : ceux-ci sont répandus à travers l'Afrique, l'Asie méridionale et l'Océanie.

En 1978, deux jeunes explorateurs et naturalistes français, Jean Becker et Christian Meyer, tombent en arrêt sur deux lignes de l'encyclopédie *Le Monde animal,* de Grzimek et Fontaine : il y est dit que le plus grand lézard du monde est le varan de Salvadori *(Varanus salvadorii),* propre à la Nouvelle-Guinée. J. Becker et C. Meyer n'hésitent pas : ils iront sur place vérifier une assertion aussi incroyable. Comme le varan de Salvadori est appelé aussi *Papusaurus,* leur expédition sera « l'expédition *Papusaurus* ».

Le cas du varan de Salvadori est, de fait, très curieux. Il est à la fois connu et presque inconnu. Il porte certes une appellation scientifique, et a même figuré sur les timbres de Papouasie - Nouvelle-Guinée, mais l'on ne sait presque rien sur lui. Les deux jeunes voyageurs sillonnent donc la Nouvelle-Guinée sur la piste du mystérieux lézard. Et, un jour, après six semaines de vaines recherches, alors qu'il se trouvent près de la rivière Bensbach, non loin de la frontière indonésienne, des herbes remuent, un varan de trois mètres détale, dressé sur ses pattes postérieures. Durant quinze jours – nous sommes en septembre 1978 –, J. Becker et C. Meyer tentent d'approcher les varans. Ce n'est guère facile. Enfin, un beau jour, l'un des varans se montre sur la rive opposée de la Bensbach. Il fainéante au soleil, puis plonge et disparaît. Les varans en question mesurent de deux mètres quatre-vingts à trois mètres cinquante. De couleur noirâtre avec des taches jaunes, ils sont aussi à l'aise dans l'eau que dans les arbres, et se nourrissent surtout d'œufs de tortues. Les deux explorateurs en rapportent un film et des photos impressionnants. Oui, mais s'agit-il bien de varans de Salvadori? Il semble que non, car ils sont assez massifs, alors que le *Papusaurus* a une queue très effilée, à laquelle il doit sa longueur exceptionnelle. Un spécialiste allemand, le Dr. H. G. Horn, a examiné les photos prises par les deux jeunes Français : il estime qu'elles montrent le *Varanus gouldii* (peut-être d'une race inconnue) et le *Varanus indicus.* Mais ces deux espèces ne dépassent normalement pas un mètre quatre-vingts ou deux mètres... Alors...

La situation est vraiment très complexe, d'autant plus qu'il existe en Nouvelle-Guinée un *Varanus salvator,* très souvent confondu avec son presque homonyme. Vers 1975, un zoologiste, le Dr. Schulze-Westrum, parcourait la Nouvelle-Guinée pour le compte du WWF.

1. *Saurien* est synonyme de *lézard.* C'est donc une erreur (devenue une tolérance) d'appeler *sauriens* les crocodiles ou les dinosaures.

Il constatait formellement que le *Papusaurus* dépassait parfois quatre mètres... Retenons de tout cela qu'il existe dans l'île un varan de plus de quatre mètres (le *Varanus salvadorii*) et un autre (ou deux autres), photographié(s) par J. Becker et C. Meyer, d'une taille également très importante.

Mais ce n'est pas tout. A ces données dûment établies s'ajoutent des informations pour le moins fantastiques. Vers 1940, un fonctionnaire de Port Moresby, David Marsh, affirma avoir vu des varans de six mètres. Une vingtaine d'années plus tard, Mme Rachel Cleland avait rapporté avoir vu un tel géant en captivité dans une mission chrétienne de la région de Daru (c'est-à-dire non loin de la Bensbach, comme par hasard). Selon les Papous, ces lézards sont arboricoles : ils grimpent aux arbres pour capturer les dendrolagues, de petits kangourous qui vivent dans les branches. Plusieurs fonctionnaires australiens (la partie orientale de la Nouvelle-Guinée était alors sous contrôle australien) confirmèrent ces rumeurs. Le témoignage de deux autres fonctionnaires, Lindsay Green et Fred Keckhan, fut encore plus tangible. Ils affirmèrent avoir vu une peau et une mandibule d'un varan gigantesque : ils étaient conservés dans un village voisin du Kaikuru, à cent dix kilomètres de Port Moresby.

En 1979, enfin, un lieutenant-colonel britannique, J. Blashford-Snell, qui effectue un périple autour du monde, aurait rencontré (et même photographié) en Nouvelle-Guinée un varan de Salvadori de cinq mètres cinquante. La taille de ce varan aurait été évaluée par rapport à celle d'une Land-Rover. Et, d'après J. Becker et C. Meyer, il existerait deux autres varans inconnus dans l'île; l'un d'eux, le « varan de Mekeo », jaune, long de deux mètres, a été vu sur les hauts plateaux néo-guinéens.

De monstrueux varans en Australie?

Pour continuer notre enquête sur les varans géants, franchissons le détroit de Torrès et débarquons en Australie, cette Australie décidément très riche en énigmes zoologiques et où nous n'avons pas fini de nous rendre. L'existence, dans ce continent, de varans de deux mètres est bien établie. Mais il y en a certainement de plus grands.

En novembre 1939, le conducteur d'un train avait arrêté sa locomotive, dans la région d'Angourie (Nouvelle-Galles du Sud), lorsqu'il remarqua, non loin de celle-ci, un tronc d'arbre long de près de cinq mètres. Celui-ci, à sa grande surprise, se mit à bouger. C'était un reptile, qui ouvrait la gueule d'une façon inquiétante. Aussi le machiniste remit-il sa locomotive en marche. L'animal, pensa-t-on, était un crocodile. Aujourd'hui, on peut se demander si ce n'était pas plutôt un varan.

En effet, un cryptozoologiste australien, Rex Gilroy, a recueilli des données sur l'existence de lézards géants à travers l'est et le nord de l'Australie. Ces reptiles seraient de couleur grisâtre; aussi seraient-ils mimétiques. Ils attaqueraient parfois le bétail. Dans certaines régions,

12. *D'énormes varans existent à coup sûr en Nouvelle-Guinée et sans doute en Australie.*

les bûcherons se mettent au travail tôt le matin et quittent les forêts dans l'après-midi, par crainte des varans qui entrent en activité vers la fin de la journée.

En 1975, un fermier de Cessnock (Nouvelle-Galles du Sud), qui garde ses vaches, aperçoit un varan géant : il évalue sa longueur à neuf mètres. Le reptile se déplace dans des broussailles près d'une grange. La même année, et dans la même localité, Mike Blake est tranquillement assis dans sa véranda, quand arrive un monstrueux varan, qui se promène devant lui. M. Blake est terrorisé et reste « collé à sa chaise », comme il le dira plus tard. Le varan le regarde un instant avant de s'éloigner et de disparaître dans la campagne. Il aurait mesuré sept mètres.

En 1975 toujours, dans la région des Wattagans, deux fermiers roulent en voiture à travers la forêt. Soudain, ils aperçoivent un tronc d'arbre tombé en travers de la route. Ils s'arrêtent, et descendent de voiture, pour déplacer le « tronc ». Cependant, celui-ci se dresse tranquillement et s'éloigne dans la forêt. Or la route avait sept mètres de large, et la tête et la queue du varan, car c'en était un, disparaissaient sur les bas-côtés. Dans le district de Capertee, un fermier est à cheval parmi son bétail lorsqu'il remarque, dans un enclos contigu à une forêt, un énorme varan en train de manger une vache. Le temps qu'il aille chercher son fusil, l'animal a disparu. Plus au nord, dans le Queensland, le plateau d'Atherton paraît être un véritable repaire de varans géants. Plus au nord encore, ils habitent aussi les impénétrables forêts de la péninsule d'York et de la terre d'Arnhem. Dans cette dernière région se situe une observation assez différente des précédentes. Vers 1970, Martin Mcadoo et des amis roulent sur une piste boueuse. Ils sont obligés de s'arrêter brusquement, car un varan géant vient d'apparaître, dressé sur ses pattes postérieures. Il atteint ainsi une hauteur de deux mètres quarante environ. Il bondit à travers les buissons, toujours sur ses pattes postérieures.

Ce qui donne un poids singulier à tous ces témoignages, c'est l'existence récente, en Australie, d'un varan gigantesque, de l'espèce

Cryptozoologie australienne

L'Australie, nous le remarquons sans cesse, est particulièrement riche en énigmes zoologiques. Il peut être intéressant de regrouper ici toutes celles que nous rencontrons au long des chapitres de ce livre.

I) Mers
– *Nombreuses observations de serpents-de-mer, notamment du type « otarie à long cou » (voir chapitres II et III).*
– *Divers indices sur un requin blanc géant (chapitre IV).*
– *Un calmar géant de huit mètres cinquante s'est échoué en 1948 dans la province de Victoria.*
– *Étonnante affaire de la méduse géante du* Kuranda *(chapitre IV).*
– *Crocodile marin (voir ce chapitre).*

II) Eaux douces
– *Nombreuses observations de monstres lacustres appelés bunyips (chapitre VII).*
– *Crocodile marin : spécimens géants dans le nord du pays (voir ce chapitre).*
– *Des récits des aborigènes évoquent des animaux à l'allure de dinosaures (chapitre IX).*

III) Milieux terrestres
– *Varans géants : nombreux témoignages (voir ce chapitre).*
– *Serpents géants : quelques indices (voir ce chapitre).*
– *Des « émeus » géants ont été signalés à plusieurs reprises (chapitre XIV).*
– *Des rapaces géants habiteraient certaines falaises (chapitre XIV).*
– *Le problème de la survivance du diprotodon, énorme marsupial du Quaternaire, s'est sérieusement posé (chapitre X).*
– *Des kangourous géants sont parfois signalés (chapitre XIV).*
– *Considéré comme disparu, le thylacine, ou loup marsupial, est toujours observé en Tasmanie et même sur le continent (chapitre XIV).*
– *Gros dossier des « félins » australiens (« tigre marsupial » du Queensland notamment) : plusieurs hypothèses possibles (chapitre XI).*
– *Affaire du yowie, l'homme sauvage australien (chapitre XVII).*

Megalonia prisca. Officiellement, celui-ci s'est éteint voici quelques milliers d'années seulement. Ne serait-il pas toujours en vie?

Cinglons maintenant vers Sumatra, où un curieux récit témoignerait pour la survivance tardive d'un varan monstrueux. Il s'agit du naufrage, en 1561, du navire portugais *Sao Paulo* sur les côtes de Sumatra. Après une progression difficile le long du littoral de l'île, les rescapés rencontrent deux énormes lézards. L'un d'eux prend la fuite, tandis que l'autre se dirige vers la mer. Il est long de cinq mètres cinquante environ. Il est noir et vert, et son corps a le calibre d'un tonneau. Le reptile fait mine de charger les Portugais, la gueule grande ouverte, mais ce n'est qu'une fausse attaque. Il cherche à se réfugier dans une crevasse entre des rochers, mais s'y trouve coincé, la queue en dépassant et remuant d'une façon inquiétante. Les Portugais le tuent à coups de lances et d'arquebuses. Ils le mangent : sa chair avait, paraît-il, le goût du mouton. Bien des détails de ce récit sonnent juste, et il est possible qu'un grand varan ait survécu à Sumatra jusqu'à une époque récente.

Sans doute faut-il inclure dans le dossier des varans géants une dernière affaire qui nous emmène en Assam, dans l'est de l'Inde. Dans cette région, les marais de la vallée des Apa Tanis auraient hébergé un grand reptile mystérieux, le buru. Celui-ci a parfois été assimilé à quelque crocodile inconnu, mais la description de l'animal, qui aurait une langue fourchue, fait beaucoup plus penser à un varan géant.

Ducs, princes et crocodiles

Nous avons souvent évoqué les crocodiles. Après les serpents et les varans, ils vont constituer le troisième volet de ce chapitre sur les reptiles géants. Et, tout d'abord, précisons ce que l'on entend par crocodiles : les crocodiles au sens large comprennent trois familles. La première se limite au gavial, au long museau, hôte des fleuves de l'Inde et des pays voisins. La seconde est celle des alligators et des caïmans, au museau court. Une espèce d'alligator habite le sud-est des Etats-Unis, la Floride surtout; une autre vit en Chine. Les caïmans peuplent l'Amérique tropicale, l'Amazonie essentiellement. Enfin, la troisième famille est celle des crocodiles proprement dits, répandus en Amérique, Afrique, Asie et Océanie. C'est par erreur qu'en Afrique les crocodiles sont parfois appelés « caïmans ».

Le plus grand des crocodiles africains est le crocodile du Nil. Jadis, il habitait l'Egypte, où il était vénéré et momifié. Il peupla aussi la Tunisie, le Maroc, peut-être la Sicile, et certainement la Palestine, où des œufs en ont été découverts. Il subsiste sans doute dans certains lacs du Sahara. Il occupe la plus grande partie de l'Afrique, y compris Madagascar.

Quelle taille atteint le crocodile du Nil? Officiellement, le plus grand spécimen aurait été celui tué par le duc de Mecklembourg, en 1905, près de Mwanza, dans l'actuelle Tanzanie. Il mesurait six mètres cinquante. Son poids a été évalué à mille cinquante kilos environ.

De la Floride à New York

L'alligator américain, hôte de la Floride et de la Louisiane, mesure jusqu'à cinq mètres quatre-vingt-quatre. Une mode stupide voulut en faire un animal d'appartement. Ainsi, des New-Yorkais achetaient de jeunes alligators et s'en débarrassaient quand ils avaient grandi. On a souvent raconté que des alligators abandonnés par leurs propriétaires avaient pullulé dans les égouts de New York. Est-ce exact? Selon certaines sources, on y aurait trouvé seulement un ou deux alligators...

Jadis, un vrai crocodile habitait aussi la Louisiane et la Floride. Il en a, semble-t-il, disparu, sauf de l'extrême sud de la Floride.

Quelques spécimens de cinq mètres cinquante à six mètres quarante ont également été « homologués ». Ainsi, en 1968, un énorme mâle, surnommé « Kwena », fut tué dans les marais de l'Okavango, au Botswana. Il mesurait cinq mètres soixante-huit. La circonférence de son corps atteignait deux mètres treize. Son poids fut estimé à huit cent seize kilos; sa tête, à elle seule, accusait cent soixante-cinq kilos : deux hommes avaient du mal à la soulever. Au lac St. Lucia, dans le Zoulouland, a été tué un crocodile dont la taille, d'après la longueur de sa tête (qui a été conservée), devait dépasser six mètres. Cependant, il y a tout lieu de croire à l'existence de crocodiles du Nil nettement plus grands. Ainsi, un spécimen de sept mètres vingt-cinq aurait été tué jadis sur les rives du lac Victoria, et un autre de huit mètres cinquante, dans le lac Kioga.

Plus récemment, l'écrivain Yves Verbeek a vu sur l'Oubangui, aux confins du Zaïre et de la République centrafricaine, un crocodile venir se placer sous une pirogue. Celle-ci mesurait huit mètres : or un mètre de la queue du reptile en dépassait à l'arrière...

C'est peut-être dans les immenses marais du Nil, dans le sud du Soudan, que survivent les derniers crocodiles géants africains. Voici un épisode significatif. Il nous a été rapporté par le Dr. Joseph Récamier, qui participa aux expéditions du duc d'Orléans [1] : « Avant d'arriver à Mongalla, en sortant des marais du Sudd, nous vîmes, sur un banc de sable, devant un petit bois d'ambach, arbre dont la tige est droite comme celle d'un peuplier, un grand crocodile étendu. Jamais nous n'avions vu un monstre pareil. Le prince, assis à l'avant du bateau, se prépara à tirer, et moi à le photographier, mais il ne nous en laissa pas le temps et s'enfonça alors que nous étions encore hors de portée. Sa longueur m'avait paru égale à la hauteur de l'arbre voisin avec lequel, couché en travers du courant, il formait un angle droit, et certainement cet arbre, auprès duquel nous passâmes ensuite, avait sept mètres de haut. »

1. *De l'ours au lion,* Plon, 1933.

En 1979 nous sont encore parvenus des rapports selon lesquels les marais du Nil Blanc hébergeraient toujours des crocodiles longs de cinq mètres cinquante à plus de six mètres, et pesant de huit cents kilos à une tonne et plus.

Le monstre des mangroves

Le gavial asiatique atteint, lui aussi, des dimensions appréciables : jusqu'à six mètres cinquante ou sept mètres. C'est également en Asie, et plus à l'est, que vit le plus grand des crocodiles : l'incroyable crocodile marin. Encore appelé « crocodile à double crête », le crocodile marin habite les côtes asiatiques, de l'Inde à l'Indonésie, ainsi que celles de Nouvelle-Guinée et du nord de l'Australie. Il a même atteint les îles Cocos-Keeling, à mille kilomètres de la terre la plus proche. C'est en effet un très bon nageur. Et l'on assure que les crocodiles marins effectuent des migrations entre l'océan Indien et le Pacifique : ils nagent alors à la queue leu leu, prenant l'aspect d'un monstre étrange. Le milieu préféré de l'espèce demeure toutefois la mangrove, ce marais à palétuviers situé dans la zone de balancement des marées.

Quelle taille atteignent les plus grands crocodiles marins? La question a donné lieu à de nombreuses discussions. Un très grand spécimen a été tué dans l'île de Luçon, aux Philippines, en 1823. Il mesurait huit mètres vingt-deux. Son crâne est conservé à l'université Harvard, aux Etats-Unis. Il atteint quatre-vingt-dix-neuf centimètres. Sa largeur est de quarante-huit centimètres, et sa hauteur, de trente-quatre centimètres. Un crocodile marin encore plus grand a été tué en juillet 1957 sur la rivière Norman, qui se jette dans le golfe de Carpentarie, en Australie du Nord. Il était long de huit mètres soixante-trois et pesait deux tonnes. Il fut décapité, mais sa tête était si lourde qu'elle ne put être transportée. Il ne reste donc rien de ce spécimen, mais sa réalité ne semble pas devoir être mise en doute. Regrettons, bien sûr, que l'on tue des animaux pour le plaisir de les mesurer. Reconnaissons aussi que certains vieux mâles de crocodiles marins deviennent irascibles et parfois dangereux. Ces reptiles sont surtout redoutables en cas de naufrages. Si un crocodile marin vous poursuit, nagez en zigzag : vous aurez alors, assure-t-on, quelque chance de lui échapper... En avril 1975, un gros spécimen a dévoré un baigneur dans la rivière Mission, au Queensland. La police utilisa la dynamite pour faire remonter le crocodile à la surface, où il fut tiré. Il aurait mesuré sept mètres soixante-dix.

En ce qui concerne le poids, le record officiel appartient à un « croco » tué en 1964 sur la rivière Adélaïde, toujours en Australie : il accusait mille quatre-vingt-dix-sept kilos. Il devait être fort trapu, puisqu'il ne mesurait que six mètres neuf. Les records officiels sont certainement battus dans la réalité. Selon A. B. Walkom, l'espèce dépasse quelquefois neuf mètres [1]. Pour sa part, Keith Willey fait état

1. *Guide du Muséum australien et de son contenu,* Sydney, 1953.

d'un sujet de neuf mètres soixante-seize tué vers 1956 à Borroloola, dans le nord de l'Australie [1].

Au cours de son expédition en Nouvelle-Guinée, en 1956, le voyageur et écrivain français Pierre Paillard a découvert, dans la région du Sepik, un crâne de crocodile pesant environ cent cinquante kilos. L'animal avait été tué au moins un siècle auparavant, et son crâne était conservé comme totem [2]. L'existence de crocodiles marins approchant ou atteignant les dix mètres n'a donc rien d'impossible. Hélas, ils se font certainement de plus en plus rares. Peut-être conviendrait-il de les rechercher dans les grands marais peu explorés du sud de la Nouvelle-Guinée indonésienne. Il faut faire un effort pour imaginer de tels monstres. Si l'un d'eux était plaqué contre un de nos immeubles, le museau sur le trottoir, sa queue atteindrait le troisième étage...

Nous nous souvenons que certains serpents-de-mer sont décrits comme de grands crocodiles. Il est possible qu'il s'agisse des derniers mosasaures ou encore de crocodiles de l'ère secondaire. Parfois, un crocodile marin a pu être pris pour un monstre inconnu. A ce propos, rappelons l'étonnante information relative à un « crocodile » de quinze mètres découvert en 1976 sur le littoral de Bornéo. Etait-ce un monstre marin inconnu? Ou alors un crocodile marin battant tous les records de taille? Il n'est pas possible de répondre.

1. *Crocodile Hunt,* Jacaranda Press, Sydney, 1966.
2. *Amazone,* n° 2, janvier 1983.

9

Le lac Télé, nouvel Eldorado

Le 1er mai 1983, une expédition scientifique congolaise se trouve au bord du lac Télé, perdu au milieu des forêts du nord du Congo. Elle est à la recherche, après bien d'autres, du mystérieux animal qui habiterait ce lac. Le chef de l'expédition, le biologiste congolais Marcellin Agnagna, au bord du lac en compagnie de deux villageois, filme ce jour-là des singes, lorsque l'un des villageois tombe dans la boue et va se nettoyer dans le lac. Soudain, il se met à crier :

« Marcellin, Marcellin, viens avec la caméra, vite! »

M. Agnagna le rejoint. Il lui dit : « Regarde! » Et effectivement, dans le lac, il y a un animal... Les hommes, pour s'en rapprocher, entrent dans l'eau. Ils marcheront ainsi une soixantaine de mètres, pour parvenir à quelque deux cent quarante mètres de l'animal, dont la longueur peut être évaluée à cinq mètres. M. Agnagna rapporte : « Nous vîmes le dos de l'animal, et son cou. Il nous regardait. Je pensais qu'il nous avait entendus [...]. Il tournait la tête et le cou. Non pas de tous côtés, mais seulement de droite à gauche. » Le dos, noir, brille au soleil. La partie postérieure du cou est également noire, sa face antérieure étant brune. Les yeux sont visibles : ils sont ovales. La tête est petite. Le cou, mince, mesure environ un mètre. L'animal s'immerge lentement. Il a manifestement été effrayé. Les hommes sortent alors de l'eau. Le cou seul réapparaît.

L'observation, au total, a duré plus de vingt minutes. Malheureusement, M. Agnagna, voulant filmer l'animal, fit une fausse manœuvre, et le film fut raté. Il put néanmoins observer la bête par le viseur de sa caméra et en prit des photos, où l'on ne voit, en raison de la distance, qu'un point noir...

Il n'en reste pas moins que le témoignage de Marcellin Agnagna est l'un des plus précieux qui soient sur le monstre du lac Télé. L'animal ne pouvait être ni un crocodile, ni un lamantin, ni un hippopotame. Il donnait l'impression d'être un reptile. Ce n'était pas un grand python, qui n'aurait pu demeurer le cou dressé si longtemps. Était-ce une tortue d'eau douce géante? On ne connaît pas d'espèces de cette taille : ce serait donc une tortue inconnue. Un varan géant?

13. *Le mokélé-mbêmbé, l'animal qui fait rêver les zoologistes...*

Ce n'est pas impossible. Mais son cou serait-il si mince? On pourrait penser à un éléphant dont la trompe aurait simulé un cou... Mais M. Agnagna affirme avoir vu des yeux. Alors, faut-il invoquer un autre animal? Le *mokélé-mbêmbé,* ainsi l'appelle-t-on dans sa région, serait-il l'un de ces reptiles de l'ère secondaire qui font rêver petits et grands? Pour tout dire, serait-ce un dinosaure? Avant d'en venir à une aussi fantastique hypothèse, il convient d'expliquer comment les cryptozoologistes en sont venus à concentrer leurs recherches sur le lac Télé.

La « chasse » au dinosaure

Feuilletons quelques journaux américains du début du siècle. Nous allons y rencontrer des articles pour le moins surprenants. Ainsi le *New York Herald* du 13 février 1910 titre, en gros caractères : « Est-ce qu'un brontosaure vagabonde dans les espaces sauvages d'Afrique? » Le 23 juin de la même année, le *Washington Post* renchérit : « Un énorme monstre mi-éléphant mi-dragon vivrait en Rhodésie. » Et c'est ainsi que l'affaire du dragon africain va prendre de l'ampleur. Voyageurs et explorateurs français, anglais, belges, allemands, vont revenir d'Afrique avec d'extraordinaires récits sur les monstres amphibies qui se vautreraient parmi les roseaux des marais les plus reculés du continent noir. Des aventuriers vont partir à la chasse au dinosaure. Ainsi, le 23 décembre 1919, un certain capitaine Leicester B. Stevens prend le train à Waterloo Station, à Londres. Il va à Southampton s'embarquer pour Le Cap. Il est armé d'une carabine et accompagné d'un chien qui s'était illustré pour son courage pendant la guerre (du côté allemand). L'objectif du capitaine Stevens? Gagner la prime de cinq millions de dollars offerte par la Smithsonian Institution à qui rapporterait un spécimen du dinosaure présumé. Le président Théodore Roosevelt lui-même, chasseur forcené, envisage de se lancer sur la piste du monstre.

Le dossier des monstres africains va vite devenir très complexe. D'une part, parce que les témoignages se dispersent à travers toute l'Afrique tropicale, du Soudan à la Zambie, du Cameroun à la Tanzanie. Ensuite, parce que les descriptions des animaux en question sont très variables. Enfin, parce qu'il est souvent difficile de démêler les observations d'espèces peut-être inconnues de celles d'animaux connus : éléphants, hippopotames, lamantins, varans, crocodiles, pythons, silures et autres poissons. Rappelons, à propos de ces derniers, que les eaux douces africaines hébergent la fameuse perche du Nil, qui atteint deux mètres.

Ainsi, les immenses marais du Nil, qu'habitent, nous le savons, d'énormes crocodiles, seraient le domaine d'un fort curieux animal, le lau. Long d'une douzaine de mètres, le lau, qui serait de couleur jaune ou marron, porterait des tentacules avec lesquels il capturerait ses proies. Sa queue serait munie d'une sorte d'excroissance cornée. Il n'a pas de pattes. A plusieurs reprises, des habitants des marais auraient trouvé une dépouille de lau. De plus, on connaît une sculpture sur bois, œuvre d'un artiste africain, et qui représente la tête du lau... Il faut bien se rendre compte de l'immensité des marais du Nil, plus vastes que la France, et difficiles à prospecter. Ils hébergent un oiseau très particulier, le baléniceps, ou bec-en-sabot : alors, pourquoi pas, aussi, un reptile ou un poisson étrange? A cet égard, plusieurs rapprochements significatifs doivent être faits. Sur un portulan datant de 1546 et conservé au Musée de la Marine de Dieppe figure, sur l'emplacement de la Nubie, un monstre à deux pattes et sept tentacules. Dans *La Légende des siècles,* Victor Hugo évoque : « Deux dragons monstrueux, pris dans les joncs du Nil. » Enfin, une photo intriguante m'a été transmise par Roland Heu : elle représente une piste sur les bords du Nil, dans le nord du Soudan. Cette piste dessine des arabesques dissymétriques, et l'on ne voit pas quel animal a pu la laisser.

Le lac Victoria-Nyanza a attiré l'attention des zoologistes en 1902, lorsque le gouverneur de l'Ouganda évoqua, dans un livre, le monstre qui l'habiterait. (Il faut dire que ce gouverneur n'était autre que Sir Harry Johnston, qui, peu de temps auparavant, avait stupéfié le monde en découvrant l'okapi, *Okapia johnstoni...*) Le monstre en question, le lukwata, au comportement agressif, aurait, selon les témoins, la tête arrondie ou carrée. On l'assimile à un poisson, à une tortue, à un dauphin ou à un python. En 1961, M. et Mme T. E. Cox rencontrent, au bord du lac, une sorte de long serpent qui sort des papyrus et se dirige vers le centre du lac, en ondulant verticalement.

Les indices se précisent

Un autre lac africain a beaucoup intéressé les « chasseurs » de monstres. C'est le lac Bangouelo, en Zambie (Rhodésie-du-Nord à l'époque), qui est environné de vastes marais le rendant difficile d'accès. Or, en 1910, un explorateur allemand, Hans Schomburgk, parvient jusque-là et entend parler du mystérieux animal qui y vivrait. Il s'agirait d'une bête de mœurs prédatrices, puisqu'elle se nourrirait des hippopotames. Schomburgk en parle à Carl Hagenbeck, le fondateur du zoo de Hambourg, qui envoie une expédition vers le lac; mais celle-ci ne touchera jamais le but.

Cependant, des informations continuaient d'arriver sur l'animal, que les habitants de la région appellent le *chipekwé.* Notamment, il serait doté d'une grande défense d'ivoire, ou même de deux défenses, situées à sa mâchoire supérieure. Il serait couvert de poils hirsutes. Bref, avec ce dernier détail, nous sommes assez loin de l'aspect qu'aurait un dinosaure.

Plus récemment, des nouvelles venues du Gabon évoquent davantage les dinosaures. A partir de 1976, en effet, un jeune herpétologiste [1] américain, James Powell, se rend là-bas afin d'enquêter sur les crocodiles pour le compte de l'UICN [2]. Il y entend parler d'un curieux animal, le *n'yamala,* qui habiterait des lacs reculés, au fin fond de la forêt équatoriale. Son signalement est celui du diplodocus : une représentation de celui-ci, montrée à des habitants, est jugée par eux semblable au *n'yamala.* Celui-ci, végétarien, se nourrirait des fruits d'une plante poussant près de l'eau : ces fruits, comparables à des noix, sont surnommés le « chocolat de la brousse ». Le *n'yamala* évoque donc le diplodocus. Il faut rappeler ici que le diplodocus et les genres parents forment le groupe des sauropodes. Ce sont des dinosaures massifs, à long cou, petite tête et queue allongée. Bref, les dinosaures les plus « classiques », tels que le brontosaure, l'atlantosaure, le gigantosaure, le brachiosaure, tous longs de vingt à quarante mètres. Découvert voici peu, le supersaure aurait même atteint cinquante mètres.

Sur ces entrefaites, en 1978, Bernard Heuvelmans publie un gros volume sur *Les Derniers Dragons d'Afrique* [3]. Il y expose le dossier et parvient à le débrouiller. Notamment, il indique que c'est plutôt dans le nord du Congo que l'on aurait quelque chance d'approcher l'animal appelé *mokélé-mbêmbé,* très semblable au *n'yamala,* et qui pourrait être un dinosaure relique. Aiguillonnés par ces révélations, des zoologistes américains, disposant de moyens importants, décident de monter des expéditions. Ils vont explorer le secteur du lac Télé et de la Likouala-aux-Herbes, rivière qui passe à proximité. Ce sont Roy Mackal, professeur à l'université de Chicago, James Powell, déjà cité, et, plus tard, Richard Greenwell. Leur première idée était de réaliser sur l'animal

1. Spécialiste des reptiles.
2. Union internationale pour la conservation de la nature et de ses ressources.
3. Éditions Plon.

une biopsie à distance, projet qui sera abandonné. Ils bénéficient de l'aide de la NASA, par satellites interposés. Cela ne les empêchera pas de rencontrer des difficultés, car atteindre le lac Télé n'est pas une sinécure. Nous comprendrons la déception de James Powell, obligé de faire demi-tour, non loin du lac, parce que son visa allait expirer : « J'avais entendu parler des alpinistes qui, dans l'Himalaya, avaient dû abandonner à trois cents mètres du sommet, et je pense savoir ce qu'ils ressentaient. Je crois que quelque chose de gros, de vivant et d'inconnu existe – ou existait à une date très récente – dans certains plans d'eau du Congo septentrional. Je veux y retourner et le découvrir. Je me rends compte qu'une telle quête pourrait être sans fin. Je peux chercher très longtemps, et en vain, quelque part, puis m'enfoncer de plus en plus profondément dans la pénombre verte éternelle : il y aura toujours un autre lac, un autre marais, et là – cette fois pour de bon – je trouverai le *mokélé-mbêmbé*... Car la gloire de l'arc-en-ciel [1] repose moins dans sa beauté que dans le fait que nous ne pouvons jamais en atteindre l'extrémité, et, par suite, ne pouvons jamais savoir, et c'est ce qui nous désole, que l'or n'y est pas [2]. »

Les expéditions américaines, si elles ne trouvèrent pas le *mokélé-mbêmbé,* observèrent maints indices importants : empreintes, sillages, trouées dans la végétation, qu'on pouvait difficilement rapporter à des espèces connues. Les habitants confirmèrent que la nourriture du monstre consistait notamment en fruits du « chocolat de la jungle », à savoir le malombo *(Landolphia mannii);* l'animal, grâce à son long cou, se saisit, sans quitter l'eau, de ces fruits de la grosseur d'une pomme. Le monstre mesurerait de cinq à douze mètres. Son cou serait de la grosseur d'une jambe humaine. Les habitants racontèrent aux Américains de nombreuses rencontres avec lui. (En général, les témoins n'osent pas faire état de leurs observations.) Nicolas Mandongo, du village de Bandeko, rapporta à Powell que, lorsqu'il avait dix-sept ans, il était en pirogue quand émergea le *mokélé-mbêmbé.* L'homme et l'animal se regardèrent durant trois minutes. Seuls, le ventre et les pattes du monstre demeuraient dans l'eau. Il était rose. Sa longueur totale était de douze mètres. Sur la tête se voyait une sorte de crête, qui frappa vivement Nicolas. Cette crête est signalée par de nombreux témoins.

L'incident le plus curieux s'est déroulé en 1959. Un jour, un *mokélé-mbêmbé,* venant du chenal où il habitait, entre dans le lac Télé. Les Pygmées décident de lui bloquer la retraite. Ils édifient, en hâte, avec des pieux, une sorte de barricade à l'endroit où il doit passer pour sortir du lac. Ils parviennent à le bloquer, et le tuent à coups de sagaies. Ils le dépècent, ce qui prend beaucoup de temps. Tous les Pygmées qui mangent de sa chair succomberont empoisonnés... Les pieux qui avaient servi à faire la palissade étaient encore visibles, voici peu, sur la rive du lac.

1. J. Powell fait ici un jeu de mots : *mokélé-mbêmbé* signifierait « arc-en-ciel ».
2. *Explorers Journal* (New York), 59, 2, juin 1981, p. 91.

En face du « mokélé-mbêmbé »

Voici l'exemple de l'un des nombreux témoignages recueillis, dans la région du lac Télé, par James Powell :

« Informateur : Daniel Mambombo, enseignant dans une école supérieure, et donc homme cultivé. Il raconte que trois ans auparavant, vers 1977, à environ 15 heures, il a vu un mokélé-mbêmbé *pointer son cou hors de l'eau de la Likouala-aux-Herbes à un kilomètre seulement en amont d'Epena. Il identifia spontanément le dessin du brontosaure émergeant de l'eau sur la couverture du livre* Les Animaux du passé *à ce qu'il avait vu. Il était alors sur la rive, à environ dix mètres seulement de l'animal; aussi en eut-il une bonne impression d'ensemble. Il ne le regarda que rapidement car il était effrayé, et il prit la fuite. Il dit que, d'après ce que l'on assure, il vaut mieux ne pas parler de sa rencontre avec le* mokélé-mbêmbé. *Cependant, il essaierait de le décrire. L'animal était gris. Son cou était aussi épais qu'une jambe humaine. La tête et la bouche étaient semblables à celles du brontosaure de la couverture du livre. Il vit une petite partie du corps : il était donc sûr de ne pas avoir affaire à un serpent. Le cou s'épaississait à l'endroit où il rejoignait le corps. » (*Explorers Journal, *59, 2, juin 1981, p. 90.)*

L'habitat normal du *mokélé-mbêmbé* semble être les portions étroites et profondes du cours des rivières. Avec son long cou et sa queue allongée, l'animal fait irrésistiblement penser à un dinosaurien sauropode de taille petite ou moyenne. On ne peut écarter la possibilité d'un varan (devenu herbivore?...), ni celle d'une tortue : selon Marcellin Agnagna, des tortues d'eau géantes habitent le lac Télé...

En 1983, les Congolais ont donc pris le relais des Américains. Le ministère des Eaux et Forêts du gouvernement de Brazzaville a envoyé sur place une expédition dirigée par M. Agnagna, qui fit l'extraordinaire observation rapportée au début de ce chapitre. Rien, écologiquement et géologiquement, ne s'oppose à ce qu'un dinosaure ait survécu dans les secteurs les plus reculés du cœur de l'Afrique...

Kulta et Myndie

Il est plus difficile de voir des dinosaures dans les autres « dragons africains ». Le lau est sans doute un grand poisson, comme aussi le lukwata (bien que l'observation des Cox évoque plutôt un mammifère). Quant au *chipekwé*, laissons-le de côté pour l'instant : nous nous occuperons de lui dans un prochain chapitre.

Comme nous le constatons au long de ce livre, les méthodes les plus inattendues sont utilisées dans la « chasse » aux animaux mystérieux : le sonar, l'ordinateur, les satellites artificiels... Alors, pourquoi pas, le pendule? Robert Kirch, effectivement, emploie la radiesthésie pour rechercher les espèces inconnues. Je me garderai bien de prendre parti pour ou contre cette méthode. Disons seulement que ses conclusions ont impressionné favorablement des spécialistes. Cela dit, libre à chacun de croire Robert Kirch lorsqu'il nous dit que quarante-huit adultes et cent dix-huit immatures de reptiles inconnus vivent sur les bords de la Sangha, de l'Ituri, et de la Sombo. Ou encore que la population du « lion d'eau » du Zaïre méridional est de trois cent huit adultes et de trois cent trente-sept jeunes...

En dehors de l'Afrique, les rapports sur d'éventuels animaux à aspect de dinosaures sont rares ou sujets à caution. Ou bien, ils relèvent plutôt de la légende. Ainsi, en Australie, selon les traditions des aborigènes, un grand reptile aurait jadis vécu près du lac Alexandrina, dans le sud du continent. Il se déplaçait sur ses pattes postérieures fortement griffues; ses membres antérieurs étaient courts, et ses dents aiguës étaient redoutables. N'est-ce pas là un bon portrait du tyrannosaure, le fameux dinosaure carnivore? Ce reptile aurait été tué à la lance par un chasseur nommé Wyungare.

Dans les marais et les fleuves de l'Australie septentrionale aurait existé un animal tout différent, Kulta. Kulta avait tout à fait le signalement d'un dinosaure sauropode. Il était herbivore. Lorsqu'il se déplaçait, la terre tremblait sous son poids. Il mourut quand les marais se desséchèrent pour se transformer en désert.

Wanambi était assez semblable à Kulta, mais possédait une crinière extensible sur le dos. Myndie était également un animal à long cou : son cou était même si long que sa tête dépassait le sommet des arbres dont il mangeait les feuilles. Cette tête crachait du venin et poussait des sifflements...

Des gravures rupestres?

A plusieurs reprises a été signalée la découverte de peintures ou de gravures rupestres représentant des dinosaures. Ce fut le cas au Pérou voici quelques années. Ce n'était pas très sérieux.

En 1929, le Dr. Samuel Hubbard annonçait la découverte, dans un canyon de l'Arizona, d'une gravure rupestre représentant un dinosaure. Celui-ci voisinait avec des éléphants et des bouquetins. Ce « dinosaure » mesure environ vingt-huit centimètres de haut. C'est une espèce bipède. Il est debout sur ses pattes postérieures et sa queue. Il semble être en position de combat. Hélas, il fut démontré que cette gravure n'avait rien de préhistorique...

Plus troublants sont des poids à peser l'or utilisés par les commerçants ashantis, en Afrique : certains ont tout à fait une allure de dinosaures...

Il est prématuré de conclure que les Australiens ont connu des dinosaures. Peut-être leurs récits proviennent-ils d'un mélange de descriptions de reptiles et de kangourous... Cependant, quelques témoignages, provenant tant d'Australie que de Nouvelle-Guinée, se rapportent à un bien étrange animal. Il s'agirait d'un reptile d'une douzaine de mètres, au dos couvert d'épines charnues. Il a été signalé dans la forêt impénétrable du plateau de Lamington (Queensland), comme dans la région des lacs d'Embi, en Nouvelle-Guinée.

Une autre affaire de dinosaure vivant se situe dans des régions plus inattendues, le Canada et la Sibérie. En effet, vers 1913, des explorateurs français et anglais se lancèrent sur la piste du « monstre de Partridge Creek », qui était censé habiter le Yukon, dans l'ouest du Canada. L'animal, disait-on, traversait, tel un ouragan, les rivières gelées, projetant en l'air d'énormes blocs de glace. Il tenait parfois dans sa gueule un caribou de sept cents livres! L'affaire est plus que suspecte : on imagine mal un dinosaure survivant sous un climat aussi rude. Dans cette histoire apparaissent pêle-mêle le duc de Westminster, le prince Scipion Borghèse, des missionnaires et des journalistes français de *L'Auto.*

Plus tard, en 1922, à la faveur du raid automobile Paris-New York, nouvelle révélation : des dinosaures habitent le Kamtchatka. Des habitants auraient trouvé les restes mutilés d'un jeune spécimen, qui aurait été photographié. Il s'agit, là encore, de dinosaures carnivores bipèdes : on précise même que ce serait des cératosaures... On s'attendrait vraiment très peu à rencontrer de tels animaux en ces lieux, où planent plutôt le fantôme du mammouth et celui de la rhytine...

Traversons l'Asie, tout en remontant dans le temps, pour nous interroger sur un curieux passage de la Bible. Lorsque le prophète Daniel se retrouve captif à Babylone, il fait connaissance avec l'étrange animal que vénèrent les habitants : « Il y avait aussi un grand dragon, et les Babyloniens le vénéraient. Le roi dit à Daniel : " Diras-tu encore que celui-ci est d'airain [1]? Vois, il vit, il mange et boit. Maintenant, tu ne pourras pas dire que ce n'est pas un dieu vivant. " Daniel répondit : " J'adore le Seigneur mon Dieu, car lui est un Dieu vivant, mais celui-ci n'est point un dieu vivant. Toi, ô roi, donne-moi la permission, et je tuerai ce dragon sans épée ni bâton. " Le roi dit : " Je te la donne. " Alors Daniel prit de la poix, de la graisse et des poils, fit bouillir le tout ensemble et en fit des boules qu'il jeta dans la gueule du dragon. Et le dragon creva. Et il dit : " Voilà celui que vous vénériez " [2]. » Quel pouvait être ce dragon que les Babyloniens cachaient au fond de leur temple? Un varan? Mais les varans du Proche-Orient ne dépassent pas un mètre cinquante à deux mètres. Auraient-ils suffi à impressionner les Babyloniens? Ajoutons que des animaux étranges sont toujours signalés dans les marais de l'Euphrate.

1. Allusion à une idole détruite par Daniel.
2. Traduction A. Crampon, Desclée, 1923.

« Le Dernier Dinosaure »

Parmi les innombrables films mettant en scène des dinosaures, une mention spéciale doit être réservée au Dernier Dinosaure, *qui traite assez justement les problèmes de leur survivance. L'histoire se passe dans une sorte d'oasis, curieusement située dans l'Antarctique, mais réchauffée par un volcan. L'expédition comprend notamment un chasseur de trophées (secrètement désireux de tuer l'animal), un pisteur masaï et un zoologiste japonais. Le film pose assez bien la question : faut-il tuer ou, au contraire, épargner le dinosaure?*

« Va-t-il revenir? »

Se douterait-on que, derrière les derniers dinosaures présumés, se profile la silhouette d'autres reptiles, peut-être plus fabuleux encore? Pour découvrir cette fascinante affaire, retournons en Afrique. Nous sommes au Cameroun, dans les montagnes d'Assumbo, en 1932. Un Britannique qui émigrera aux Etats-Unis, Ivan Sanderson, prospecte la région avec un compagnon, Gerald Russell. Sanderson cherche à traverser à gué une rivière. Il met le pied sur ce qui semble être une pierre, mais la « pierre » remue – ce devait être une tortue – et il tombe à l'eau. A ce moment-là, Russell lui crie : « Attention! » Il lève la tête et plonge. Car, à un mètre peut-être au-dessus de l'eau, une « chose » noire, grande comme un aigle, fonce sur lui. Sa mâchoire inférieure pend et montre des dents acérées. Russell tire sur l'animal, qui disparaît. « Va-t-il revenir? », se demandent les deux hommes. A la tombée du jour, « il » revient, claquant des dents, les ailes bruissantes. Il attaque Russell, qui a le temps de s'aplatir, puis s'évanouit pour de bon dans la nuit.

Les habitants du pays dirent aux deux hommes qu'ils avaient rencontré l'*olitiaou*... L'animal pourrait être une grande chauve-souris, d'autant plus que, juste avant l'incident, Sanderson et Russell avaient tiré sur un vol de chauves-souris, en tuant plusieurs. N'était-ce pas l'une de leurs congénères qui les avaient attaqués? Cependant, l'un comme l'autre attribuent à l'*olitiaou* une envergure de trois mètres soixante-cinq... Or les plus grandes chauves-souris connues en Afrique, les roussettes, ne dépassent pas un mètre d'envergure. Alors, quel était donc cet animal? N'aurait-ce pas été un ptérosaurien? A l'époque secondaire, une lignée de reptiles, les ptérosauriens, se lança à la conquête des airs. Ils étaient munis d'ailes membraneuses comparables à celles des chauves-souris. Certains ptérosauriens étaient de petite taille, comme, par exemple, le ptérodactyle. Mais le ptéranodon atteignait huit mètres d'envergure, et le *Quetzalcoatlus,* quinze mètres cinquante! Ce dernier a été ainsi nommé en l'honneur du dieu aztèque Quetzalcoatl, dont l'emblème était un serpent ailé.

Comme les mosasaures, comme les dinosaures, les ptérosauriens ont officiellement disparu à la fin de l'ère secondaire. Ils ont toujours beaucoup excité l'imagination humaine. Le héros du *Monde perdu* de Conan Doyle, le professeur Challenger, fait sensation en sortant d'une caisse un ptérodactyle vivant devant un aréopage de zoologistes londoniens. Les ptérosauriens figurent souvent dans les bandes dessinées : le chef-d'œuvre, à cet égard, est certainement *Adèle et la Bête* de Tardi. Dans diverses régions d'Afrique noire ont été signalés des animaux volants pouvant évoquer les ptérosauriens. Des confusions avec les roussettes ou certains oiseaux comme des marabouts et des baléniceps peuvent être à l'origine de telles observations. Il demeure néanmoins des cas troublants.

Une montagne d'Afrique australe, le Drakensberg, porte un nom qui signifie en afrikaans : « montagne des Dragons », et, selon la légende, des dragons y auraient habité. Un fermier hollandais en aurait vu un en 1877, en plein vol.

Le voyageur Earl Denman était en train de dessiner des pics couverts de neige, dans la région du Ruwenzori, quand il entendit un bruit qui devint un sifflement strident. Levant la tête, il vit deux « oiseaux » qui piquaient vers une nappe de brouillard, presque à la verticale, et à une vitesse folle. Notons à ce propos que le piqué foudroyant du faucon pèlerin produit, en plus faible naturellement, un bruit évoquant un avion à réaction. En Tanzanie, au pied du mont Meru, des « dragons volants » avaient la réputation d'habiter une forêt très sauvage. L'un d'eux aurait été vu de près, la nuit.

D'autres observations de ptérosauriens présumés sont beaucoup plus sujettes à caution. Certaines se situent d'ailleurs en dehors de l'Afrique. Le 24 février 1976, trois instituteurs roulent en voiture près de San Antonio, au Texas. Ils voient un énorme « oiseau » de six mètres d'envergure environ qui plane au-dessus de la route. Son squelette est visible, par transparence à travers la peau. Ils affirment que cet animal avait tout du ptéranodon. D'autres « rencontres » du même genre ont été signalées dans la même région. Il est bien difficile d'y attacher de l'importance.

L'animal du tunnel

A ce propos, je ne résiste pas au plaisir de raconter une histoire extraordinaire qui se passe en France, et qui montre à quel point, en la matière, il convient d'être prudent. Cette anecdote a longtemps intrigué les passionnés d'énigmes zoologiques. Elle figurait par exemple dans *Le Livre de l'inexplicable* publié par Jacques Bergier et le groupe INFO [1], qui l'avait reprise de l'*Illustrated London News* du 9 février 1856.

Voici l'affaire : des ouvriers travaillant au percement d'un tunnel pour le chemin de fer à Culmont (Haute-Marne) débitaient un énorme

1. Albin Michel, 1972.

14. *Des ptérosauriens vivants à notre époque? On a du mal à y croire, et pourtant...*

bloc de rocher. Soudain, un animal cauchemardesque s'échappa de celui-ci. Il avait un long cou et un museau pourvu de dents aiguës. En outre, il possédait des ailes membraneuses de trois mètres vingt d'envergure qui lui donnaient l'aspect d'une immense chauve-souris. Sa peau était nue et noire. Le monstre agita faiblement ses ailes, puis poussa un cri rauque, et expira. Sa dépouille fut emportée à Gray (Haute-Saône) et montrée à un paléontologiste, qui reconnut en l'animal un ptérodactyle de l'ère secondaire...

Désireux de remonter à la source de cette information, j'écrivis à la bibliothèque municipale de Gray : très aimablement, son conservateur, J. Lambert, me communiqua les articles originaux. C'est un journal local, *La Presse grayloise,* qui avait raconté cette histoire, le 12 janvier 1856. L'article avait été traduit en anglais par l'*Illustrated London News,* puis retraduit en français par J. Bergier... Et ce que l'on ignorait, c'est qu'un second article avait paru le 19 janvier dans *La Presse grayloise.* Un certain *Paleontologissimofossilissimus* ayant demandé l'adresse du paléontologiste qui aurait identifié le ptérodactyle, le journal répondait : « Nous regrettons de ne pouvoir donner l'adresse de l'illustre paléontologue de Gray, dont la modestie égale le profond savoir, et qui veut se dérober aux nombreuses félicitations que lui attirerait son intéressante découverte. » Bref, cette affaire avait fort l'allure d'un canular. Personne ne peut croire à la résurrection d'un ptérodactyle ou d'un autre reptile volant fossilisé dans une pierre! Toutefois, il n'est pas impossible qu'un fossile ait bien été découvert au cours du percement du tunnel de Culmont. A moins qu'une chauve-souris ne se soit envolée au-dessus des ouvriers... L'imagination – et la presse – auraient fait le reste.

Revenons une fois encore à l'Afrique, où le dossier des derniers dragons rayonne vraiment dans toutes les directions. Nous avons gardé en réserve le *chipekwé.* Nous avons évoqué les fantastiques dragons volants. Et nous avons aussi fait une allusion aux éléphants. En effet, le long cou du « dinosaure » congolais aurait pu être la trompe d'un éléphant immergé. Souvenons-nous que l'on a voulu expliquer ainsi la plus célèbre des photos du loch Ness. Si cette explication n'est pas acceptable dans la majorité des cas, il n'en reste pas moins que divers indices font état de l'existence, en Afrique, de proboscidiens étranges : rappelons que les proboscidiens sont l'ordre de mammifères qui comprend les éléphants et leurs parents (mammouths, mastodontes, etc.).

Le 14 janvier 1905, un zoologiste du Muséum de Paris, le Dr. Henri Neuville, présente à la Société philomatique de Paris, non pas un ptérodactyle vivant – rêve de tout cryptozoologiste! – mais une défense fort étrange. Celle-ci avait été achetée à des marchands indiens d'Addis-Abeba, en Ethiopie, par le baron Maurice de Rothschild, qui faisait alors un voyage d'exploration en Afrique orientale, et qu'accompagnait H. Neuville. Ils publieront conjointement un article intitulé : « Sur une dent d'origine énigmatique », et long de soixante-deux pages... Cette défense mesure cinquante-six centimètres en ligne droite, et soixante-douze centimètres suivant sa courbure. Sa face antérieure est lisse, tandis que la face postérieure montre cinq cannelures profondes. Elle provient à coup sûr d'un mammifère. L'examen de son ivoire montre qu'elle a la structure d'une défense de proboscidien. Mais elle ne correspond à aucune espèce connue, fossile ou actuelle. Ses caractères montrent qu'il ne peut s'agir d'une pièce osseuse anormale. Et, bien que les commerçants qui l'aient vendue aient été indiens, il est plus que certain que cette défense provient d'un mammifère africain. Il est peu probable en effet qu'elle ait pu être apportée d'Asie jusqu'au centre de l'Ethiopie. Et l'on imagine difficilement un grand mammifère inconnu en Inde. Bref, on tenait là une étonnante pièce à conviction. Hélas, elle a disparu dans les débarras du Muséum (ce n'est pas un cas unique!), mais on espère toujours la retrouver...

Le problème de l'éléphant nain

Un autre problème épineux posé par les éléphants africains est celui de l'existence d'une espèce ou d'une race naine. Depuis des dizaines d'années, les zoologistes se battent à coups d'articles à son sujet. Des éléphants nains, nous en connaissons certes, mais à l'état fossile. Au Quaternaire, il vécut dans certaines îles méditerranéennes, la Sicile, Malte, Chypre, de minuscules éléphants, hauts seulement d'un mètre au garrot... Actuellement, les seuls éléphants reconnus par la science sont l'éléphant d'Asie et celui d'Afrique. Ce dernier se divise lui-même en deux races : l'éléphant de savane, qui atteint de trois à quatre mètres de hauteur au garrot, et l'éléphant de forêt qui mesure seulement de deux mètres cinquante à trois mètres. La question est donc de savoir s'il existe un troisième type, encore plus petit. En effet, de nombreuses relations font état d'éléphants dont la hauteur au garrot oscillerait entre un mètre cinquante et deux mètres cinquante de haut. Beaucoup de ces récits viennent de chasseurs, et contiennent peut-être une part d'affabulation. L'un d'eux raconta avoir tué, au Cameroun, dans les années 1950, un éléphant de deux mètres vingt au garrot, aux défenses minces et aux oreilles très rondes. Au Liberia, un chasseur aurait poursuivi un troupeau d'éléphants dont le plus grand ne dépassait pas deux mètres dix. Cependant, on a pu se demander si l'éléphant nain n'était pas une invention des chasseurs ou des trafiquants d'ivoire : ils auraient prétendu avoir tué des éléphants nains adultes alors qu'il s'agissait d'éléphanteaux protégés par la loi...

Des témoignages plus solides nous sont venus de Pierre Flizot, ancien directeur des parcs nationaux du Nord-Cameroun, et d'André Dupuy, directeur des parcs nationaux du Sénégal : ce dernier m'a dit avoir vu lui-même des éléphants nains au Gabon et au Zaïre. Des zoologistes ont pu examiner des spécimens d'éléphants nains présumés. L'un d'eux, tué au Gabon en 1948, fut étudié par deux mammalogistes du Muséum de Paris, Edouard Bourdelle et Francis Petter. Il ne mesurait qu'un mètre quatre-vingt-quinze au garrot, et pourtant c'était un vieux mâle... Plusieurs éléphants pygmées ont, de même, été détenus dans des zoos. Il semble donc bien exister une race d'éléphant nain. Elle serait liée à un habitat marécageux. En résumé, donc, il y aurait, en Afrique, un grand éléphant dans la savane, un moyen en forêt, et un petit dans les marais. Cet éléphant nain serait la souche originelle de l'espèce, qui aurait ensuite colonisé la forêt, puis la savane, tout en grandissant. Et, aujourd'hui, la race pygmée disparaîtrait peu à peu, victime des destructions infligées à son milieu naturel.

Nous n'en avons pas fini avec le dossier de l'éléphant nain, car il en existerait un autre type, tout différent. Vers 1907, en effet, un certain Le Petit affirma avoir observé de curieux mammifères dans le lac Léopold II, dans l'ouest du Zaïre (Congo belge à l'époque). Ils avaient l'aspect de petits éléphants au tronc ramassé, au cou assez long, à la trompe et aux oreilles courtes. Ils ne semblaient pas avoir de défenses. Le plus curieux est que ces animaux passaient la plus grande partie de leur temps dans l'eau : seuls, le sommet de leur crâne et leur trompe – nous y voilà – émergeaient de l'eau. Ils ne venaient à terre que la nuit. Les habitants de la région les appelaient d'ailleurs les « éléphants d'eau ». Fortement alléché par les révélations de Le Petit, un officier belge, le lieutenant Franssen, s'enfonça dans les marais du Congo, sur la piste de ces étranges éléphants. Et il en rapporta un spécimen haut d'un mètre soixante-dix au garrot, mais pourvu de longues défenses. En l'honneur de Franssen, qui mourut peu après des suites d'une maladie tropicale, cet animal fut appelé *Loxodonta fransseni,* l'« éléphant africain de Franssen ». Tout porte à croire qu'il s'agissait en fait d'un éléphant nain « ordinaire », et non de l'animal signalé par Le Petit, et qui serait couvert de poils : on en aurait trouvé un morceau de peau avec des poils roussâtres. Dans ces conditions, on peut se demander s'il doit bien être classé parmi les éléphants...

En tout état de cause, il serait normal qu'il existe, en Afrique, un éléphant nain. Il y a bien, dans ce continent, un hippopotame nain et un buffle nain. Et l'on chuchote que, dans les forêts du Liberia, se cacherait un énigmatique rhinocéros pygmée...

10

De la taïga à l'éprouvette : le mammouth

Si nous avons une chance de voir un jour un dinosaure, un ptérodactyle ou un mosasaure vivant, nous avons deux chances de nous trouver en face d'un mammouth en vie. Le mammouth est, avec les dinosaures, le plus populaire des animaux fossiles. Il est évidemment beaucoup plus récent, puisqu'il vécut à la fin du Quaternaire. Il fut le contemporain de l'homme de Cro-Magnon et, officiellement, s'éteignit il y a dix mille ans. Nous connaissons fort bien le mammouth, grâce aux peintures rupestres bien sûr, mais surtout grâce aux spécimens congelés qui en sont découverts dans les fanges ou la tourbe gelées de Sibérie (et non dans la glace, comme on le répète toujours).

La connaissance scientifique de l'animal est assez récente. Des rumeurs parvenues sur des éléphants fouisseurs intriguaient fort les naturalistes européens. Les habitants de la Sibérie, qui découvraient des dépouilles de mammouths, assimilaient en effet ceux-ci à des taupes gigantesques, qui mouraient lorsqu'elles arrivaient à la lumière du jour. A la fin du dix-septième siècle, le tsar Pierre le Grand (qui, par la suite, devait envoyer Béring dans le Pacifique nord) chargea un savant allemand, le Dr. D. G. Messerschmidt, de percer l'énigme du mammouth. Le savant eut la chance de voir de ses yeux une carcasse de mammouth, déjà à demi dévorée par les loups. Il en conclut simplement que l'animal était le béhémoth décrit dans la Bible. A peu près à la même époque, un aventurier sibérien, Ossip Shumakhoff, fit une rencontre encore plus impressionnante : celle d'un cadavre de mammouth parfaitement conservé. Ossip eut très peur. Il brûlait de s'emparer des défenses de l'animal, mais craignait de le réveiller. Cependant, un marchand russe du nom de Boltunoff flaira là une bonne affaire. Il convainquit Ossip de le conduire jusqu'à la dépouille, qui était maintenant tout à fait dégagée de sa gangue de terre. Les deux hommes détachèrent ses défenses. Boltunoff fit du mammouth un dessin imparfait, mais qui intéressa fort le zoologiste allemand J. F. Blumenbach. Celui-ci affirma qu'un éléphant velu avait bien vécu jadis en Sibérie. Entre-temps, un savant russe, le professeur Adams, s'était rendu sur les lieux de la découverte. Hélas, les loups, les gloutons, et aussi les Yakoutes, avaient mangé la chair du mammouth.

Il n'en restait que le squelette, le cerveau, un œil, une oreille et une bonne partie de la peau. Ces vénérables restes furent emportés par Adams à Saint-Pétersbourg. Ce mammouth est toujours l'orgueil du musée zoologique de Leningrad.

L'hôte des grandes forêts

En 1901, un mammouth très bien conservé est découvert sur les rives de la Bérézovka. Une expédition est envoyée sur les lieux. Une odeur infecte s'échappe de la dépouille qui a commencé à dégeler : elle n'empêche pas les paléontologistes de débiter le précieux spécimen.

De temps à autre, un mammouth congelé est encore découvert en Sibérie ou dans le nord de l'Amérique. En 1976, par exemple, un bébé mammouth est exhumé près de Magadan, en Sibérie, par des ouvriers qui effectuent des travaux de terrassement. Il est intact. Il mesure un mètre quarante de haut et sa trompe est longue de cinquante-sept centimètres. Nous aurons à reparler de ce bébé mammouth, car il a servi à une entreprise assez extraordinaire.

Nous connaissons donc très bien le mammouth, aussi bien qu'un animal actuel. Et pourtant, de nombreuses idées fausses courent encore à son sujet. Le mammouth n'était pas gigantesque. Il mesurait seulement trois mètres au garrot. (D'autres éléphants fossiles furent beaucoup plus grands.) Mais la présence de deux bosses, l'une sur la tête, l'autre sur le garrot, donnait au mammouth une silhouette très différente. Son corps était couvert d'une toison laineuse roussâtre ou blonde, et non pas sombre. Des crins d'une cinquantaine de centimètres dépassaient de cette toison. Les longues défenses recourbées du mammouth étaient non pas dirigées vers le haut, mais au contraire vers l'avant. Elles pouvaient atteindre une longueur de cinq mètres et un poids de plus de deux cents kilos. L'ivoire de mammouth fut d'ailleurs l'objet d'un commerce florissant en Sibérie. Il est classique de représenter le mammouth dans un décor de toundra neigeuse. C'est là une erreur de plus. Le mammouth était au contraire un animal essentiellement forestier. Il habitait des forêts très semblables à l'actuelle taïga sibérienne, forêts qui, au cours du Quaternaire, s'étendirent jusqu'en Europe. La preuve en est apportée par les plantes découvertes dans la bouche ou l'estomac de spécimens congelés. Ces plantes (conifères, thym, serpolet, sauge, renoncules, feuilles de bouleaux, etc.) sont, pour la plupart, typiques de la taïga.

Pourquoi les mammouths disparurent-ils alors que l'immensité des forêts de Sibérie, d'Alaska et du Canada, leur convenait parfaitement? Les hommes sont peut-être, pour une bonne part, responsables de leur extinction. Ils les chassèrent beaucoup, en pratiquant des fosses traîtreusement dissimulées sur leur piste.

Le mammouth était très bien adapté au climat rigoureux des régions nordiques. Surtout si l'on en croit l'hypothèse récente de deux biologistes russes, L. Moritch et A. Mechkov. Selon ceux-ci, cet animal

15. *Le mammouth, tel que la taïga l'a peut-être conservé.*

aurait été un hibernant... A l'approche du froid, les mammouths se seraient agglutinés les uns contre les autres pour se tenir chaud. Ils auraient passé l'hiver ainsi endormis. La neige les aurait recouverts et, bien souvent, ils ne se seraient jamais réveillés. Ainsi s'expliquerait la découverte de cimetières de plusieurs centaines de mammouths. Une question vient cependant à l'esprit. Et si, dans l'interminable taïga sibérienne et nord-américaine, quelques mammouths avaient survécu? L'idée de la persistance du mammouth n'a cessé de troubler les hommes.

Commençons donc par relire deux grands écrivains, Jack London et Mérimée. Le premier, dans l'un des contes de *L'Appel de la forêt,* a rapporté le récit fort étrange que lui aurait fait un chasseur. Celui-ci avait intrigué l'auteur par ses chaussures, faites d'un cuir épais revêtu d'une toison très fournie. Elles étaient faites, prétendait l'homme, en peau de mammouth. La nouvelle est d'ailleurs intitulée *Une relique préhistorique.* Le chasseur raconta alors qu'il avait rencontré dans une forêt située quelque part vers le nord-ouest, vers l'Alaska, un mammouth vivant. Il s'était lancé à sa poursuite et l'avait fait mourir d'épuisement. Et Jack London concluait ainsi son récit : « Pour en finir avec cette histoire dont je ne suis pas l'auteur, j'engage les gens sceptiques à faire une visite à l'Institut smithsonien. S'ils ont des références suffisantes et ne choisissent pas les vacances, ils obtiendront sûrement une audience du professeur Davidson. Il a en sa possession les " moochies " [1], et il a pu vérifier non comment ils furent obtenus, mais quelle est la substance qui les forme. Il affirme qu'ils sont en peau de mammouth, et le monde scientifique s'est rangé à son avis. Que voulez-vous de plus concluant [2]? »

Une petite phrase de Mérimée est également très curieuse. On la trouve dans *Lokis,* une nouvelle qui se situe en Lituanie, à une époque récente. Evoquant la faune des forêts lituaniennes, Mérimée écrit : « Là vivent en république les animaux [...] ou sous un gouvernement constitutionnel, je ne saurais dire lequel des deux. Les lions, les ours, les élans, les *joubrs,* ce sont nos urus [3], tout cela fait très bon ménage. Le mammouth, qui s'est conservé là, jouit d'une très grande considération. Il est, je crois, maréchal de la Diète. Ils ont une police très sévère et, quand ils trouvent quelque bête vicieuse, ils la jugent et l'exilent. » Mérimée, on le sait, était aussi archéologue. Il se documentait toujours très sérieusement pour écrire ses nouvelles. N'aurait-il pas eu vent de quelque légende lituanienne sur la survivance du mammouth? Ce serait d'autant plus intéressant qu'en 1980 une découverte étonnante a été annoncée. Celle de plusieurs squelettes de mammouths vieux de mille sept cents ans seulement... Et cette trouvaille aurait été faite dans la vallée de la Dvina, en Russie d'Europe, non loin de la Lituanie.

Les sources de Jack London ne sont pas difficiles à trouver. *L'Appel de la forêt* date de 1903. Or les histoires de mammouths vivants en Alaska n'étaient pas rares à l'époque. Ainsi, le *Chicago Tribune* publiait le 12 mai 1889 un article intitulé : « Il y a des mammouths en Alaska – De monstrueuses créatures hautes de six mètres et longues de neuf mètres. » Tout l'article est de cette veine et sent fort le canular. Un négociant qui recherchait, en Alaska, l'ivoire de mammouth, y aurait rencontré un jeune Indien, lequel, avec ses compagnons, aurait vu et tué des mammouths. Un beau jour, ils auraient entendu un chœur de barrissements, et un énorme animal aurait surgi, faisant trembler le sol sous ses pas. Les Indiens auraient réussi à le tuer, puis à tuer un second spécimen, la femelle du premier. A la demande du négociant, le jeune Indien fit un dessin des monstres. C'était manifestement des mammouths, à ceci près qu'ils avaient six défenses, ce qui est pour le moins singulier. Bref, un récit qui n'inspire pas confiance.

Si nous nous tournons vers la Sibérie, nous allons trouver un témoignage fort intéressant, parce que très ancien. Il date d'une période où les Européens ignoraient tout du mammouth. Vers 1580, une riche famille russe, les Stroganoff, envoya en Sibérie les cosaques du Don afin qu'ils soumettent les brigands qui menaçaient ses mines de sel. Les cosaques, aux ordres de Yermak Timoféévitch, conquirent finalement toute la Sibérie et atteignirent les côtes du Pacifique. Or Yermak raconta avoir vu, au-delà de l'Oural, un grand éléphant poilu...

1. Ce sont les chaussures.
2. *L'Appel de la forêt,* traduction comtesse de Galard, édit. F. Juven.
3. L'urus est l'aurochs. Il serait déjà singulier de rencontrer des lions en Lituanie!

L'espèce était recherchée pour sa chair par les habitants, qui l'avaient surnommée la « montagne de viande ».

Par la suite, des rapports n'ont cessé de faire état de mammouths vivant au cœur de la taïga sibérienne. Barrissements sonores, empreintes imposantes, excréments énormes, branches cassées à bonne hauteur, et, finalement, observations d'éléphants velus à la démarche lente, dans quelque clairière perdue au fin fond de la taïga. Ces relations ne sont certes pas toujours très circonstanciées. Il en est venu aussi d'Alaska et du Yukon, parfois plus sérieuses que celle que j'ai racontée. Il ne faut sans doute pas accorder de crédit à l'information selon laquelle l'amiral Byrd aurait vu un mammouth depuis son avion. Rappelons que l'amiral Byrd était un explorateur américain qui s'illustra dans des expéditions vers les deux pôles entre 1929 et 1947 [1].

Des expériences secrètes

La découverte de mammouths vivants serait évidemment un événement fantastique. Elle serait pourtant moins surprenante que celle de grands reptiles de l'ère secondaire, qui sont beaucoup plus anciens. Il faut toutefois remarquer que, dans le cas de l'éléphant velu, les témoignages, dans l'ensemble, sont bien moins précis. Mais voici qu'en 1980 une stupéfiante nouvelle, en provenance de Moscou, est répercutée dans la presse mondiale : les biologistes soviétiques envisagent de ressusciter le mammouth en laboratoire! Pour le professeur Vladimir Chernigovski, de l'Académie des sciences de l'URSS, la chose est « tout à fait réalisable ».

Rappelons tout d'abord que deux espèces animales ont déjà été ressuscitées, ou presque. Avant la guerre, des généticiens allemands sont parvenus, à l'aide de croisements judicieux entre bovins de Camargue, de Corse et d'Espagne, à reconstituer l'aurochs, le grand taureau sauvage de la Préhistoire. Disons qu'ils ont obtenu des bovins assez semblables à l'aurochs [2]. Ils ont de même réussi à recréer le tarpan, l'ancien cheval sauvage européen. Ils voulaient en faire autant avec le couagga, un zèbre disparu d'Afrique du Sud, mais la guerre interrompit leurs tentatives. Le problème est tout différent avec le mammouth, dont il n'existe pas de descendants, ni de proches parents vivants. La technique projetée par les Russes est le clonage. Elle consisterait à prendre une cellule d'un mammouth congelé. Son noyau serait enlevé. Parallèlement, il faudrait disposer d'un ovule d'éléphante : le noyau de celui-ci serait également enlevé, et, à sa place, on mettrait le noyau de la cellule de mammouth. Ainsi serait recréé un œuf de mammouth, dont le noyau contiendrait tout le patrimoine génétique de l'espèce. Cet œuf serait implanté dans l'utérus d'une éléphante d'Asie – il y aurait donc là une expérimentation animale

1. Il aurait signalé des monstres marins dans l'Antarctique, en 1947.
2. Ces « aurochs » sont visibles dans les parcs de Han-sur-Lesse (Belgique) et de Chizé (Deux-Sèvres).

contestable et regrettable – et cette éléphante, après une gestation de vingt mois environ, donnerait le jour non à un éléphanteau, mais à un bébé mammouth... Lorsque ce projet fut annoncé, la plupart des scientifiques exprimèrent un certain scepticisme. D'abord, les mammouths congelés sont-ils assez bien conservés? Ensuite, le clonage, s'il a réussi chez les grenouilles, n'a jamais été obtenu chez les mammifères. (On annoncera peu après qu'il l'a été chez les souris, mais la validité de l'expérience sera mise en doute.)

Pendant environ quatre ans, on n'entendra plus parler de ce projet. Jusqu'au 9 juin 1984, où une rumeur étrange se mit à circuler lors d'une réunion parisienne de la Société internationale de cryptozoologie : l'expérience avait été non seulement tentée, mais réussie... Deux petits mammouths étaient nés, mais c'était, ô surprise, aux Etats-Unis... Le lieu de l'expérience était même précisé : c'était au célèbre MIT, le Massachusetts Institute of Technology. Confirmations et démentis devaient ensuite se succéder à un rythme accéléré. Il ne s'agissait plus de cryptozoologie, mais de cryptobiologie... Il est toutefois possible de reconstituer le scénario suivant. Les Russes ont donné aux Américains des échantillons de mammouths congelés, et notamment du bébé mammouth trouvé en 1976. Le fait est signalé dans l'*International Herald Tribune* des 12-13 juillet 1980. L'article rapportait que les biologistes de l'université de Californie avaient isolé l'albumine du jeune mammouth. Et l'auteur ajoutait : « S'ils pouvaient trouver des séquences intactes d'ADN – l'acide désoxyribonucléique, le matériel brut de l'hérédité –, ils pourraient théoriquement reconstituer l'espèce, éteinte depuis longtemps, par clonage, bien que les chances de réussite soient encore considérées comme très lointaines. » L'une des difficultés auxquelles se heurtent les biologistes est la destruction des gènes des mammouths par des bactéries – mais des bactéries actuelles, qui ont attaqué la dépouille après son exhumation. Si les mammouths sont bien conservés dans les tourbes ou les fanges de Sibérie, c'est parce qu'elles contiennent des acides qui tuent les bactéries. Il faut donc prendre toutes les précautions nécessaires après l'exhumation de la dépouille.

Les biologistes de l'université de Californie ont étendu leurs recherches à d'autres mammifères disparus, notamment le couagga : ils ont pu combiner l'ADN de ce zèbre avec un virus, et introduire le tout dans une bactérie. Ainsi les gènes du couagga se sont-ils multipliés à l'infini.

Pour ressusciter le mammouth, on peut envisager aussi une fécondation *in vitro,* à condition de posséder ovules et spermatozoïdes de l'espèce : en effet, des cellules génitales « reprendraient vie » sans doute plus facilement que des cellules ordinaires. A défaut, il est possible d'envisager une hybridation *in vitro* entre ovule de mammouth et spermatozoïde d'éléphant, ou l'inverse... En tout état de cause, des expériences ont bien été tentées. Après les avoir annoncées, le MIT les a démenties. Le Bureau soviétique d'information m'a fait savoir qu'en URSS « les travaux menés dans ce sens ont été abandonnés depuis longtemps ». Il est difficile d'imaginer que des biologistes aient pu renoncer si vite à des expériences dont le résultat serait si sensationnel. Les chercheurs, on le sait, ne renoncent pas facilement : ils continuent à tout prix, pour le meilleur ou – souvent, hélas – pour le pire. On n'a jamais pu arrêter les manipulations génétiques, par exemple. Il y a tout lieu de penser que la course au premier mammouth vivant est bien engagée, dans le secret des laboratoires, entre Soviétiques et Américains. Et l'on chuchote que ces derniers tentent aussi la résurrection du bison géant à grandes cornes, dont ils découvrent des dépouilles congelées sur leur propre territoire, en Alaska...

Dans la caverne d'Ultima Esperanza

Les proboscidiens fossiles furent extrêmement variés. Il exista ainsi de nombreuses espèces de mastodontes, sortes d'éléphants remarquables par la diversité d'aspect de leurs défenses : certains avaient la mandibule en forme de pelle, ou de pioche ou encore de bec. Des mastodontes vécurent dans les Andes, entre trois mille et quatre mille mètres d'altitude. C'est assez singulier, car les faunes montagnardes ne comptent généralement pas de très grands animaux. Ce qui nous intéresse surtout ici, c'est la survivance tardive des mastodontes en Amérique du Nord, du Centre et du Sud. Ainsi, une gravure sur os, découverte dans une caverne proche de Pinneville (Missouri), semble bien montrer un mastodonte : or elle a été faite sur un os assez récent. En Equateur, un squelette de mastodonte a été trouvé dans un foyer, au milieu de tessons de poterie. L'art maya montre manifestement des mastodontes. Plus extraordinaire encore, ceux-ci auraient été parfois domestiqués par les Mayas... En effet, une stèle découverte au Honduras paraît représenter des mastodontes montés par des cornacs... Et, en 600 avant J.-C., une « chasse à l'éléphant » aurait encore eu lieu quelque part en Amérique du Sud... Nous resterons dans ce continent pour nous attaquer à l'énigme suivante de ce chapitre concernant les géants du Quaternaire.

Le rideau se lève sur une immense caverne, vaste comme une cathédrale, située à l'extrême pointe de l'Amérique australe, non loin du détroit de Magellan. Cette grotte porte un nom qui est tout un programme : la caverne d'Ultima Esperanza... Et, effectivement, c'est une ultime espérance qui va y naître. En janvier 1895, donc, un capitaine de marine allemand, du nom d'Eberhardt, s'aventure dans cette caverne, avec quelques compagnons. En l'explorant, il a la surprise d'y découvrir un étrange morceau de cuir, long d'un mètre cinquante et large de soixante-dix centimètres, couvert de poils roussâtres et renforcé par des osselets : ce blindage naturel le rend si résistant qu'il faut une scie pour le découper... De quel animal cette peau peut-elle bien provenir? Aucune espèce sud-américaine ne possède un tel blindage, et pourtant le mystérieux échantillon semble très frais. Ne sachant trop que faire de sa découverte, le capitaine Eberhardt finit par l'accrocher à un arbre pour indiquer la limite de sa propriété.

Ainsi placée en évidence, le morceau de peau attire l'attention des rares voyageurs qui s'aventurent à la pointe extrême de l'Amérique du Sud. Et, peu à peu, l'énigme va captiver le monde savant. D'autant plus que la caverne d'Ultima Esperanza recèle d'autres « trésors » : des os qui portent encore des muscles et des tendons, un gros tas de fourrages, d'énormes excréments (où l'on découvre du foin haché), et aussi un squelette humain. De plus, des murettes de pierre indiquent que des hommes ont jadis barré l'entrée de la grotte.

Des recherches menées ultérieurement ont permis de résoudre le mystère de la caverne Eberhardt – on avait en effet débaptisé la caverne d'Ultima Esperanza. Essayons d'imaginer les faits qui expliquent des trouvailles aussi étranges. Nous sommes dans une forêt de Patagonie. Assis sur ses pattes postérieures, un énorme mammifère, haut de quatre mètres, broute les feuilles des arbres. Il est couvert d'une fourrure hirsute gris rougeâtre. Sa queue, assez longue, est fort velue. L'animal évoque un peu un ours gigantesque. De ses fortes griffes recourbées, de véritables faucilles, il arrache des branches et les porte à sa bouche. Mais voici qu'un groupe d'Indiens Téhuelches apparaît entre les arbres. Ils criblent le géant de flèches. Celles-ci ricochent sur la peau de l'animal, qui ne paraît guère s'en soucier. Alors, les Indiens vont se concerter. Et ils reviennent près de la bête. En criant, en faisant du bruit, ils la forcent à se mettre en route, la conduisent dans une direction bien déterminée. Bientôt, l'animal et les hommes arrivent à l'entrée d'une caverne. Les seconds y font entrer le premier, puis bloquent en hâte l'issue avec un petit mur de pierre. Ils gardent captif le grand mammifère, jusqu'au jour où ils décideront de le mettre à mort pour le manger.

Un tel scénario explique fort bien, on le comprend, les découvertes de la caverne Eberhardt. L'animal en question était un paresseux géant.

Le surprenant « gazeka »

Les actuels paresseux d'Amérique du Sud sont ces mammifères indolents qui passent des heures dans les arbres, suspendus par leurs quatre membres. Avec les tatous et les fourmiliers, ils forment l'ordre des xénarthres (naguère appelés édentés).

Ces paresseux, qui sont à peu près de la taille d'un chat, eurent, au Quaternaire, des parents de très forte taille. L'un d'eux, le *Megatherium,* atteignait la taille d'un éléphant : un très beau squelette en est visible dans la galerie de paléontologie du Muséum de Paris. Plus petit, le *Neomylodon* était tout de même grand comme un bœuf. C'est à lui qu'appartenaient les restes d'Ultima Esperanza. Il était donc séquestré par les Indiens, qui avaient ébauché avec lui une sorte de domestication.

A l'époque, cette découverte suscita de gros titres dans la presse du monde entier. Car l'espoir était né de redécouvrir vivant le paresseux géant! D'ailleurs, divers éléments allaient en ce sens. Ainsi, les

16. *Le paresseux géant qui vécut en Argentine jusqu'à une époque récente.*

Indiens Téhuelches avaient conservé le souvenir d'un être gigantesque dont les flèches ne pouvaient venir à bout. N'était-ce pas le *Neomylodon*, que ses osselets mettaient à l'abri des flèches? Et surtout, toujours à la même époque, vers 1895, un homme politique, voyageur et géographe argentin, don Ramon Lista, avait vu un animal qui aurait pu être un néomylodon. Don Ramon Lista et ses compagnons se trouvaient dans la province de Santa Cruz, quand ils rencontrèrent un curieux mammifère. De faible taille, il était couvert d'un pelage gris rougeâtre. Les hommes avaient tiré sur lui, mais l'animal avait continué son chemin comme si de rien n'était. N'était-ce pas un jeune paresseux géant?

Des expéditions se lancèrent sur la piste du néomylodon. Sans succès. Il apparut que les restes de la caverne Eberhardt étaient plus anciens qu'on ne le pensait. A l'enthousiasme succédait la déception. Mais n'est-ce pas plutôt en Amazonie que les paresseux géants auraient cherché refuge?... Peut-être les derniers d'entre eux mâchonnaient-ils les feuilles des arbres de la forêt amazonienne, au Moyen Age par exemple...

De l'Amérique du Sud rejoignons une fois de plus (et ce ne sera pas la dernière fois) la Nouvelle-Guinée. En 1910, un ornithologiste britannique, Walter Goodfellow, dirige une expédition dans la partie occidentale de la grande île (hollandaise à l'époque, elle est aujourd'hui indonésienne). L'expédition se trouve près de la rivière Mimiko. Des Papous pygmées racontent aux Anglais qu'un animal étrange, le *gazeka*, habite la région. D'ailleurs, les explorateurs ne vont pas tarder à croire à l'existence de celui-ci. En effet, ils vont rencontrer un groupe de Pygmées aux prises avec le *gazeka*. Ils tirent sur lui des flèches empoisonnées. Les Anglais viennent à leur secours avec leurs fusils. Le monstre disparaît dans la forêt, réapparaît, se dresse sur ses pattes postérieures, blessant un des Papous. L'un des explorateurs, C. A. W. Monckton, tire à deux reprises, touchant à l'épaule la bête, qui s'enfuit. Mockton décrira ainsi le *gazeka* : « Il était gigantesque, noir et blanc, avec des rayures. Son corps était un peu modelé comme celui du tapir. »

Un rapprochement vint tout de suite à l'esprit des zoologistes. S'il existe vraiment, le *gazeka* ne serait-il pas le diprotodon ? Ce dernier était un marsupial géant qui vécut en Australie voici encore dix mille ans. Ses ossements y sont découverts en grand nombre. Or des témoignages font état, dans les déserts australiens, de grands mammifères à l'allure de lapins géants... Ils furent, eux aussi, assimilés aux derniers diprotodons. En 1847, le Dr. Ludwig Leichhardt s'enfonça dans les déserts d'Australie, à la recherche des diprotodons... Ses compagnons et lui ne revinrent jamais.

Le diprotodon n'a jamais été trouvé à l'état fossile en Nouvelle-Guinée : il faudrait donc admettre qu'il s'y soit réfugié. Cependant, les données sur le *gazeka* sont très rares.

Restons dans la même région du monde pour nous intéresser à un autre colosse présumé éteint. Mais, cette fois, il s'agit d'un oiseau. Il y a peu d'oiseaux en cryptozoologie, et c'est normal : ce sont, en général, les plus visibles des animaux. Cependant, certains posent des problèmes épineux et fascinants. C'est le cas du moa. Le domaine de cet oiseau, le plus grand de tous les temps, était la Nouvelle-Zélande. Cet archipel, nous le savons déjà, ne possède guère de mammifères autochtones. Aussi les oiseaux y régnèrent-ils en maîtres : il fut d'ailleurs surnommé l'« ornithogée », ou terre des oiseaux. La Nouvelle-Zélande n'a été peuplée par les hommes qu'à une époque assez récente : elle connut trois vagues d'invasion, deux au douzième siècle et une au quatorzième siècle. Ces occupants de l'archipel firent alors connaissance avec les oiseaux géants qui l'habitaient. Ces oiseaux étaient les dinornis. Les plus récents des envahisseurs humains, les Maoris, les appelèrent les moas. Ces lointains parents de l'autruche étaient totalement dépourvus d'ailes. Il en exista plusieurs espèces. Le plus grand des moas mesurait trois mètres cinquante de haut. Il devait accuser quelque trois cent vingt kilos... Les moas nous sont très bien connus. Nous en possédons non seulement des squelettes, mais de nombreux restes momifiés : lambeaux de peau, ligaments, plumes et aussi des œufs. En effet, il est arrivé que l'on découvre de grands nombres de dépouilles de moas qui s'étaient enlisés dans un marais.

Le dernier des moas

Les moas tenaient une grande place dans la vie des Maoris. Ces derniers les chassaient avec ardeur, ce qui n'était pas une entreprise facile. Le moa se défendait en donnant de terribles coups de l'une de ses pattes : les chasseurs frappaient alors sur l'autre à l'aide de bâtons pour faire tomber l'oiseau. Les Maoris employaient aussi la ruse. Ils exploitaient l'habitude du moa d'avaler des cailloux pour faciliter sa digestion : ils semaient sur sa piste des pierres chauffées à blanc, et l'oiseau se brûlait le tube digestif. Parfois, les Maoris en venaient aux grands moyens. Ecoutons le récit d'un vieux patriarche maori, recueilli en 1890 [1]. Celui-ci évoque la chasse au moa telle qu'elle se pratiquait au temps de sa jeunesse : « Nous n'avions ni armes, ni carabines, ni chevaux, ni chiens rapides. Ni même Kurt, le bâtard. Et pourtant nous savions comment attraper et tuer les moas. Nous ne les pourchassions pas tous les jours, comme vous, les enfants, vous faites avec les cochons ou les anguilles. Nous préparions la chasse pendant des jours ou des mois. Nous choisissions les marais d'où nous ferions sortir les moas, et la vallée où nous les rabattrions. Souvent, nous nous arrangions pour qu'ils soient obligés de gagner la côte et de courir sur le sable durant toute une journée. » Des guetteurs sont ensuite placés aux points stratégiques. Et le vieil homme poursuit : « Alors, nous chassions les moas hors des marais en criant et en jouant de la trompette. La fumée des feux que nous avions allumés, si le vent était favorable, les effrayait aussi. Les plus rapides de nos chasseurs s'élançaient à la poursuite des moas, en criant et en soufflant dans des trompes. »

Il faut dire que la chair des moas était appréciée des Maoris, qui dégustaient aussi leurs œufs. Ils se paraient de leurs plumes. Fait curieux, d'après leurs traditions, les moas étaient brillamment colorés : pourtant, les plumes qu'on a retrouvées étaient brunâtres. Les dinornis intervenaient dans les rites religieux des Maoris : leurs œufs étaient inhumés avec les défunts, en guise d'ultime viatique. Les Maoris peignirent également des dessins de moas dans des grottes.

Ce qui nous intéresse surtout ici, c'est la date de disparition des moas, victimes, sans doute, de chasses trop intensives de la part des Maoris. Si l'on en croit le récit du vieux chasseur, ils existaient encore au début du dix-neuvième siècle. Tout porte à croire qu'il s'agissait alors d'une petite espèce, de la taille d'un dindon, qui aurait persisté tardivement dans l'île du Sud. Le dernier spécimen aurait été capturé en 1869, selon certains indices. Mais était-ce vraiment un petit dinornis? Ou bien n'était-ce pas plutôt un kiwi géant? La Nouvelle-Zélande est aussi, on le sait, la patrie des étranges aptéryx ou kiwis, oiseaux également dépourvus d'ailes. Il a existé, semble-t-il, un kiwi géant ou mégaptéryx, que les Maoris appelaient le *roa-roa*. Ce grand kiwi est mal distingué des petits moas. En tout cas, l'existence d'un tel oiseau,

1. *San Francisco Examiner,* 19 janvier 1890.

qu'il soit kiwi géant ou moa nain, est encore très possible dans les forêts montagneuses les plus reculées de l'île du Sud de la Nouvelle-Zélande. Voici quelques années, une équipe de la télévision japonaise a prospecté les fjords de l'île dans l'espoir de filmer les derniers moas.

De la Nouvelle-Zélande, passons à Madagascar, où nous allons rencontrer des problèmes assez comparables. Depuis longtemps, les contes arabes faisaient état d'un gigantesque rapace, dont le passage obscurcissait le ciel : l'oiseau Roc (ou Rock). Ce terrible volatile aurait été capable d'enlever dans ses serres une licorne. Et pas n'importe quelle licorne, puisque à sa corne aurait été empalée une brochette d'éléphants! Dans *Les Mille et Une Nuits,* Sindbad le Marin rencontre l'oiseau Roc et en trouve un œuf à sa taille. Or, depuis le Moyen Age, les Arabes s'aventuraient jusqu'aux parages de Madagascar, et ils avaient pu y voir des squelettes d'oiseaux et des œufs d'une taille démesurée. C'était là les vestiges de grands oiseaux terrestres, les *aepyornis,* lointains cousins des moas. Ils étaient un peu moins grands que ceux-ci, mais plus massifs, et donc plus lourds. Ils auraient pesé jusqu'à quatre cent quarante kilos et méritaient donc fort bien le surnom d'« oiseaux-éléphants » qui leur a été donné. Les *aepyornis* ont disparu, naturellement semble-t-il, vers le dix-septième siècle. Si nous en parlons ici, c'est parce qu'ils faisaient partie de tout un ensemble d'animaux géants qui vécut à Madagascar jusqu'aux derniers siècles.

« Les gens du païs en ont grand-peur »

« *Trétrétrétré* ou *tratratratra,* c'est un animal grand comme un veau de deux ans, qui a la teste ronde, et une face d'homme; les pieds de devant comme un singe, et les pieds de derrière aussi. Il a le poil frisoté, la queue courte et les oreilles comme celles d'un homme [...]. C'est un animal fort solitaire, les gens du païs en ont grand-peur et s'enfuient de luy comme luy aussi d'eux. » Cette description, apparemment extravagante, d'un mammifère malgache est due à l'amiral Etienne de Flacourt. On la trouve dans son *Histoire de la Grande Isle de Madagascar,* qu'il publia en 1658. L'amiral de Flacourt, rappelons-le, fut administrateur de Madagascar pour le compte de la Compagnie des Indes orientales. La description semble bien concerner un primate. Or les petits lémuriens actuels de Madagascar eurent des parents gigantesques, dont l'aspect devait être fort bizarre. Imaginez des makis grands comme des gorilles, et capables de grimper aux arbres. Le *trétrétrétré* aurait été le paléopropithèque, qui devait quelque peu évoquer un chimpanzé. Et il y avait encore le mégaladapis et l'hadropithèque.

Le curieux aye-aye, aux gros yeux, aux doigts grêles, et à la queue bouffante, avait un parent de forte taille. Des ossements de cet aye-aye géant ont été trouvés en divers points de Madagascar : une peau en aurait encore été vue entre les mains d'un Malgache vers 1930. En dehors des lémuriens, un hippopotame nain a jadis vécu dans l'île : il aurait été vu par les premiers explorateurs européens.

17. *Le moa, le plus grand oiseau de tous les temps, est-il toujours en vie?*

De nos jours, il court toujours à Madagascar d'étranges rumeurs. Elles font état d'animaux tout à fait déroutants. Le *somgomby* serait une sorte de cheval sauvage. Le *tokatomboka* tiendrait à la fois de l'âne et du cheval. L'*habéby*, pour sa part, ressemblerait à un mouton. L'Académie malgache, vers 1930, offrit même une prime à qui découvrirait cet animal. L'*habéby* aurait un pelage dru et court, en général blanc. Ses oreilles, larges et velues, sont plaquées sur les côtés de la tête. Ses pattes portent des sabots fendus. Nocturne, solitaire, plutôt silencieux, il court très rapidement et gravit avec agilité les pentes les plus escarpées. Il est végétarien. Fort courageux, il n'est pas effrayé par les gros chiens et dispute, sur les chemins, le passage aux voyageurs...

Il est permis de se demander s'il n'y a pas là des réminiscences des lémuriens géants. L'aspect de ceux-ci devait être si étrange qu'il pouvait évoquer les animaux les plus inattendus. Et pourquoi des découvertes ne seraient-elles pas toujours possibles? Jean-Jacques Petter, zoologiste au Muséum de Paris, et spécialiste internationalement reconnu des lémuriens, m'a dit avoir entendu, à Madagascar, un cri de lémurien qui ne correspondait à aucune espèce connue. Rien ne dit, bien sûr, qu'il s'agissait d'un lémurien géant.

A l'est de Madagascar, trois îles s'égrènent : la Réunion, l'île Maurice et Rodriguez. Elles forment l'archipel des Mascareignes, justement célèbre par la faune extraordinaire qui l'habita jadis.

Les Mascareignes, c'est l'univers de *Paul et Virginie,* mais c'est aussi celui d'*Alice au pays des merveilles :* d'ailleurs, Lewis Carroll n'a-t-il pas fait figurer le dronte dans son chef-d'œuvre? Des pigeons gros comme des dindons, une poule d'eau grande comme un flamant, un énorme perroquet, une tortue géante à carapace atrophiée, un héron inapte au vol, une corneille mangeuse de tortues sont quelques-uns de ces animaux de contes de fées qui, tous, ont disparu aux dix-septième et dix-huitième siècles. De toute cette faune, il ne reste que des peaux, des squelettes et des gravures au charme désuet. Et bien des points restent à éclaircir, qui méritent d'être examinés ici.

Ainsi, il est admis qu'il exista trois espèces de drontes, ou dodos, ces énormes oiseaux obèses, incapables de voler et apparentés aux pigeons : le dronte de la Réunion, au plumage blanchâtre; celui de Maurice, de couleur marron grisâtre; celui de Rodriguez, enfin, appelé le « solitaire », au long cou, au bec court et à livrée beige. Or, selon certains indices, une autre espèce de solitaire aurait vécu à la Réunion. Notamment, un bas-relief, à Veere, dans l'île de Walcheren, aux Pays-Bas, le représenterait. Cette espèce aurait eu le cou assez long, et aurait porté, en guise de queue, une touffe de plumes semblable à celle de l'autruche. Une cinquième espèce de dronte, enfin, aurait vécu sur l'îlot de Tromelin, au large de la côte nord-orientale de Madagascar.

Un autre oiseau énigmatique, dont on ne possède pas non plus de spécimen, est la poule d'eau gigantesque, d'un mètre quatre-vingts de haut, qui habita jadis Maurice et Rodriguez. Son corps était gros comme celui d'une oie. Elle avait un long cou, un plumage blanc, le bec et les pattes rouges. Elle fut parfois classée avec les flamants. Son nom scientifique *(Leguatia gigantea)* rappelle qu'elle a été décrite par le voyageur français François Leguat. Des faïences hollandaises du dix-septième siècle la représentent.

La tortue géante et terrestre de l'île Rodriguez n'est guère connue que par le spécimen conservé par le Muséum de Paris. Sa carapace, rudimentaire, est en forme de « niche de chien ». Ce spécimen fut retrouvé en 1883 à la Bibliothèque Sainte-Geneviève, à Paris. En 1761, un astronome français, l'abbé Pingré, envoyé à Rodriguez pour

Un tatou géant

Dans certains secteurs de Patagonie ont été trouvés des ossements, paraissant très récents, de glyptodonte. Celui-ci était une sorte de tatou géant, revêtu d'une carapace rigide composée de petites plaques. Son crâne était protégé par un véritable « casque ». Sa queue était parfois terminée par une massue épineuse. Certaines espèces mesuraient quatre mètres de long.

Les Indiens connurent les glyptodontes, les peignirent sur les parois des grottes et utilisèrent leurs carapaces comme abris.

observer le passage de Vénus, y observa les « carrosses » – ainsi y appelait-on les tortues géantes. En 1874, une expédition anglaise, également venue à Rodriguez pour observer un passage de Vénus, constate la disparition de l'espèce, dont il ne subsiste que des ossements. Détail curieux : la même année, des savants français se rendent sur l'île Saint-Paul, en plein océan Indien, également à l'occasion du passage de Vénus. Et ils y découvrent un calmar géant échoué. L'astronomie et la zoologie font parfois bon ménage.

Une tortue à deux cornes

L'île de l'Ascension est, elle, perdue dans l'Atlantique sud. En 1656, le navigateur anglais Peter Mundy y fait escale et y observe un curieux oiseau, qu'il décrit ainsi : « Une étrange sorte d'oiseau, beaucoup plus gros que nos étourneaux, de couleur grise ou tachetée, les plumes blanches et noires mêlées, les yeux rouges comme des rubis, des ailes très rudimentaires. » Cet oiseau ne peut voler, mais court vite. Mundy en laisse également un dessin. Or, voici une douzaine d'années, le paléontologiste S. L. Olson exhume, des dépôts volcaniques de l'île de l'Ascension, les ossements d'un râle disparu, l'*Atlantisia elpenor.* C'est bien l'oiseau observé par Peter Mundy. Comme quoi, derrière une description et un croquis, il y a souvent une réalité. Les râles, nous le savons, sont des échassiers des marais, proches parents des poules d'eau. Ainsi, une faune souvent étrange, disparue depuis peu, a habité la plupart des îles. On a pu dire des îles qu'elles étaient des laboratoires naturels, des creusets de l'évolution.

Et voici qu'un jeune paléontologiste français, Jean-Christophe Balouet, a découvert récemment, en Nouvelle-Calédonie, des fossiles aussi curieux que récents [1]. Or l'histoire de ces découvertes commence par une légende. Elle est donc fort instructive pour nous. Selon cette légende, un personnage du nom de Kukwiede aurait piégé ses neveux

1. « Les étranges fossiles de Nouvelle-Calédonie », *La Recherche*, n° 153, mars 1984, pp. 390-392.

dans un gouffre de l'île des Pins, proche de la Nouvelle-Calédonie. Leurs ossements seraient restés « collés dans le caillou ». Ils existent bien, mais ce sont des ossements d'animaux disparus. Ces animaux, qui vécurent entre cent quatre-vingt mille et trois mille ans avant notre époque, sont extraordinaires. Un oiseau géant, inapte au vol, le *Sylviornis,* encore difficile à classer, voisine avec des râles, une sorte d'engoulevent et un proche parent du kagou, l'oiseau actuel le plus étrange de Nouvelle-Calédonie. J.-C. Balouet a encore découvert les vestiges d'un grand varan, d'un crocodile aux caractères primitifs et d'une extraordinaire tortue géante à cornes : elle porte en effet deux cornes sur le crâne, légèrement dirigées vers l'arrière. De la crypto-paléontologie en somme, de laquelle on passe facilement à la cryptozoologie. En effet, un gros râle du genre notornis, apparenté au takahé de Nouvelle-Zélande, aurait encore existé au siècle dernier. Les Canaques capturaient les notornis au collet pour les manger. Et, récemment, un grand varan aurait été trouvé écrasé sur une route de Nouvelle-Calédonie, puis mangé.

Mammouths de France

Des ossements de mammouths ont été découverts à travers toute la France. Le musée de Boulogne-sur-Mer en possède un beau squelette. A Paris, des mammouths ont été trouvés lors du percement du métro. Et se douterait-on que la rue Saint-Denis, l'une des plus anciennes de la capitale, doit son tracé à une piste de mammouths allant boire dans la Seine?...

Le mont Dol, cette éminence qui domine les polders de la baie du Mont-Saint-Michel, est un véritable cimetière de mammouths. Des ossements de ceux-ci reposent même sur les fonds de la Manche et de la mer du Nord : c'est là le témoignage d'une extension récente des mers.

Dans la baie de Saint-Brieuc, les pêcheurs rapportent parfois des défenses d'ivoire. Il s'agit bien de défenses de mammouths, et non de défenses d'éléphants provenant d'un galion naufragé, comme on avait pu le penser.

11

Les grands chats de l'ombre

Di Francis revenait du Dartmoor, dans le Devon, où elle avait pisté le mystérieux animal sur lequel elle était en train d'écrire un livre, le « grand chat britannique », lorsqu'elle apprend que celui-ci fait parler de lui au pays de Galles. Il paraît que des photos en ont même été prises. Trois jours plus tard, elle est sur les lieux, à Tonmawr, chez Anne Maggs et sa famille. C'est un voisin, Steve Joyce, qui a pris les photos. Di Francis les examine. Elles montrent chacune un « chat » de forte taille, dressé sur ses pattes postérieures pour se saisir d'un appât placé sur un meuble. Les animaux ont le pelage rayé transversalement, mais leur front et leur museau sont blancs. L'extrémité des pattes est grise, et, chose curieuse, les doigts paraissent anormalement déliés. Ces animaux seraient des jeunes : un adulte rôderait également dans les parages; il a également été photographié assis sur un talus; il est gris uni. Et soudain, tandis que Di Francis examine les photos... « Et comme si ce n'était pas assez, tout à coup, de la montagne sombre s'éleva un gémissement déchirant qui emplit la pièce. De la forêt, bien au-delà de la vallée, le chat annonçait sa présence. Etrangement, il ne cria jamais plus durant les quinze jours suivants, mais cela ne faisait rien, j'avais au moins entendu le cri dont on m'avait si souvent parlé – le cri de cent chats en colère [1]. » Précisons que ce cri a été enregistré. Nous voici donc au plus profond du mystère. Et cela se passe, répétons-le, en Grande-Bretagne, à notre époque.

Peu de temps après, Di Francis regarde par la fenêtre ouverte de la cuisine. Dorothy Joyce arrive, toute haletante : « Avez-vous vu les moutons dans la montagne? » Effectivement, ils s'agglutinent les uns contre les autres. Soudain, un animal apparaît. Il court le long d'un sentier. Di Francis se précipite vers la porte, tout en prenant une photo. C'est un gros chat rayé, manifestement l'un de ceux photographiés grâce aux appâts. Sur ses talons, un second félin vient de surgir. Il est plus grand, et il est tout noir. Le dobermann de la maison aboie furieusement, et court à la clôture. Le félin est de la même

1. Francis (Di) : *Cat Country*, David and Charles, Londres, 1983, p. 140.

taille que lui. Il se déplace en bondissant, avec une facilité déconcertante; et disparaît au-delà de la crête. Di Francis continue à prendre des photos. Le jeune chat a été manqué, mais le félin noir a été pris deux fois. Ce dernier sera d'ailleurs revu dans la montagne, tandis que seront trouvées des carcasses de mouton, toutes mangées de la même façon.

Son séjour dans le pays de Galles avait permis à Di Francis de voir enfin l'animal qu'elle recherchait depuis des mois : le *british big cat,* ou le « puma » européen, si l'on préfère. Cette affaire étrange commence en août 1962, quand un « puma » est signalé dans le Surrey, au sud de Londres. L'animal entrera dans l'histoire sous l'appellation de « puma du Surrey ». Il est décrit comme un félin de couleur sable, aux pattes puissantes. Jusque-là, rien de très extraordinaire. Il arrive fréquemment qu'un fauve s'échappe d'un cirque ou d'un zoo, ou de chez son propriétaire. Il y a eu en France, en 1962 également, l'affaire du puma de l'île de Ré, qui « tint le maquis » plusieurs mois avant d'être capturé. Si l'affaire du puma du Surrey devient troublante, c'est que les observations se prolongent, alors qu'aucune capture n'intervient. Et pourtant, des battues importantes sont organisées : en juillet 1963, cent cinquante-six hommes y participent – policiers, militaires, représentants d'associations de protection des animaux – assistés de vingt et un chiens. Mais le « puma » rôde toujours, insaisissable. Dans la presse britannique, il devient le rival du monstre du loch Ness. La Société zoologique de Londres tient un registre des observations. L'animal émettrait une forte odeur, presque suffocante, ce qui n'est pas un caractère de puma. Les apparitions ont surtout lieu la nuit ou par temps de brouillard.

Nouvelle alerte le 30 août 1964, quand un bœuf est trouvé sérieusement blessé, avec des traces de griffes sur le cou, les épaules et les flancs. A Crondall, Christabel Arnold voit un « animal » qui mange une corneille morte. Il est brunâtre avec des rayures noires. Il évoque à la fois le lynx et le guépard. Il s'esquive à travers une haie. La police prépare une cage solide destinée à l'animal. Celui-ci n'en a cure. Le 24 septembre, un chevreuil est trouvé mort à Cranleigh, le cou brisé, et avec des marques de griffes. Le 17 octobre 1965, le « puma » saute au-dessus de la tête de la fille du vicomte de Chelmsford, à Hazelbridge Court, alors qu'elle s'occupe de ses chevaux. L'année suivante, un félin est photographié à Worplesdon, à une trentaine de mètres de distance. Ne s'agit-il pas d'un chat domestique? Il faut avouer que l'animal a une silhouette assez particulière.

Le chat des Baskerville?

Le puma du Surrey se montre toujours, mais, entre-temps, d'autres félins mystérieux sont apparus d'un bout à l'autre de la Grande-Bretagne. Ainsi, le 4 février 1965, la police avertit les visiteurs qui parcourent la New Forest, dans le Hampshire : un animal à l'aspect de panthère y a été signalé. Les observations sont particulièrement

18. *Des « chats » géants sèment l'émoi à travers la Grande-Bretagne.*

nombreuses dans le Devon. Cette région proche de la Cornouailles abrite une faune riche, notamment dans le parc national de Dartmoor. Si le fantôme du chien des Baskerville plane encore sur les landes farouches, le promeneur y fait des rencontres plus aimables : poneys à demi sauvages, daims, cerfs, chevreuils... Une telle faune pourrait évidemment nourrir un carnivore de bonne taille. Or, en 1979, les éleveurs du Devon commencent à s'inquiéter des pertes croissantes que subissent leurs troupeaux de moutons. Si l'on fouillait dans les archives ou les journaux locaux, comme le fit Di Francis, on pouvait faire d'étranges découvertes. Par exemple, vers 1930, un archéologue avait observé un animal à l'aspect de puma. En juin 1969, le colonel W. A. C. Haines roule près de Witheridge quand il aperçoit un animal au bord de la route. Son témoignage est particulièrement précis : il observa l'animal en plein soleil, durant trois minutes environ, à une distance de quatre mètres cinquante seulement : « Il avait une tête brune, racontera-t-il, de grands yeux noirs proéminents et un nez extraordinairement camus. Son oreille gauche était dressée, tandis que l'autre pendait comme si elle était déchirée. Ses flancs étaient d'un châtain pâle et brillant tournant à une sorte de brun sale de couleur pain d'épices. Ses pattes postérieures étaient encore plus sombres. Elles montraient trois taches noires à peu près de la taille d'un penny. Le long de l'échine dorsale s'observait une crête de poils, haute d'environ cinq centimètres, qui ondulait dans le vent. Le corps était couvert de poils lisses et fins. La queue, longue et mince, ressemblait à un morceau de corde sale. Les pattes étaient très longues par rapport à son corps, et de couleur " faon " pâle. » Un officier de la police, le sergent John Duckworth, qui sillonnait, la nuit, les routes du Devon, y rencontra plus d'une fois des animaux noirs à l'aspect de grands chats.

En 1978 et 1979, dans le secteur de Moretonhampstead, à l'ouest d'Exeter, était signalé un animal à propos duquel les témoins firent un nouveau type de parallèle : ils le comparaient à un lion. Non loin de là, près de Tedburn St. Mary, ce sont des panthères noires qu'évoquaient les félins observés. Ainsi, le 17 septembre 1980, Mme Alice Moule roule en voiture avec sa famille quand apparaît un grand « chat noir ». Elle racontera : « Nous vîmes véritablement ce que, par la suite, je décrivis à tout le monde comme le plus grand chat que j'aie jamais vu! Il marchait avec grâce le long d'une haie, entre un bois et un fossé. » L'année suivante, à Venny Tedburn, c'est une odeur étrange qui intrigue les habitants : une odeur de matou, mais terriblement forte... Dans le même secteur, M. Vigers entend un curieux grognement, puis un autre, comme si deux animaux invisibles se répondaient.

A l'autre extrémité de la Grande-Bretagne, l'Ecosse, décidément haut lieu de la cryptozoologie, a aussi ses félins insaisissables. En janvier 1927, près d'Inverness, un cultivateur tua un animal étrange, au pelage jaune, dont le corps fut envoyé à Londres : il y fut identifié, paraît-il, comme un lynx. Il est vrai que seulement la peau dut parvenir à Londres. Notons que le lynx n'a jamais vécu en Grande-Bretagne, tandis que le chat sauvage subsiste en Ecosse. En août 1976, une habitante de Cannich, à l'ouest du loch Ness, Jessie Chisholm, est alertée par les cris de ses poules : un gros félin noir se tient dans sa cour. Cinq mois plus tard, par temps de neige, elle observe à nouveau un « chat » noir, encore plus grand : est-ce le même qui a grandi? Le 27 octobre 1979, à Cannich encore, Ted Noble remarque, non loin de poneys, un curieux animal, qu'il prend pour une biche. Il est intrigué par sa position accroupie. L'animal court vers les poneys, puis se tapit à nouveau. M. Noble s'aperçoit qu'il s'agit d'un félin : sa taille et sa couleur font penser à une lionne. Il aura l'occasion de revoir cet animal, ou un autre semblable, à trois reprises. Dans la même région, en 1980, les nuits sont déchirées, durant des heures, par une lamentation sinistre, qui évoque des cris de femme. L'ambiance, on le voit, devient plutôt inquiétante. Et le problème ne s'éclaircit pas : les félins observés sont tantôt noirs, tantôt jaunes avec des rayures brunes, qui les font ressembler à de jeunes tigres... Le 28 août 1980, un chercheur de l'Institute of Terrestrial Ecology, du nom de Banchory, fait des recherches de botanique près de Cannich. Soudain, il aperçoit, dans une clairière, un énorme chat noir, tranquillement assis. Il est de la taille d'un berger allemand. Il a une longue queue. Le 11 septembre, Mlle Chisholm, que nous connaissons déjà, est à nouveau alertée par ses poules : un grand chat doré, rayé de noir, est là, qui les guette.

Et le 29 octobre, c'est la bombe! Un félin a été capturé vivant dans une trappe installée par Ted Noble! C'est un puma femelle adulte. Mais ce puma est tout à fait apprivoisé. Il refuse de manger un lapin non dépouillé. Il a manifestement été mis dans la trappe par de mauvais plaisants.

La Bête de l'Exmoor

A la même époque, le 23 octobre, un fermier des environs de Llangurig, dans la région de Powys, au pays de Galles, Michael Nash, prétend qu'un étrange animal s'est installé dans sa grange. Celui-ci serait responsable de la mise à mort de quatre de ses moutons. Un curieux ronflement s'échappe en effet de la paille entreposée dans la grange. La police encercle celle-ci. Lorsque les policiers entendent les ronflements, ils font un bruit d'enfer pour faire sortir l'animal. Aucun puma ne montre le bout de son nez. M. Nash pense que la bête s'est discrètement éclipsée. Version officielle de la police : il n'y a pas de bête. Les bruits sont émis par des chouettes; les excréments attribués à l'animal sont des pelotes de chouettes [1]; l'empreinte trouvée à proximité est celle d'un grand chien... Une autre hypothèse plus inattendue est avancée : l'empreinte serait celle d'un glouton, carnivore nordique apparenté au blaireau... Et les alertes continuent. En juin 1981, c'est un « lion » qui est signalé dans le Bedfordshire. L'animal marche le long d'une route. Adrian Grier, qui l'approcha à moins de dix mètres, affirma qu'il s'agissait bien d'un félin. Lequel, ou un autre, suivit, une semaine plus tard, un habitant de Luton, qui fut fort effrayé par cet animal évoquant un dogue allemand, mais qui n'en était pas un. Là encore, les battues ne donnent rien.

En 1983, c'est la mystérieuse « Bête de l'Exmoor » qui défraie la chronique. Cette région du nord du Devon et du Somerset, sur la côte du canal de Bristol, va être mise sur le pied de guerre par un animal, que les témoins décrivent comme un grand chat. Cette bête tua une centaine de moutons. Fait curieux, elle ne commettait ses déprédations que tous les trois jours. Il lui arriva de dévorer une brebis adulte en une seule nuit. Il s'agissait donc d'un carnivore de forte taille. Pour en venir à bout, les Anglais ne lésinèrent pas sur les moyens. Police et fusiliers marins furent envoyés sur les lieux, avec l'aide d'instructeurs « pisteurs » et « tireurs ». Mais la Bête de l'Exmoor resta introuvable. En août 1984, c'est dans le Lancaster que des félins à l'aspect de lions ou de pumas sont signalés. Des moutons sont tués. Pour la police, cependant, les empreintes sont celles d'un chien...

Les empreintes jouent évidemment un grand rôle dans les affaires de ce genre, car elles sont souvent les seuls éléments tangibles que l'on possède. Il faut rappeler qu'une empreinte de félidé peut ressembler à celle d'un chien ou d'un loup : l'une et l'autre ne montrent que quatre doigts. Ce qui est remarquable dans les empreintes trouvées en Grande-Bretagne, c'est d'abord leur taille. Elles mesurent parfois

1. Les rapaces nocturnes rejettent, sous forme de pelotes, les parties non digestibles de leurs proies.

plus de dix centimètres. Les griffes sont nettement marquées. Et les doigts paraissent curieusement allongés : ce détail est à rapprocher des longs doigts des grands chatons photographiés au pays de Galles en 1982.

Trois scénarios possibles

L'affaire des grands chats britanniques est l'une des plus intrigantes qui soient, parce que, précisément, elle se déroule en Grande-Bretagne, et à notre époque. De nombreuses hypothèses ont été proposées pour résoudre l'énigme. Il y a trois schémas explicatifs principaux, que je vais exposer aussi objectivement que possible. J'indiquerai ensuite quelles objections on peut leur faire.

Premier schéma : un félin sauvage inconnu.

Voici dix mille ans a vécu en Grande-Bretagne un félin qui n'a pas laissé de fossiles. Ce félin est de la taille de la panthère nébuleuse (ou longibande) actuelle. Il a une tête de puma. Son pelage est brun ou doré, mais, dans les secteurs boisés, tend à être noir, par mimétisme. On observe de nombreuses variations de couleurs. Des « pinceaux » existent parfois à l'extrémité de ses oreilles. L'animal est un bon grimpeur. A mesure que la Grande-Bretagne se peuple et s'industrialise, le félin recule vers les zones les plus sauvages, où on le rencontre surtout aujourd'hui. Cette thèse est défendue par Di Francis.

Deuxième schéma : des félins exotiques échappés ou lâchés.

Dans les années 1960, la mode des animaux exotiques « de compagnie » bat son plein. De nombreux amateurs possèdent guépards, ocelots, panthères, pumas, etc. La mode passe ; les animaux deviennent encombrants et dangereux ; un décret, en 1978, interdit aux particuliers de posséder des fauves. Alors, leurs propriétaires les lâchent dans la nature, sans s'en vanter. Ce sont ces animaux, sans parler de ceux qui se sont échappés de cirques ou de zoos, qui sont à l'origine de l'affaire.

Troisième schéma : une entreprise de stratégie psychologique.

Vers 1961, dans un ou plusieurs laboratoires de Grande-Bretagne, civils ou militaires, officiels ou non, sont élevés des félins, des pumas notamment, qui se reproduisent facilement en captivité. Des hybrides sont peut-être obtenus. Ces animaux sont lâchés ici et là dans la nature. Le but de l'opération : étudier l'impact des apparitions de félins sur la presse et l'opinion publique, dans le cadre d'une entreprise de « stratégie psychologique ».

Chacune de ces hypothèses a des aspects séduisants, mais se heurte à des objections. L'hypothèse du félin inconnu est certes fascinante, mais provoque de très vives réactions de la part des zoologistes, qui n'admettront jamais qu'un mammifère terrestre inconnu de cette taille puisse se cacher en Grande-Bretagne. De plus, nous le remar-

Des tigres hors série

En principe, le tigre n'habite pas l'île de Bornéo. Pourtant, des photos ont été publiées, qui étaient censées représenter bel et bien des tigres à Bornéo. Pour certains, elles avaient été prises dans un safari-parc. Autre explication possible : en raison d'événements politiques, des radjahs auraient dû s'enfuir. Ils auraient alors libéré les animaux de leurs ménageries, qui se seraient égaillés dans la nature.

Le tigre présente parfois de curieuses anomalies de pelage. Il est des spécimens blancs (ou presque), noirs, roux et même bleus : un tigre au pelage gris-bleu a été signalé en Chine.

quons au long de ce livre, les animaux ignorés ont laissé des traces au cours des siècles. Or, si l'on excepte de très rares mentions, le félin britannique n'est vraiment apparu qu'à une date récente [1].

Ce fait s'expliquerait mieux par les deux autres hypothèses. Pourrait-il donc s'agir d'animaux abandonnés par leurs propriétaires? Ceux-ci n'auraient-ils pas été aussitôt mis en cause? A la campagne, la personne qui possède un fauve ne passe pas inaperçue, ni une éventuelle disparition de celui-ci. Et les félins, dans ce cas, sauraient-ils chasser? Se seraient-ils reproduits de cette façon?

L'hypothèse de la stratégie psychologique est peut-être celle qui se heurte au moins grand nombre de difficultés. Les félins auraient pu être lâchés en nombre suffisant pour pouvoir faire souche dans la nature. On aurait pu leur apprendre à chasser. Reste à savoir, bien sûr, qui était ce « on ».

Il n'en demeure pas moins que ce phénomène est difficile à expliquer. Aussi des esprits imaginatifs, comme dans le cas du loch Ness, ont-ils fait appel à des hypothèses d'ordre physique ou parapsychologique. Je les cite à titre de curiosité. Les chats seraient des fantômes ou des hologrammes (photos à trois dimensions), ou encore des matérialisations d'énergie : c'est pour cela qu'ils apparaîtraient près des centrales électriques, lors des orages, ou près des voitures. Ou encore, des molécules, ayant naguère constitué des félins préhistoriques, se seraient rassemblées à nouveau. Ou bien, encore, il s'agirait de « télé-portation » : les félins auraient été amenés d'Afrique ou d'Amérique par voie aérienne. (On devine qui aurait « fait le coup »...)

Il est permis de se demander si l'énigme des grands chats est strictement britannique. Quelques observations semblables ont été signalées en Irlande, au Danemark, en Allemagne, en France et en Italie. En France, des félins étranges ont ainsi été signalés en Bourgogne. On a parfois prêté un aspect félin à la fameuse « Bête des Vosges », dont nous reparlerons.

1. Il est vrai que Di Francis répond à cet argument : nous y reviendrons au chapitre XIII.

Un tigre marsupial ?

L'Amérique du Nord aussi a ses affaires de chats mystérieux, qui s'expliquent en général assez facilement. Dans l'Ontario, au Canada, des félins ont beaucoup défrayé la chronique ces dernières années. Il s'agit de pumas de la sous-espèce orientale, dont la présence n'était pas, ou à peine, reconnue dans la région. Le problème était doublement intriguant, car certains témoins affirmaient avoir vu un puma noir. Or le mélanisme est exceptionnel chez cette espèce. De fait, un puma noir a été photographié, malheureusement à grande distance, à Brockville.

Des témoignages sur des félins mystérieux nous viennent aussi des Etats-Unis. Il a été ainsi question de grands chats noirs dans l'Arkansas. Ces apparitions ne datent pas d'hier, puisque le *New York Herald* du 13 juin 1922 nous apprend que les « banlieusards, les joueurs de golf, les enfants des écoles, les maîtresses de maison et les gentlemen-farmers » sont alarmés par la présence d'un *« big puma »* et de ses jeunes près de Larchmont, non loin de New York. Parfois, les bêtes en question n'étaient que des chiens ou des coyotes. Certaines observations de félins nord-américains évoquent des lions. Elles ont suggéré à Loren Coleman [1] que le grand lion préhistorique *(Panthera leo atrox)* pouvait être toujours en vie : hypothèse à mon avis indéfendable dans le cas d'un pays connu comme les Etats-Unis.

Passons à l'Australie, où nous attend une énigme fascinante, celle posée par des félins... qui ne peuvent pas être des félins. En effet, l'immense majorité des mammifères australiens sont, comme chacun sait, des marsupiaux. Or ces marsupiaux sont souvent les homologues des mammifères des autres continents, à la fois par le mode de vie et par le milieu naturel d'habitat. Il est ainsi permis de dresser le parallèle suivant :

Marsupiaux :	*Autres mammifères :*
Kangourou	Antilope
Thylacine	Loup
Wombat	Blaireau
Phalanger	Ecureuil
Phalanger volant	Ecureuil volant
Notorycte	Taupe
Myrmécobe	Fourmilier
Sminthopsis	Souris
Koala	Ours
Péramèle	Lapin

On remarque l'absence des félins. Pourtant, si l'on consulte le très scientifique ouvrage d'A. S. Le Souef et H. Burrell : *The Wild*

1. *Fortean Times,* n° 32, été 1980, pp. 21-22.

Animals of Australia [1], on a la surprise d'y voir figurer un « chat marsupial rayé », décrit d'après des observations dans la nature *(field observations).* Il est très rare qu'un livre de ce genre mentionne un animal dont on ne possède aucun spécimen. C'est dire que l'existence de cette espèce est pratiquement certaine. Ce félin serait donc, quasi obligatoirement, un félin marsupial, ou plutôt un marsupial félin, c'est-à-dire qu'il posséderait une poche pour y mettre ses jeunes. Le tigre marsupial, comme il est aussi appelé, est bien connu des aborigènes. Vers 1870, B. G. Sheridan, magistrat à Cardwell (Queensland), se promenait avec son fils et son chien. Celui-ci avait flairé une piste et aboyait furieusement. Dans les herbes se tenait couché un étrange animal. Le fils du magistrat raconta : « Il avait une face ronde, comme celle d'un chat. Sa queue était longue, et son corps rayé de jaune et de noir, depuis les côtes jusqu'au ventre. Mon chien courut vers lui, mais ne put le maîtriser. L'animal grimpa sur un arbre incliné. Il devint alors agressif et se précipita sur le chien et sur moi. Je fus effrayé et rentrai à la maison. »

Les témoignages vont se multiplier. Ainsi, dans la région d'Atherton, que nous connaissons déjà, un tigre marsupial pénètre dans un élevage : il est tué. Un naturaliste, George Sharp, examinera sa peau : elle mesurait un mètre cinquante du museau à l'extrémité de la queue. L'écrivain J. L. Idriess se promène dans la péninsule d'York lorsqu'il repère un kangourou qui se tient dans l'herbe. La chair de l'une de ses pattes a été arrachée. Par qui? La réponse ne se fait pas attendre. Une masse noire et grise bondit sur le kangourou, le prend à la gorge et lui arrache les entrailles. C'est une sorte de grand chat. Durant une dizaine de secondes, il regarde J. L. Idriess. Puis, il découvre ses crocs et pousse un long grognement. L'écrivain, prudemment, se retire. Plus tard, il reverra un autre tigre marsupial, mort celui-là. A côté de son cadavre gisait celui de son chien. Le combat que les deux animaux s'étaient livré avait été fatal à l'un comme à l'autre.

Ces divers témoignages permettent de tracer un portrait-robot précis du tigre marsupial. De la taille d'une petite panthère, il aurait un pelage grisâtre orné de raies noires sur les flancs. Les oreilles sont pointues et dressées. La queue est assez touffue. Les pieds sont épais; les griffes, acérées. Il serait localisé au nord du Queensland. Plus récemment, toutefois, de nombreuses informations nous sont venues d'Australie, faisant état de la présence de « félins » différents, et en d'autres parties du pays.

Sur la piste du thylacoleo

Il s'agit là d'un dossier fort complexe, car ces « félins » sont d'aspects très variés. Des témoins ont rapporté avoir vu des « panthères » noires traverser la route devant leur voiture. Des animaux ayant cette allure paraissent notamment fréquenter les Nouvelles-Galles du Sud.

1. Ed. Harrap (Londres), 1926, pp. 329-332.

Ainsi, un habitant de Bomaderry qui inspectait la Meryla Valley avec de puissantes jumelles y observa un « énorme animal noir semblable à un chat, plus grand qu'un dobermann ». Il bondit au-dessus d'un sentier avec une légèreté déconcertante. Plusieurs années plus tard, le même homme voit, un soir, s'agiter des arbres proches d'une scierie. Puis il entend un son évoquant le cri d'une chatte appelant ses petits. Peu après, une silhouette apparaît, suivie de deux plus petites : toutes trois disparaissent dans les fourrés. Le lendemain matin, l'homme découvrira, à cet endroit, trois séries d'empreintes correspondant à un gros animal et à deux plus petits. Les grandes empreintes avaient contourné un tas de rondins, les petites étaient montées dessus...

Deux cryptozoologistes australiens, Rex Gilroy et Paul Cropper, ont enquêté sur les « félins » mystérieux de leur pays. Dans certains cas, leur description évoque fortement un puma. En ce cas, il pourrait donc s'agir de véritables pumas, lesquels appartenaient aux militaires américains basés en Australie lors de la seconde guerre mondiale. Ceux-ci ayant reçu l'ordre de les sacrifier lors de leur départ pour la Nouvelle-Guinée, beaucoup auraient préféré les lâcher...

Dans les Blue Mountains et les régions voisines, le grand « félin » qui rôde n'est manifestement pas un puma. Ce n'est pas non plus à une panthère qu'on le compare, mais à un lion. Il s'agirait d'un animal de très forte taille, au pelage brun, sombre ou clair selon les cas. Son garrot porte une sorte de crinière hirsute. Et, surtout, sa mâchoire supérieure présenterait deux crocs en forme de sabre. Une photo de cet animal, peu nette il est vrai, aurait été réussie près de Perth. Dans le district de Mulgoa, un fermier tua un jour ce qui aurait pu être un jeune spécimen de cet animal. Il était de la taille d'un chat. L'homme apporta sa dépouille à l'université de Sydney. Bien qu'il possédât des canines très développées, les experts conclurent que c'était seulement « un chat domestique déformé... » [1]. En 1945, des promeneurs qui parcouraient les environs du Solitary Mount observèrent quatre animaux à l'aspect de lions. Ces « félins », appelés *warrigals* par les aborigènes, tueraient des veaux et des moutons, dont les cadavres mutilés sont parfois découverts. Des empreintes ont également été trouvées : elles mesurent quinze centimètres de long sur dix-sept de large. Or elles ressemblent beaucoup à des empreintes, fossiles celles-là, du thylacoleo. Ce dernier était un grand marsupial carnivore ayant vécu en Australie à l'ère quaternaire, et considéré comme éteint depuis quinze mille ans environ. Est-ce donc lui qui survivrait dans certaines régions reculées d'Australie? En effet, le thylacoleo possédait des canines en sabre. C'était l'homologue marsupial du machairodus, qui, lui, est un carnivore. Le problème de sa survivance peut donc se poser. Le dossier des tigres ou des lions marsupiaux d'Australie, avec ou sans dents en sabre, est confus, mais troublant. Peut-être finira-t-il par s'éclaircir.

1. Il est certes exact que les canines supérieures des chats se développent parfois exagérément, comme je l'ai constaté sur l'un des miens...

19. *Le machairodus, tel que, semble-t-il, on le signale encore en Afrique.*

Lion des rocs et lion des eaux

Nous nous souvenons que, dans notre enquête sur les dragons africains, nous avions laissé provisoirement de côté le mystérieux *chipekwé,* qui semblait avoir des caractères plus mammaliens que reptiliens. Il est temps de nous y intéresser davantage. Rappelons-nous en effet que cet animal était décrit avec des canines supérieures en forme de défenses... Or des témoignages font état de monstres assez semblables dans diverses régions d'Afrique. Ainsi, en 1909, l'aventurier anglais John Alfred Jordan se trouve au Kenya lorsque des habitants de la région arrivent en courant : un grand animal est allongé au milieu d'une rivière... Jordan se précipite. En effet, une bête longue de plus de quatre mètres, à la tête aussi grosse que celle d'une lionne, et au dos écailleux comme celui d'un tatou, mais tacheté comme la fourrure d'une panthère, est étendu dans l'eau. Son corps se termine par une « queue natatoire », avec laquelle il lutte contre le courant. Enfin, deux défenses blanches sortent de sa mâchoire supérieure. Jordan en dira : « Elles avaient l'air assez longues pour pouvoir vous transpercer un homme de part en part! » Il tire sur lui. L'animal se dresse hors de l'eau, puis disparaît.

Le « dragon » africain aux dents en sabre semble habiter l'Angola, le Zaïre, le Centrafrique, le Kenya, la Zambie. Il porte, en dehors de l'appellation de *chipekwé,* des noms variés, dont le sens est souvent significatif : *dingonek, dilali* (« lion d'eau »), *mourou-ngou* (« panthère d'eau »), entre autres. S'agirait-il donc d'un félin? B. Heuvelmans l'assimile au machairodus. Il faut dire que certains témoignages sont particulièrement précis. Ainsi, en Centrafrique, le *vassoko* – autre nom de l'espèce – serait un grand mammifère, plutôt montagnard, de la taille d'un âne, aux petites oreilles et aux longs crocs. De mœurs nocturnes, il serait suivi, lorsqu'il se déplace, par des papillons... Il s'agit à coup sûr d'un félin. Dans le même pays, le *gassingrâm* à pelage roux, plus grand qu'un lion, vivrait caché dans des cavernes. Peut-être faut-il en rapprocher un rapport publié en 1939 par Paul Cazard. Celui-ci évoquait l'existence, dans la région de Ségou, au Mali (à l'époque, le Soudan français), de « lions gigantesques qui habitaient dans des cavernes et faisaient de grands ravages parmi les autres animaux et les habitants des villages ». Et P. Cazard de s'interroger : « Serait-ce le lion des rocs, magistralement décrit par J. H. Rosny dans *Le Félin géant*? »

Un zoologiste allemand, le Dr. Ingo Krumbiegel, a étudié de près, et avec beaucoup de rigueur, le problème du *coje ya menia* (« lion des eaux ») d'Angola. Cet animal poursuivrait les hippopotames sur terre comme dans l'eau, et les mettrait en pièces. Chose curieuse, il ne les mangerait pas. Il reste des traces de telles poursuites : des empreintes, des herbes piétinées, de la terre retournée, etc. Et, effectivement, des dépouilles d'hippopotames, sillonnées de longues entailles, ont été découvertes. Ingo Krumbiegel a tiré de ces éléments des constatations intéressantes. Les empreintes sont celles d'une bête aux pattes griffues qui marcherait « sur le dos de la main ». Dans un cas précis, le fauve mystérieux aurait empêché l'hippopotame de se mettre à l'eau. Ou bien, alors, c'est la végétation qui lui aurait barré la route. Pourquoi le lion des eaux ne dévore-t-il pas l'hippopotame qu'il tue? Ne lui sucerait-il pas le sang? Est-ce l'épaisseur de la peau de l'hippopotame qui le rebute? La façon dont celui-ci est mis en pièces, comme par un sabre, incline à penser que son ennemi possède de redoutables armes naturelles. Evidemment, Krumbiegel songe à un félin aux dents en sabre tel que le machairodus, et qui se serait adapté à un mode de vie à la fois nocturne et amphibie.

L'autre hypothèse consiste à voir dans le *coje ya menia* non plus un mammifère, mais un reptile. Il pourrait s'agir, par exemple, d'une sorte de grand varan doté d'un bec ou de mâchoires aussi tranchants qu'un rasoir. Ou bien, alors, c'est un dinosaure qu'il faudrait invoquer. Ajoutons qu'on aurait pu penser aussi à un morse d'eau douce, et l'on n'ose évoquer une orque devenue terrestre!

L'hypothèse d'un machairodus est la plus vraisemblable, d'autant que des restes relativement récents de ce « tigre à dents en sabre » ont été découverts en Afrique. Trois autres pièces sont à verser au dossier des derniers machairodus. Un tel félin serait figuré dans la grotte d'Isturitz (Pyrénées-Atlantiques) et il existerait, au Musée de l'Ermitage de Leningrad, une bague en or scythe représentant cet animal. Enfin, et cela nous ramène à l'Afrique, une peinture rupestre, trouvée dans une caverne de la Brackfontein Ridge, en Afrique du Sud, et due à des Boshimans, paraît elle aussi montrer un machairodus.

20. *Le mngwa est-il vraiment l'auteur des crimes qu'on lui attribue?*

Certains aspects de l'animal décrit par les témoins sont déroutants. Rappelons-nous la « queue natatoire » et les écailles signalées par John Alfred Jordan. Mais est-il sûr qu'il ait bien vu la queue de l'animal et que les « écailles » n'aient pas plutôt été dues à des reflets ou à des scintillements?

Pour Heuvelmans, il est tout à fait logique que le machairodus soit devenu amphibie. En effet, il se serait heurté à la concurrence écologique du lion et de la panthère, et aurait donc dû chercher une « niche écologique » différente. Dans l'eau, ses canines démesurées, si embarrassantes sur la terre ferme, devenaient utiles : elles pourraient lui servir à chercher des proies dans la vase, à s'accrocher aux rives et à dépecer ses proies, en prenant son temps, sans que les charognards viennent les lui disputer. Car, avec de telles dents, un dépeçage prend du temps... Notons encore, pour en terminer avec ce dossier, que le naturaliste John Hunter montra un jour un livre de zoologie aux Pygmées de la forêt de l'Ituri, au Zaïre. L'un d'eux, lorsqu'il vit le dessin du morse, lui dit que cet animal habitait dans les profondeurs de leur forêt. Et il proposa même au naturaliste d'aller en capturer un...

Les divers félins mystérieux que nous avons évoqués jusqu'ici, qu'ils soient britanniques, nord-américains ou africains, ou qu'ils soient à la fois marsupiaux et australiens, ne sont pas dangereux pour l'homme. Il n'en est pas de même du dernier de nos grands chats de l'ombre : le terrible, le redoutable, l'insaisissable *mngwa. Mngwa,* cela signifie l'« étrange ». On l'appelle aussi le *nunda.* L'animal est la terreur de la côte de Tanzanie, ou du moins l'était, car les informations récentes sur lui sont rares. Cette sorte de grand félin de la taille d'un âne, au pelage gris, apparaîtrait par surprise et bondirait sur la victime qu'il s'est choisie, ne lui laissant aucune chance. Ainsi, en 1922, à Lindi, un policier africain découvre, en pleine nuit, le corps d'un de ses collègues, affreusement mutilé. La main du mort était encore crispée autour d'une touffe d'énigmatiques poils gris... Le lendemain, deux habitants du village raconteront qu'ils ont vu, durant la nuit, un gigantesque chat moucheté bondir sur le policier. Les poils furent envoyés au quartier général de l'armée anglaise. La réponse des experts fut la suivante : « Il s'agit de fourrure et non de crins, comme vous l'avez signalé : ce sont probablement des poils de quelque chat. » On avait en effet pensé qu'il s'agissait des poils de la crinière d'un lion.

Le *mngwa* disparaît parfois pendant de longues années, puis réapparaît à l'improviste. D'autres poils furent découverts sur les pieux d'un kraal dans lequel un *mngwa* avait pénétré : ils étaient d'aspect moucheté, mais bien différents de ceux d'une panthère. Des empreintes aussi furent trouvées. Le Dr. Patrick Bowen, qui les examina, déclara à leur sujet : « Les empreintes que nous pistions semblaient dues à une panthère aussi grosse que le plus gros des lions. » Alors, qu'est-ce donc que le *mngwa*? Un félin inconnu? Mais les félins n'attaquent pratiquement jamais les hommes de cette façon. Alors, ne faudrait-il pas plutôt imaginer que, sous le masque du *mngwa*, ce sont des hommes qui se cachent? Des hommes-léopards par exemple. Il s'agit, on le sait, de sociétés secrètes, dont les membres, revêtus de peaux de panthère, et armés de griffes de métal, commettent des crimes pour se procurer de la graisse humaine, qu'ils considèrent comme un fétiche.

Le guépard royal

En 1926 était découvert près de Salisbury, au Zimbabwe (anciennement, la Rhodésie du Sud) un guépard au pelage tout à fait extraordinaire : il présentait non de simples points noirs, mais des rayures sinueuses du plus bel effet. On créa pour lui une nouvelle espèce : le guépard royal.

Plus récemment, d'autres spécimens semblables ont été vus et même photographiés non seulement au Zimbabwe, mais aussi en Afrique du Sud. Il est apparu que le guépard royal n'était pas une espèce séparée, mais une forme particulière, atteinte d'une sorte de tendance au mélanisme, du guépard ordinaire. Son existence n'en est pas moins fort intéressante.

12

L'ordinateur contre la Bête du Gévaudan

Le cadavre de la jeune bergère, affreusement mutilé, gît parmi les broussailles. Les hommes qui l'ont retrouvé le contemplent avec horreur. Dans leurs yeux, la révolte se mêle au désespoir. Ils portent leurs regards vers les forêts qui couvrent les versants de la montagne, là où se cache l'auteur des crimes qui endeuillent le Gévaudan, la Bête...

Cette scène, elle s'est produite plusieurs dizaines de fois, entre 1764 et 1767, dans le Gévaudan (ancien nom d'une région qui correspond à peu près à l'actuel département de la Lozère). En fait, les ravages de la Bête se sont déroulés dans le nord du Gévaudan et les contrées voisines, à savoir des secteurs qui, aujourd'hui, font partie non seulement de la Lozère, mais aussi de l'Ardèche, de la Haute-Loire et du Cantal.

Plus de deux siècles plus tard, la Bête du Gévaudan suscite toujours les passions. Il n'est guère d'année où une nouvelle hypothèse ne soit émise à son sujet, et nous verrons que l'affaire a eu un extraordinaire impact culturel.

Nous sommes au printemps 1764, donc sous le règne de Louis XV. Un beau jour, près de Langogne, une femme est attaquée par une bête étrange que ses bœufs mettront en fuite. A la fin de juin, c'est la première victime : une fillette de quatorze ans. D'après les témoins, l'animal n'est, semble-t-il, pas un loup ; ce serait une bête à forte tête, flancs rougeâtres, raie noire sur le dos, queue fournie. Les victimes se succèdent. Un régiment de dragons est envoyé sur les lieux. Après avoir sévi aux confins du Vivarais et du Gévaudan, la Bête paraît se diriger vers l'ouest, vers la Margeride et l'Aubrac, où elle sème la mort : ce ne sont que femmes et enfants égorgés, décapités, déchiquetés... Les dragons ont organisé en vain des battues monstres avec les habitants de la région. Ils sont remplacés par deux louvetiers normands, les Denneval père et fils, qui échouent également. Cependant, durant leur présence, le 1er mai 1765, deux habitants de la région, les frères Martel de la Chaumette, blessent, sans doute mortellement, un loup qui aurait pu être impliqué dans l'affaire. Mais le carnage continue.

A leur tour, les louvetiers s'en vont. Louis XV, devant l'ampleur du massacre, décide d'envoyer en Gévaudan celui qui est considéré comme le meilleur fusil du royaume, le lieutenant de ses chasses, François Antoine, dit Antoine de Beauterne. Après trois mois de chasses, celui-ci tue un très gros loup près de Sainte-Marie-des-Chazes... La Cour s'extasie sur la dépouille naturalisée de l'animal. Pour Louis XV, la Bête est morte. Mais est-ce bien sûr? Car l'hécatombe reprend. Alors, un jeune hobereau, le marquis d'Apcher, qui avait déjà mené des chasses parallèles aux chasses officielles, décide, avec l'aide de paysans de la région, d'en finir avec la Bête. Au cours d'une battue qu'il organise, le 19 juin 1767, le cabaretier Jean Chastel tue un animal bizarre. Plus curieux encore, celui-ci a marqué un temps d'arrêt lorsque Chastel l'a mis en joue... Cette fois, la tuerie cesse.

Des hypothèses extravagantes

A partir de ces faits, d'innombrables hypothèses ont été émises sur l'identité de la Bête du Gévaudan. Si les auteurs modernes ne voient plus en elle un fléau envoyé par Dieu, certains s'en tiennent encore à l'hypothèse d'un loup géant, ou de plusieurs loups. Ainsi, les crimes imputés à la Bête auraient été commis successivement par trois grands loups : celui blessé par les frères Martel, celui tué par Antoine de Beauterne et celui abattu par Jean Chastel. D'autres hypothèses mettent en cause une hyène échappée d'une ménagerie, un singe, un homme-léopard venu d'Afrique, voire un extraterrestre débarqué d'un OVNI! Les deux thèses les plus récentes sont celles du glouton et de l'hybride de tigre et de lion...

La mort de la Bête
(extrait du livre de l'abbé Pourcher)

« Le 19 juin, trois cents chasseurs ou batteurs se réunirent sous la direction de M. d'Apcher pour faire la chasse à la Bête féroce, dans le bois de la Ténazeire. Les chasseurs se mirent à leurs postes et fort heureusement les batteurs la poussèrent vers Jean Chastel, posté sur la Sogne d'Auvert. Quand la Bête lui arriva, Chastel disait les litanies de la Sainte Vierge. Il la reconnut fort bien, mais par un sentiment de piété et de confiance envers la Mère de Dieu il voulut finir ses prières. Après, il ferme son livre, il plie ses lunettes dans sa poche et prend son fusil et à l'instant tue la Bête, qui l'avait attendu. C'est de ma pauvre Tata, Agnès Pourcher, sœur du Tiers-Ordre, que je tiens ces détails que Chastel lui-même avait révélés à son père, mon aïeul. Dans le pays, on dit qu'à l'endroit de la Sogne d'Auvert où la Bête tomba, l'herbe ne vient pas plus longue une saison que l'autre, qu'elle est rougeâtre et qu'aucun animal ne la mange. D'autres le nient. »

On peut facilement rejeter la culpabilité des loups. Leur férocité a été beaucoup exagérée : en dépit d'innombrables récits, les cas d'attaques contre les hommes demeurent rarissimes. De plus, et surtout, l'histoire de la Bête est remplie de détails, invérifiables certes, mais pour le moins curieux. En effet, si la Bête est, tout au long des trois années qu'a durées l'affaire, généralement décrite comme un animal, certains témoignages évoquent manifestement un homme, ou du moins un être humanoïde.

N'assure-t-on pas qu'elle rampe sur le sol, qu'elle n'a pas de griffes et même qu'elle crache au visage (parfois du sang), que les balles ricochent sur sa peau...

Dès l'automne 1764, la Bête est comparée à un grand singe : elle a été vue traversant à gué un cours d'eau, debout sur ses pattes postérieures; sa hauteur est celle d'un homme de petite taille, mais son poitrail est large. Ou bien, alors, la Bête franchit les rivières en deux ou trois bonds. Une fois même, dit-on, la Bête, après avoir effectué un saut prodigieux, crie à un témoin : « Avouez que, pour un vieillard de quatre-vingt-dix ans, ce n'est pas mal de sauter comme ça... »

D'autres indices sont plus sérieux et plus troublants. Le 11 août 1765, non loin de Paulhac, une jeune fille d'une vingtaine d'années, Marie-Jeanne Valet, et sa sœur Thérèse traversent une petite île au milieu d'un ruisseau qui se jette dans la Desges. Elles empruntent le sentier caillouteux qui va d'un côté à l'autre de l'île, lorsque la Bête surgit. Elle fait mine de s'élancer sur l'aînée, qui lui donne dans le poitrail un coup de la baïonnette dont elle est munie : la Bête pousse alors un hurlement de douleur, tout en portant la patte antérieure à la blessure : geste typiquement humain, on en conviendra. Ensuite, elle se jette à la rivière et se roule plusieurs fois dans l'eau, avant de s'éclipser.

Un autre épisode étrange s'était déroulé quelques mois plus tôt, le 3 janvier, au Mazel de Grèzes. La veille, un garçon de quatorze ans, Jean Chateauneuf, avait été dévoré par la Bête. Or voici que celle-ci apparaît et vient poser ses « pattes » sur l'appui de la fenêtre des Chateauneuf. Elle regarde à l'intérieur de la maison. Terreur de la famille : le père, un hercule, dit à sa fille : « Marie-Anne, apporte-moi la hache! » Et la Bête de s'enfuir comme si elle avait compris.

Le témoignage d'un vacher nommé Pierre Blanc plaiderait encore plus en faveur de la nature humaine de la Bête, s'il n'était si imprécis. L'anecdote se situerait durant l'été 1766, mais on ne sait où. Ce Pierre Blanc, donc, se serait battu durant quelque trois heures avec la Bête. De temps à autre, les deux combattants arrêtaient la lutte pour reprendre leur souffle, puis s'affrontaient à nouveau. La Bête se battait debout : c'est ainsi que Pierre Blanc aurait remarqué des boutons sous son ventre. Des boutons qui auraient fermé un vêtement en peau de bête? Ou bien seulement les mamelles d'une femelle de mammifère?

L'idée que la Bête eût pu être un homme avait fait son chemin parmi les habitants du Gévaudan. Et la simple apparition de quelqu'un d'un peu velu suscitait la terreur... Ainsi, deux femmes qui allaient à la messe à Fournel rencontrèrent un homme dont la chemise mal fermée laissait apercevoir une pilosité abondante. Quel ne fut pas leur soulagement lorsqu'il s'éloigna enfin après les avoir accompagnées sur un bout de chemin!

Une autre fois, près de Saugues, quatre femmes chevauchaient, à quatre sur deux chevaux. Elles rencontrent un homme en haillons, armé d'un vieux fusil, qui prétend chasser la Bête. Comme l'une des femmes va tomber de cheval, il la remet d'aplomb : elle se rend alors compte que sa main est étrangement velue. Les cavalières continuent leur chemin. Parvenues au village de Pompeyrenc, elles le rencontrent à nouveau. Il leur demande si elles veulent qu'il les guide à travers le bois du Favart. Elles refusent. Peu après, elles apprennent que la Bête a été signalée dans ce bois...

Un autre épisode avait contribué à préciser certains soupçons. Un nommé Pailleyre, dit Bégou, de Pontajou, près de Venteuges, se réveille durant la nuit. Il est surpris de constater qu'il fait jour. Il se rend compte que c'est la lune qui éclaire sa chambre. Du pas de sa porte, il aperçoit alors un homme très velu qui se baigne dans le ruisseau. Soudain, il se transforme en bête qui fonce sur Bégou. Celui-ci se barricade en hâte. Mais il a reconnu l'homme : c'est Antoine Chastel, le fils de Jean.

Si la vérité sur cette énigme n'est toujours pas faite, c'est parce que, jusqu'ici, le problème a toujours été considéré isolément, sans être suffisamment resitué dans son contexte historique. Inversement, la plupart des historiens ne se sont guère intéressés à l'affaire de la Bête du Gévaudan, qui n'avait, à leurs yeux, qu'un intérêt anecdotique. Nous avons la chance de très bien connaître le déroulement des faits durant les trois années que dura l'affaire, principalement grâce au livre de l'abbé Pourcher, *Histoire de la Bête du Gévaudan,* publié en 1889 [1]. L'abbé Pourcher était originaire de la région, et l'on assure qu'il alla à pied à Paris pour se documenter à la Bibliothèque nationale.

Voici quelques années, je pensais que, peut-être, les statistiques, voire l'informatique, pouvaient apporter des lumières nouvelles sur l'énigme de la Bête du Gévaudan. Je commençais donc par établir le relevé des victimes attribuées à la Bête, soit cent morts et trente blessés recensés officiellement; en fait, il y en eut sans doute d'autres. Pour chacune, je notai, dans la mesure où on les connaît : le nom, la date, le sexe, l'âge, la localité, le type de blessure, le type d'endroit (prairie, bois, chemin, etc.), l'heure de l'attaque.

Ce recensement fit déjà apparaître plusieurs faits intéressants qui, à vrai dire, avaient déjà été remarqués. Les femmes sont nettement plus nombreuses que les hommes parmi les victimes : soixante-dix-neuf contre trente-neuf (plus douze victimes dont le sexe n'est pas connu). Aucun homme de plus de seize ans n'a été tué ou blessé. Quinze des cent morts ont été décapités, or les loups ne décapitent pas leurs proies : c'est là un argument de plus pour les disculper.

1. Il a été réédité en 1979 par F. Reder.

Sept enfants contre la Bête

Le 12 janvier 1765, près de Chanaleilles, sept enfants, cinq garçons et deux filles, gardent des bestiaux dans la montagne. La Bête arrive. Les enfants saisissent les bâtons armés d'une lame de couteau dont ils sont munis.

Jacques-André Portefaix, âgé de douze ans, coordonne les opérations de défense. La Bête tourne autour du groupe : elle saisit l'un des garçons à la gorge. Les autres lui font lâcher prise. La Bête s'empare d'un autre enfant et l'emporte. Portefaix parvient à la diriger vers un bourbier où elle commence à s'enliser. Les enfants la piquent à la tête. Portefaix réussit à lui faire lâcher l'enfant et se met entre lui et la Bête qui abandonne la partie. Le jeune garçon est indemne. Portefaix sera, en récompense de sa bravoure, éduqué aux frais de l'Etat.

L'ordinateur en action

Pour analyser mon fichier avec plus de précision, il fallait un ordinateur. J'eus la chance de trouver un accueil très favorable au département de biométrie de l'Institut national de la recherche agronomique (INRA) à Jouy-en-Josas (Yvelines). Le directeur de ce laboratoire, M. Richard Tomassone, se passionna pour l'énigme et dirigea le traitement de mes fiches par ordinateur.

Les premières « sorties » de l'ordinateur ne fournirent que des indications assez vagues. Il apparut tout de même que les attaques présentaient des caractéristiques particulières au cours du troisième trimestre 1765. J'avais, en effet, découpé en trimestres les trois années de l'« affaire ». De même, j'avais simplement découpé en carrés la carte du Gévaudan pour y situer les attaques. M. Tomassone me conseilla, pour préciser l'analyse, de remplacer ces deux découpages approximatifs par des découpages plus significatifs. Je découpai donc la zone d'action de la Bête suivant les principales régions naturelles : mont Mouchet, Margeride, vallée de la Truyère, vallée de l'Allier, Aubrac, etc. Et je divisai la durée de l'affaire en périodes délimitées par les « événements-charnières ». Sept périodes étaient distinguées :

1) De la première victime à la fin des attaques aux confins du Vivarais.

2) → Jusqu'à la mise à mort du loup des frères Martel.

3) → Jusqu'à l'incarcération de la famille Chastel, qui avait eu une algarade avec les hommes d'A. de Beauterne.

4) → Jusqu'à la mise à mort du grand loup par A. de Beauterne.

5) → Jusqu'à la libération des Chastel.

6) → Jusqu'à l'époque où la Bête paraît avoir son point d'attache au mont Mouchet.

7) → Jusqu'à la mise à mort de la bête de Jean Chastel.

Ce découpage appelle quelques remarques. La fin de la période 2 coïncide avec le départ pour Paris d'un mystérieux personnage, surnommé « Messire ». Selon une historienne de Béziers, Mme Aribaud-Farrère, cet homme aurait été le coupable, durant les premiers mois de l'affaire. Véritable loup-garou, il vivait réfugié dans l'abbaye de Mercoire, point de départ de ses raids. Cet homme aurait été l'ancêtre d'un homme politique actuel, d'où le refus de Mme Aribaud-Farrère de donner son nom...

Nous avons déjà évoqué Jean Chastel. L'un de ses fils, Antoine, est, lui aussi, un personnage bizarre. Véritable homme des bois, il vit dans une cabane sur le mont Mouchet, en compagnie, assure-t-on, d'animaux féroces. Il aurait été prisonnier des Barbaresques et aurait fréquenté les huguenots du Vivarais. En fait, ces données demeurent très vagues. Elles viennent surtout du romancier Henri Pourrat, et sont donc sujettes à caution. Cependant, durant les années de l'affaire, Antoine Chastel était déjà regardé avec suspicion par les habitants de la région.

M. Tomassone entreprit l'analyse des « sorties » de l'ordinateur. Dans un premier temps, il détermina quelles étaient les variables les plus discriminantes, c'est-à-dire celles qui semblent traduire des différences entre les sept périodes. Ces variables sont, par ordre décroissant de pouvoir discriminant : Vivarais; mont Mouchet; après 17 h 30; Aubrac; pâturage; vacher ou bergère; près d'une maison; dans un bois; blessé; égorgé; Margeride.

Ensuite, il fallait voir ce que pouvait apporter l'ensemble des variables. Il apparut alors les points suivants :

– Une période est très différente de toutes les autres : la première.

– Quatre périodes se rassemblent : les périodes 2, 3, 6 et 7.

– Deux périodes sont assez différentes des précédentes : les périodes 4 et 5.

La position de la première période s'explique par une forte corrélation positive des variables : treize-vingt ans; Vivarais; jardin; chemin; ventre ouvert; et une forte corrélation négative des variables : vallée de la Truyère; moins de douze ans; mont Mouchet.

Dans le cas des périodes 4 et 5, on remarque l'absence de plusieurs variables : plus de vingt ans; décapité; Margeride. Au contraire, d'autres y sont supérieures à la moyenne : face ou joue mangée; blessé; après 17 h 30; pâturage.

La période 2, la plus importante par le nombre des victimes, se caractérise par les variables : Aubrac; femmes; plus de vingt ans; décapité. Plus précisément, sur les vingt attaques en Aubrac, treize concernent des femmes, dont trois ont été décapitées (sur les quatre victimes décapitées de cette période).

On constate donc une nette évolution du style des attaques. Celles-ci, d'abord plus fréquentes dans les jardins ou les chemins, surviennent ensuite plutôt dans les pâturages, puis près des maisons. Les victimes sont, au début, assaillies le soir, puis les heures d'attaques sont davantage réparties dans la journée. Ces différences entre les périodes s'accordent mal avec l'hypothèse, déjà difficilement défendable, mettant en cause un animal sauvage, ou plusieurs. La typologie de ses attaques serait restée homogène. Au contraire, une telle évolution s'accorde beaucoup plus avec les agissements d'un ou plusieurs hommes. Ces résultats donnent donc raison aux historiens qui ont vu une action bien humaine dans l'affaire de la Bête. La période 1, très différenciée des autres, pourrait correspondre aux crimes du loup-garou de Mme Aribaud-Farrère. Au cours de la période 2, il mêlerait ses crimes à ceux de la famille Chastel, qui, elle, agirait par animaux interposés. En effet, le fait que les attaques présentent un style différent dans les périodes 4 et 5 est troublant, car, durant ces périodes, la famille Chastel avait été, nous l'avons dit, emprisonnée. Les présomptions sur la culpabilité des Chastel se trouvent donc renforcées. Il faut néanmoins expliquer pourquoi les meurtres ont continué durant leur emprisonnement. Peut-être les Chastel avaient-ils eu des complices qui avaient continué à « nourrir » les animaux durant leur incarcération. Ou bien, alors, les quelques meurtres signalés alors, et d'ailleurs peu nombreux (six), n'avaient-ils aucun rapport avec l'affaire. Il n'y a notamment aucun décapité.

Tous les cadavres trouvés en Gévaudan ont été mis sur le compte de la Bête. Or quelques-uns n'avaient certainement rien à voir avec celle-ci. Il faut se souvenir que les brigands pullulaient dans la région. Autrement dit, il faut comparer ces cent trente victimes aux victimes répertoriées « normalement » en trois ans. Selon les travaux de Nicole Castan sur la criminalité en Languedoc [1], il y aurait, à l'époque, pour une région équivalente à la zone d'action de la Bête, une vingtaine d'assassinats par an, soit une soixantaine en trois ans. Mais si les crimes de la Bête ont suscité tant d'émoi, c'est qu'ils s'ajoutaient (au moins en partie) aux crimes « habituels ». Cependant, on remarque que la courbe annuelle des victimes de la Bête est différente de la courbe de la criminalité dans la région à cette époque telle qu'elle a été établie par N. Castan. Notamment, cette dernière courbe présente un sommet en août, mois au cours duquel la Bête a commis peu d'agressions.

Une affaire religieuse et politique?

Ainsi donc, les Chastel auraient lancé des animaux sur les gens qu'ils voulaient tuer. Mais des animaux de quelle espèce? Sans doute pas des loups, qu'il aurait été difficile de dresser ainsi. Plutôt des hybrides de chiens et de loups. En effet, la bête tuée par Jean Chastel avait une tache blanche au poitrail : J. Chastel aurait donc tué, on l'aura deviné, peut-être sous l'effet du remords, l'une de ses propres bêtes. De même, le « loup » d'A. de Beauterne avait une tache blanche... Ces deux animaux sont d'ailleurs, à plus d'un titre, fort étranges.

L'hypothèse d'hybrides de chiens et de loups avancée par le zoo-

1. *Justice et répression en Languedoc à l'époque des Lumières,* Flammarion, 1980.

logiste canadien C. H. D. Clarke est très intéressante. C'est là un croisement facile à obtenir et qui donne, en vertu de l'heterosis (ou vigueur des hybrides) – phénomène bien connu des généticiens – des animaux vigoureux et agressifs : les chasseurs de loups ont longtemps utilisé de tels hybrides. Les Chastel pouvaient fort bien avoir des dogues, ces terribles « mâtins », comme on les appelait alors. Et peut-être aussi une hyène et un ours. L'hypothèse de l'hyène est notamment défendue par Gérard Ménatory. Une hyène aurait pu supporter le climat du Gévaudan : l'hyène rayée survit bien dans le Caucase...

Certaines blessures relevées sur les cadavres, comme les cuirs chevelus arrachés, paraissent bien être la marque de l'ours. On a même pensé plus particulièrement à l'ours lippu de l'Inde, déjà recherché par les montreurs à cette époque : certaines descriptions de la Bête l'évoquent. Les décapitations peuvent s'expliquer par le fait que les maîtres des animaux, venant après eux, coupaient la tête aux cadavres.

Si les Chastel se sont acharnés d'une façon aussi méthodique, aussi scientifique, sur les habitants du Gévaudan, c'est qu'ils avaient un mobile. Certains auteurs ont, nous le savons, rapporté qu'Antoine Chastel avait fréquenté les huguenots du Vivarais : ceux-ci auraient pu l'inciter à tuer des catholiques. N'oublions pas que la région de la Lozère a été ensanglantée par de longues luttes entre protestants et catholiques. La guerre des Camisards, à l'époque de la Bête, n'était pas si loin : elle s'était déroulée entre 1702 et 1704, dans les Cévennes. En 1752, des curés avaient encore été tués par des huguenots. Et il n'y eut, semble-t-il, que des catholiques parmi les victimes de la Bête. Plus précisément, le « rayon d'action » de la Bête correspond à peu près à la partie catholique du Gévaudan, sans déborder, ou à peine, sur les zones protestantes du Vivarais, de l'Aubrac et du centre du Gévaudan : Marvejols était une place forte protestante.

Cette hypothèse en entraîne une autre. La presse anglaise exploitait à outrance l'affaire de la Bête du Gévaudan. Le 29 mars 1765, elle annonce qu'une armée française de cent vingt mille hommes a été mise en déroute par la Bête. Or il y avait des liens entre l'Angleterre et les protestants français... Le chef camisard Jean Cavalier était devenu major dans l'armée anglaise. Alors, derrière certains huguenots, n'est-ce pas la main de l'Angleterre qu'il faudrait chercher? La Bête du Gévaudan n'aurait-elle pas été une machine de guerre, de guerre psychologique?

De toute façon, un point paraît certain : l'énigme de la Bête du Gévaudan est une affaire d'hommes, pas une affaire d'animaux, du moins pas d'animaux sauvages. La férocité du loup a été, il faut le répéter, considérablement exagérée au cours des siècles. Il n'attaque l'homme qu'exceptionnellement. Dans toute l'Histoire du Canada on a du mal à trouver un seul cas d'agression d'un être humain par un loup. A la rigueur, il peut attaquer un ivrogne endormi dans un fossé. Au contraire, de nombreux épisodes de l'histoire de la Bête du Gévaudan sont très semblables aux multiples histoires de loups-garous des

21. *La bête tuée par Jean Chastel, d'après la description qu'on en possède.*

anciennes chroniques. Les loups-garous ont suscité beaucoup de légendes, mais n'en furent pas moins une réalité. Encore appelés lycanthropes, c'étaient des hommes qui se croyaient devenus loups et présentaient des tendances au cannibalisme.

Les chiffres parlent encore

La Bête du Gévaudan pourrait donc se ramener à l'équation : Jack l'Eventreur + chien des Baskerville. En effet, l'histoire de criminels du style de Jack l'Eventreur présente d'évidentes analogies avec celle de la Bête. C'est le cas notamment de Jacques Vacher, qui, à la fin du siècle dernier, tua onze bergers ou bergères dans plusieurs régions de France.

Pour poursuivre encore mon enquête, j'ai bénéficié de l'aide de deux autres spécialistes. Tout le monde a entendu parler des prétendus « assassins de la pleine lune ». La lune, en effet, agirait sur le psychisme des êtres humains. Que l'on pense au terme *lunatique.* Plus précisément, l'agressivité de certains individus serait exacerbée lors de la pleine lune. J'ai donc demandé, à titre de curiosité, à un astronome bien connu pour ses nombreux ouvrages, Pierre Kohler, de calculer l'âge de la lune pour les crimes de la Bête. Il s'est livré très aimablement à ce travail, ce qui ne signifie nullement qu'il cautionne la croyance aux assassins de la pleine lune. Il trouva que la moyenne générale des âges de la lune pour les forfaits de la Bête se situe exactement le jour de la pleine lune (âge : quatorze, neuf jours). Cela pourrait être troublant, mais, en réalité, ne l'est pas. En effet, la distribution du nombre de meurtres en fonction de la phase montre une répartition remarquablement équitable, à l'exception de deux « creux » très marqués, lors du premier quartier et entre le dernier quartier et la nouvelle lune. Il n'y a donc guère, à première vue, de relations avec la pleine lune, mais il est apparu deux périodes de quelques jours dans le cycle lunaire au cours desquelles les agressions sont deux fois moins nombreuses.

Pour sa part, un ingénieur très intéressé par les énigmes zoologiques – j'ai mentionné l'observation de serpent-de-mer qu'il a faite en Finlande –, Georges Billard, s'est livré à une étude mathématique d'un autre genre sur la Bête du Gévaudan. La méthode qu'il a utilisée consiste à mettre bout à bout, sur une file qu'on appelle « vecteur », le pointage des événements étudiés. Voici un exemple :

1	2	3	4	5	6	7	8	9	10	11	12	13	14	15	16	17	18	19	20
						X							X						

21	22	23	24	25	26	27	28	29	30	31	32	33	34	35
X				X			X							X

Dans ce cas, les événements se sont produits les jours n°s 7, 14, 21, 25, 28, 35. On relève ensuite des coupures égales de *n* jours, en découpant le vecteur d'origine en morceaux que l'on superpose en vue d'examiner chaque colonne.

Voici ce que l'on obtient si l'on découpe le vecteur précédent par séries de cinq jours :

		X			
				X	
	X				X
			X		
					X
Somme	X	X	X	X	X

Cela ne montre rien de particulier. Tout s'éclaire si l'on effectue une division par sept jours, car il apparaît une périodicité de 7.

						X
						X
						X
			X			X
						X

Somme				X			X

Dans le cas de la Bête du Gévaudan, G. Billard a appliqué cette méthode à la période qui va de septembre 1764 à août 1765. Il lui a semblé qu'il fallait mieux se limiter aux crimes dont la victime était une femme ou une jeune fille. Or, le découpage par vingt-neuf jours, c'est-à-dire la durée du cycle lunaire, fait apparaître des indices curieux.

1	2	3	4	5	6	7	8	9	10	11	12	13	14	15	16	17	18	19	20
X		X				X	X	X				X	X	X				X	X

21	22	23	24	25	26	27	28	29
X					X			X

On constate en effet une succession, par groupes de trois, de jours « actifs » et de jours « inactifs ». Voilà qui est étrange. Pour l'instant, on ne peut que constater, sans expliquer. Notons simplement que la Bête de l'Exmoor, dont nous avons parlé, tuait les moutons tous les trois jours...

Un phénomène culturel

A bien des points de vue, l'affaire de la Bête du Gévaudan est une affaire moderne. Le terme du régionalisme y apparaît nettement. Excédés par la conduite des dragons ou des chasseurs envoyés par le roi, les habitants du Gévaudan ont ressenti le besoin de se prendre en charge et d'organiser eux-mêmes des battues. De plus, cette affaire a pu être considérée comme le premier phénomène de presse de l'Histoire, car les journaux de l'époque contribuaient à augmenter la psychose générale, selon le processus, aujourd'hui bien connu, de la « rumeur » grandissante qui faisait sans doute voir la Bête où elle n'était pas.

La Bête du Gévaudan est aussi un phénomène culturel. Certes, les écrivains de l'époque en ont peu parlé. Cependant, Voltaire, dans son *Dictionnaire philosophique,* écrit au mot *Enchantement :* « A l'égard de la lycanthropie, c'est-à-dire des hommes métamorphosés en loups par des enchantements, il suffit qu'un jeune berger ayant tué un loup et s'étant revêtu de sa peau ait fait peur à de vieilles femmes pour que la réputation du berger devenu loup se soit répandue dans toute la province et, de là, dans d'autres. » D'après la date de la publication de l'ouvrage, il semble bien que Voltaire fasse ici allusion aux débuts de l'affaire de la Bête du Gévaudan.

Les chansons et complaintes inspirées par la Bête sont innombrables. Dans le Massif central, on chante encore parfois :

Elle a tant mangé de monde
La Bête du Gévaudan
Qu'elle est devenue toute ronde
La Bête du Gévaudan.

Une statue de la Bête, due à Auriacombe, est visible à Marvejols.

En 1809 est joué au Théâtre de l'Ambigu-Comique, à Paris, un mélodrame à grand spectacle de Maurin de Pompigny sur la Bête du Gévaudan. L'auteur imagine que des conjurés lâchent volontairement un animal féroce pour que les paysans se munissent d'armes : ils utilisent ensuite ceux-ci dans une révolte.

Une pièce de Jacques Audiberti, *La Fête noire* (1951), qu'il avait d'abord intitulée *La Bête noire,* est manifestement inspirée par la Bête. Le coupable évoque plutôt Messire que les Chastel. C'est un certain Dr. Félicien qui... dirige les battues contre la Bête. Dans la pièce, un évêque déclare : « La bête noire, ma mie! elle est un peu chacun de nous [...]. La bête est la bête, mais la foule qui la pourchasse est également une bête. »

Un roman de Jean Giono, *Un roi sans divertissement* (1947), est également proche du thème de la Bête. Ces dernières années, le Théâtre de la Rampe de Montpellier a joué à travers la France une pièce de Claude Alranc, *La Bête en Gévaudan,* en partie inspirée de mes propres recherches.

Deux personnages ont été surnommés « la Bête du Gévaudan », le premier à titre posthume d'ailleurs, ce qui est curieux : c'est l'abbé François du Chayla, honni des protestants et tué par eux en 1702. L'autre est l'actrice Mademoiselle Clairon : le critique Elie Fréron l'ayant comparée à la Bête, il fut embastillé quelques jours. Et sait-on qu'un garçon de huit ans ne rêvait que de s'enfoncer dans les forêts proches de son village de Chavaniac pour chasser la Bête? C'est du moins ce que racontera dans ses Mémoires le jeune « héros », devenu le marquis de La Fayette...

DEUX DRÔLES DE BÊTES
(comparées à un loup typique)

	Loup typique	« Loup » d'Antoine de Beauterne	« Bête » de Jean Chastel
Poids	25-65 kg	64 kg	53 kg
Longueur (tête et corps)	1,10 m à 1,40 m	1,43 m	
Tête	Forte et large	Très forte (35 cm)	Forte
Dents	Fortes	Puissantes (crocs de 33 mm)	Dentition de loup
Pelage	Gris, mais variable, parfois roux	Tache blanche à la gorge Raie noire sur le dos Flancs roux	Marque blanche au poitrail Bandes noires au cou Raie noire sur le dos? Flancs rougeâtres?
Queue	30 à 40 cm	47 cm	Queue de loup
Pattes			Grosses Avec « crochet » Couleur chevreuil
Pieds		Petits (antérieurs : 7,6 cm postérieurs : 7,2 cm)	Gros ongles
Remarques diverses	Cou et épaules puissants	Hauteur : 86 cm	Membrane nictitante à l'œil. Côtes « libres »

Que sont devenues les dépouilles de ces deux « bêtes »? Celle d'Antoine a été présentée, naturalisée, à la Cour. On perd ensuite sa trace. Elle aurait été conservée quelque temps au Muséum de Paris.

Pour sa part, Jean Chastel mit sur un cheval le cadavre de sa Bête et la montra de village en village. Il la plaça ensuite dans une caisse et prit la direction de Paris. Il la fit voir à Buffon (qui aurait dit qu'il s'agissait d'un loup) et à Louis XV : celui-ci fut fort incommodé par l'odeur de la dépouille, et ordonna qu'elle fût inhumée sur-le-champ. Où? On ne le sait. Il existerait, dans la forêt de Marly, une statue de loup portant la mention « Gévaudan »... Qui retrouvera les ossements de la dernière bête du Gévaudan?

PETIT INDEX DES PRINCIPALES LOCALITÉS OÙ SE DÉROULÈRENT

Aumont-Aubrac – *Un jeune garçon tué en mars 1765.*
Besseyre-Sainte-Marie – *Nombreuses victimes : un jeune berger en avril 1765, deux fillettes au printemps 1767, etc.*
La Bessière – *Jeanne Jouve (trente ans) se bat contre la Bête, le 13 mars 1765, pour sauver ses enfants.*
Broussolles-de-Lorcières – *Une femme de soixante-huit ans égorgée en juillet 1765.*
Buffeyrettes – *Une vieille femme tuée en novembre 1764.*
Chabrier – *Une fillette de huit ans tuée en février 1765.*
Chanaleilles – *Épisode du petit Portefaix en janvier 1765. Un petit garçon dévoré en mars 1765.*
Chaudeyrac – *Une petite fille tuée en 1765.*
Cheylard-L'Évêque – *Deux garçons de quinze ans dévorés durant l'été 1764.*
Le Fau de Brion – *Une fillette enlevée devant son père le 1er mars 1765. Son père l'arrache à la Bête. Elle succombe à ses blessures.*
Le Fayet d'Albaret-le-Comtal – *Une fillette tuée en mars 1765 (décapitée).*
Fontans – *Une fillette blessée par la Bête en octobre 1764. Ses frères se battent avec elle.*
Fournels – *Deux femmes blessées en février 1765.*
Grèzes – *Plusieurs victimes, notamment en avril-mai 1767.*
Javols – *Deux enfants blessés en février 1765.*
Julianges – *Marie Valès (treize ans) tuée en mai 1765. Une fillette du même âge dévorée vers Noël 1765.*
Langogne – *C'est près de cette ville que survient la première attaque, au printemps 1764.*
Lorcières – *Jeanne Tanavelle (environ vingt-cinq ans) tuée en janvier 1765 (décapitée). Une fillette de onze ans également décapitée en décembre 1765.*
Malvieillette de Fontans – *Marie Pougnet (cinq ans) enlevée et décorée en mars 1765.*
Malzieu – *Catherine Chautard (neuf ans) dévorée en juin 1767.*
Mazel de Grèzes – *Jean Chateauneuf (quatorze ans) dévoré en janvier 1765.*
Mercoire – *C'est dans l'abbaye de Mercoire, aujourd'hui en ruine, qu'aurait vécu « Messire ».*
Mialanettes – *Une fillette tuée en février 1765 (décapitée).*

DES ÉPISODES DE L'HISTOIRE DE LA BÊTE DU GÉVAUDAN.

Montchauvet – *Jean Bergounioux (neuf ans) enlevé et tué en mars 1766.*
Morsange – *Une jeune fille dévorée en janvier 1765.*
Mouchet (mont) – *C'est là qu'Antoine Chastel avait sa cabane. La Bête, vers la fin de l'affaire, y était « basée ».*
Nozeyrolles – *Très nombreuses victimes : Jeanne Hugon (onze ans) en juin 1765, plusieurs en 1767.*
Paulhac – *Episode de la « pucelle du Gévaudan » : Marie-Jeanne Valet (dix-neuf ans) donne un coup de baïonnette à la Bête le 11 août 1765.*
Pépinet – *Un garçon de quatorze ans dévoré et décapité en juin 1765.*
Pinols – *Deux blessés en septembre 1765.*
Prades – *Une jeune fille dévorée en décembre 1764.*
Prunières – *Une jeune fille tuée (décapitée) en octobre 1764.*
Rieutort-de-Randon – *Une fillette tuée en septembre 1764.*
Saint-Alban – *Un grand loup est blessé, près de cette localité, par les frères de la Chaumette, le 1er mai 1765.*
Saint-Chély-d'Apcher – *La Bête se fixe près de cette localité en octobre 1765.*
Saint-Privat-du-Fau – *Une jeune fille tuée en mai 1765.*
Sainte-Marie-des-Chazes – *François Antoine de Beauterne y tua sa bête, le 21 septembre 1765. Le 14 octobre, une grande louve y est tuée, et, le 17 octobre, un louveteau.*
Servières – *Marie Plantin (onze ans) dévorée devant son père en mars 1767.*
Sogne d'Auvert (la) – *C'est là, sur le mont Mouchet, que Jean Chastel tue sa bête le 19 juin 1767.*
Teissèdre – *Un garçon de dix-onze ans entièrement dévoré en mai 1766.*
Ubas (les) – *Près de Saint-Etienne de Lugdarès : première victime de l'affaire : Jeanne Boulet, à fin juin 1764.*
Venteuges – *Un enfant de trois ans, enlevé dans une cour et emporté par-dessus une muraille en janvier 1765.*
Vesseyre (la) – *Marie Reboul (dix-neuf ans) blessée au cours du printemps 1767.*

13

D'Auxerrois en Vivarais la litanie des bêtes sanglantes

BÊTE d'Evreux en 1633-1634, Bête de Brive en 1783, Bête de la Gargaille (Jura) en 1819, Bête de Tendu-Mosnay (Indre) en 1878, Bête du Cézallier en 1946-1951... L'Histoire de France – en effet, il s'agit là d'une « spécialité » française – est ainsi jalonnée de bêtes mystérieuses, meurtrières et sanguinaires, qui, jadis, tuaient les humains, et, plus récemment, se contentaient de moutons ou autres animaux domestiques. La Bête du Gévaudan a éclipsé, un peu injustement, toutes ces autres bêtes, comme le monstre du loch Ness a fait oublier les autres monstres lacustres.

Parmi ces animaux féroces, deux méritent de retenir particulièrement notre attention : la Bête de l'Auxerrois et celle du Vivarais, qui encadrent, dans le temps, celle du Gévaudan.

L'affaire de la Bête de l'Auxerrois commence en novembre 1731 quand un garçon de douze ans est attaqué près de Trucy, dans la région d'Auxerre, par une « bête » étrange. Sa mère parvient à faire lâcher prise à celle-ci, mais trop tard : l'enfant meurt dans ses bras. Les victimes vont alors se succéder. Le prédateur est décrit comme un loup, ou comme un tigre. Les habitants ne sortent plus qu'armés de fourches ou de couteaux attachés au bout d'un bâton. Louis XV fait annoncer à M. Baudesson, maire d'Auxerre, qu'il offre une prime de deux cents livres à celui qui tuera la Bête. Celle-ci n'en continue pas moins son carnage. A Mailly-la-Ville, elle pousse l'audace jusqu'à enlever un jeune enfant assis sur une chaise devant la maison de sa nourrice. Celle-ci tente de le reprendre : le pied de l'enfant lui reste dans la main. Des battues monstres sont organisées. Des loups sont abattus, mais leur culpabilité est loin d'être évidente. Au total, la Bête de l'Auxerrois tuera vingt-huit personnes, soit dix hommes, neuf femmes et neuf enfants de sexe non précisé. Si l'on considère les âges, il ressort que dix-sept victimes ont moins de douze ans, tandis que trois ont de douze à vingt ans. Une seule des victimes, une femme, a plus de vingt ans. L'âge de sept victimes n'est pas connu avec précision : on sait seulement qu'il s'agissait d'enfants. En traçant la courbe des attaques dans le temps, on remarque une flambée au début de l'affaire, puis une accalmie de l'été 1732 jusqu'aux premiers mois de

1734. Enfin, les victimes se font plus nombreuses au cours de l'année 1734. Il est instructif de comparer l'affaire de la Bête de l'Auxerrois à celle de la Bête du Gévaudan. Plusieurs similitudes apparaissent : même durée (trois ans environ), courbe des attaques dans le temps comparable, majorité d'enfants parmi les victimes. Mais la Bête du Gévaudan, nous le savons, tua plus de femmes que d'hommes.

En 1817, cette même région de l'Auxerrois fut à nouveau ensanglantée par une « bête ». On prétendit que c'était une hyène entrée en France à la suite des alliés. Rien n'est moins sûr.

Le Vivarais sur le pied de guerre

L'affaire de la Bête du Vivarais (encore appelée « Bête du Gard » ou « Bête des Cévennes ») est au contraire postérieure à celle du Gévaudan, puisqu'elle dura de 1809 à 1816. Elle se déroula dans une région voisine, qui correspond aux confins des départements de l'Ardèche et du Gard. Cette Bête est décrite comme un loup de la taille d'un âne. Elle aurait eu un pelage brun ou rouge, avec, sur le dos, une crinière noirâtre hérissée, de grandes oreilles, un museau allongé et une longue queue fournie, enfin, des mamelles presque traînantes, c'est pourquoi on vit en elle une louve de grande taille qui serait venue d'Espagne à la suite des guerres. D'autres hypothèses furent avancées. Il se serait agi d'une hyène, d'un hybride, d'un chiffonnier, qui se serait transformé en animal.

Au total, la Bête du Vivarais a tué vingt-deux personnes, notamment à Saint-André-de-Cruzières, Concoules, Malbosc, Brahic. En dépit des battues, elle demeura insaisissable. Le curé de Gravières organisa des battues, le dimanche, après la messe : il fit fabriquer des « lances », toujours visibles, paraît-il, au presbytère de cette localité. Cela n'empêcha pas la Bête de tuer une femme de trente-quatre ans, après les vêpres, le 20 novembre 1814, devant l'église de Saint-André-Capcèze.

L'audace de la Bête du Vivarais était incroyable : elle aurait pénétré à l'intérieur des maisons. Elle aurait mangé les deux mains d'un enfant au berceau; elle aurait aussi enlevé les épingles des vêtements de ses victimes féminines. Six des personnes tuées furent trouvées décapitées; parfois, leur cou semblait avoir été coupé par un instrument tranchant. La courbe des attaques, cette fois, n'est pas comparable à celle de la Bête du Gévaudan : elle montre un « pic » vers la fin de 1812.

Il peut être intéressant de comparer les trois affaires selon le tableau suivant : Dans les trois cas, les jeunes constituent la très grande majorité des victimes. C'est dans l'affaire du Vivarais que se remarque la plus forte proportion de décapités. Notons encore que la Bête du Vivarais tua autant d'hommes que de femmes (onze contre onze).

Des affaires de ce genre, il y en eut donc des quantités, nous l'avons dit. Au dix-septième siècle, une bête « ravissante » (dans le

Âge des victimes tuées	Bête du Gévaudan	Bête de l'Auxerrois	Bête du Vivarais
Moins de 12 ans	40	17	19
12 à 20 ans	25	3	2
Plus de 20 ans	13	1	1
Age indéterminé	22	7	0
Total	100	28	22
Victimes décapitées	15	0	6

sens de « ravisseuse ») a ainsi sévi près de Caen. *La Gazette* du 19 mars 1632 rapporte : « De Caen en Normandie. Le 10 dudit mois de Mars 1632. Il s'est découvert depuis un mois dans la forêt de Singlaiz entre ci et Falaise une bête sauvage qui a déjà dévoré quinze personnes. Ceux qui ont évité sa dent rapportent que la forme de cet animal farouche est pareille à celle d'un grand dogue d'une telle vitesse qu'il est impossible de l'atteindre à la course et d'une agilité si extraordinaire qu'ils lui ont vu sauter notre rivière en quelques endroits. Aucuns l'appellent Therende. Les riverains et gardes de la forêt lui ont bien tiré de loin plusieurs coups d'arquebuse, mais sans l'avoir blessé. Car ils n'osent en approcher, même se découvrir à elle jusqu'à ce qu'ils se soient attroupés comme ils vont faire au son du tocsin ; à quoi les curés des paroisses circumvoisines ont invité tous leurs paroissiens à ce jourd'hui, auquel on fait état qu'il s'assemble trois mille personnes pour lui faire la huée. »

Le 17 juin de l'année suivante, *La Gazette* annonce enfin la mise à mort du « monstre », mais on peut se demander si c'était là le vrai coupable : « Cette bête furieuse dont je vous écrivais l'année passée ayant depuis deux mois dévoré plus de 30 personnes dans cette forêt passait pour un sortilège dans la croyance d'un chacun. Mais le Comte de la Suze ayant par ordre de notre lieutenant général assemblé le 21 de ce mois 5 à 6.000 personnes, l'a si bien poursuivi qu'au bout de 3 jours elle fut tuée d'un coup d'arquebuse. Il se trouve que c'est une sorte de loup plus long, plus roux, la queue plus pointue et la croupe plus large que l'ordinaire. »

En 1699, plusieurs bêtes sèment la terreur dans la région de Guéret. Elles ont, assure-t-on, une grosse tête, des oreilles courtes, une collerette blanche, la queue touffue. La collerette blanche semble bien indiquer, là encore, qu'il s'agirait de chiens ou d'hybrides de chiens ou de loups. Un millier de soldats sont lancés à leur poursuite.

Dans certains cas, ces affaires s'expliquent donc par l'intervention de dresseurs d'animaux. Le plus souvent, les coupables étaient, de toute évidence, des loups-garous. Car, aux côtés des loups-garous de la légende – des hommes métamorphosés en loups – il y eut des loups-garous bien réels.

Ainsi, en 1604, est jugé à Bordeaux un jeune Périgourdin de treize ans, Jean Grenier. Il est accusé d'avoir tué et mangé cinquante enfants! Il raconte qu'un homme, le « Seigneur de la Forêt », lui a autrefois donné une peau de loup et un onguent, qui ont fait de lui un loup-garou. Jean Grenier attaque alors les enfants à la lisière des forêts. Caché dans un buisson, revêtu de sa peau de loup, il bondit sur eux. Il est si fier de ses méfaits qu'il les raconte à une fille, Marguerite Poirier. Peu après, il l'attaque à son tour : elle croit avoir affaire à un loup, qu'elle décrira avec un pelage roux et une queue touffue. Le jeune criminel finira par être arrêté et avouera ses forfaits. Les juges estiment qu'il a six ans d'âge mental et se montrent cléments à son égard : Jean Grenier est condamné à finir ses jours dans un monastère. Il y mènera une vie « animale », marchant à quatre pattes et se nourrissant de viande crue.

Cette histoire éclaire les affaires de bêtes. Si l'on s'en était tenu au témoignage de Marguerite Poirier, on aurait bien pu forger le mythe d'une « Bête du Périgord ». De même, les crimes de Gilles de Rais furent d'abord attribués à des animaux.

Le loup-garou était un homme atteint d'une véritable maladie, la lycanthropie. Il se croyait devenu un loup et devenait cannibale. Pour s'imaginer dans la peau d'un animal, il faut l'avoir vu et le considérer comme redoutable. C'est pourquoi, en France, où le loup était victime de croyances fausses, les loups-garous furent très nombreux. Quand les loups s'éteignirent, les loups-garous disparurent de même. On comprend fort bien que la personne attaquée au coin d'un bois, le soir, par un loup-garou, revêtu d'une peau de loup et peut-être muni de fausses griffes en métal, ait cru, dans sa frayeur, avoir affaire à un loup. Et des dizaines de milliers de loups payèrent de leur vie, par le fusil ou la strychnine, cette véritable erreur judiciaire.

La curieuse affaire de la Bête des Vosges

Au cours de notre siècle, des « bêtes » continuent à se manifester çà et là en France, mais elles ne s'attaquent qu'aux animaux domestiques.

Après la dernière guerre, l'affaire de la Bête du Cézallier fit ainsi, durant six ans, la « une » des journaux. Elle apparaît en 1946 dans le Cézallier, une région peu peuplée du Cantal, d'où son nom, mais elle ne tarde pas à se diriger vers d'autres secteurs. Les bergers s'arment. Des battues sont organisées : le vétéran des chasseurs sonne le rassemblement avec un cor. Un général y participe. La Bête dévore de plus belle moutons, veaux, génisses. Les titres des articles qui paraissent dans la presse sont significatifs : « Un mystérieux fauve jette l'émoi

Courtaud

Sous le règne de Charles VII, un loup monstrueux aurait attaqué les gens aux portes de Paris. Comme il n'avait pas de queue, il fut surnommé « Courtaud ». On disait alors : « Gardez-vous de Courtaud ! » Il finit par être tué, et son corps fut promené dans les rues de Paris. Là encore, il faut se poser la question : était-ce vraiment lui le coupable ?

parmi les écoliers de La Chaise-Dieu », « Un lion qui répand la terreur », « L'autre Bête du Gévaudan ». Pour les uns, il s'agit d'un énorme loup. Pour d'autres, qui ont vu la Bête s'accrocher à un rocher, c'est un ours. Un automobiliste l'aperçoit dans ses phares entre Jullianges et Chamborne. Les jeunes bergers n'osent plus garder leurs troupeaux.

Les fausses alertes se succèdent : une chienne dogue allemand est prise pour la Bête, ou bien une genette tuée par un chasseur... Les titres des articles sont toujours aussi fracassants : « Une panthère terrorise la Haute-Auvergne. Elle est mise à prix 1 million », « Le préfet de la Lozère chasse la panthère », « Avec les premières chaleurs d'un été tardif, le monstre du Cézallier sort de sa tanière ». On parle d'un guépard échappé d'un zoo. Et l'on se demande s'il n'y a pas plusieurs Bêtes : un habitant de Flaix (Puy-de-Dôme) dit avoir vu cinq animaux se disputant les restes d'une chèvre. Il s'agirait de loups accompagnés de louveteaux. En février 1951, un loup authentique est tué près de Grandrieu (Haute-Loire).

La bête du Cézallier fut certainement « multiple ». Les déprédations en question ne furent pas le fait d'un unique animal parcourant le Massif central : des fauves échappés, les derniers loups, de grands chiens redevenus sauvages, furent sans doute tous impliqués dans l'affaire.

Si la Bête du Cézallier est aujourd'hui bien oubliée, la Bête des Vosges, elle, est encore dans toutes les mémoires. Le 27 mars 1977, sept moutons sont découverts égorgés dans un enclos à Domèvre-sur-Durbion, un petit village au nord d'Epinal. Trois jours plus tard, dix bœufs sont attaqués à Moriville, un village voisin. Au matin du 1er avril, douze moutons sont égorgés à Hadigny-lès-Verrières. L'hécatombe va se poursuivre durant des mois. Toute la région des Vosges est bientôt sur le pied de guerre. Un détachement de deux cent cinquante chasseurs et militaires se lance à l'assaut de la Bête. Celle-ci demeure insaisissable. Elle sera tout de même, semble-t-il, photographiée au téléobjectif par un journaliste de *L'Est républicain,* Albert Hugy. La photo ne permet guère de trancher sur son identité : chien ou loup ? Et était-ce bien la Bête ?

D'après les témoins, celle-ci serait un animal puissant, au poitrail large et au pelage roux et cendré, marqué de traînées noires. Elle peut abattre trente kilomètres en moins d'une journée, en poussant des pointes de quatre-vingts kilomètres/heure. Elle tue pour tuer, car, le plus souvent, elle ne dévore pas ses victimes; elle attaque celles-ci à la gorge. Fait curieux, les animaux demeurent silencieux à son approche. On a prétendu – réminiscence de vieilles croyances – que les balles ricochaient sur elle...

De nombreuses hypothèses ont été avancées au sujet de la Bête des Vosges. On a pensé à un loup venu d'Europe centrale, ou lâché volontairement dans les Vosges. Mais son comportement n'est pas celui d'un loup normal. Ne serait-ce pas un animal malade, épileptique par exemple, ou alors enragé? Mais une bête enragée meurt au bout de quelques jours. Alors, ne serait-ce pas simplement un chien errant? Il est fréquent que de grands chiens redevenus sauvages commettent des carnages dans les élevages de moutons.

Il est, en fait, probable que la Bête des Vosges était un chien ou un loup manipulé par un mauvais plaisant. Il a été remarqué qu'elle ne « travaillait » que certains jours. On chuchotait que des loups, ou des animaux à l'allure de loups, étaient détenus dans certaines propriétés de la région. Et un camp d'entraînement de cascadeurs, qui possédait des loups, avait existé dans les environs. Surtout, une mystérieuse voiture blanche avait été remarquée non loin des lieux où opérait l'animal. Il est possible que la Bête ait obéi à un sifflet à ultrasons, ou ait été téléguidée à l'aide d'un appareillage placé dans les oreilles. Bref, des procédés qu'aurait aimé connaître Stapleton, le maître du chien des Baskerville...

Il suffit d'ailleurs de feuilleter la presse régionale pour découvrir des affaires de ce genre. Ainsi, *La Dépêche du Midi* du 1er septembre 1982 relate l'apparition d'une bête étrange près de Lagraulas (Gers). D'après un témoin, cette Bête aurait un pelage marron foncé avec une tache jaune sur le poitrail, de hautes pattes, une queue très longue et – ce qui doit nous rappeler quelque chose – « une grosse tête de chat encadrée de deux longues oreilles à l'extrémité cassée ». S'agit-il seulement d'un fauve échappé d'un cirque? Trois chasseurs, croyant avoir affaire à la « Bête », enfument et tuent un malheureux chat réfugié dans un caniveau... Au début de décembre 1982, c'est dans le Limousin qu'une mystérieuse Bête sème la panique.

Particulièrement insolite par son aspect, une « Bête » a inquiété le Quercy en 1983. Un beau matin de printemps, au Hameau-de-Belinac, près de Livernon (Lot), Jean-Paul Carayol va voir son troupeau de vaches au pâturage. Il a la surprise de les trouver aux prises avec un animal. Celui-ci fonce sur lui en poussant un « cri lugubre ». Il se sauve à toutes jambes. Or l'animal, pour une fois, n'a pas une allure de chien, de loup ou de félin, mais... de cerf! Deux vaches seront trouvées mortes. Les traces d'un grand ruminant seront effectivement relevées sur place. Son poids est évalué à quelque deux cents kilos. Certaines des empreintes font penser qu'il a été flairer le placenta d'une des vaches...

Peu après, le 4 juin, un autre troupeau est attaqué par le mystérieux animal. Ses cris sont entendus : ce sont des mugissements évoquant, en plus allongés, le meuglement d'une vache. Des juments seront également poursuivies, et l'une d'elles, tuée. Puis la « Bête du Haut-Quercy » disparaîtra subitement... De toute évidence, il s'agissait d'un cerf. Et c'est triplement étrange. D'abord, il n'y a pas de cerfs dans la région. Ensuite, au printemps, les cerfs sont « en velours », c'est-à-dire qu'ils n'ont pas de bois. Enfin, ils ne sont pas agressifs à cette époque, comme ils le sont au moment du brame, à l'automne...

Le chien noir de Jersey

Si les « Bêtes » sont une spécialité française, les « chiens noirs » seraient plutôt l'apanage de la Grande-Bretagne, bien qu'ils apparaissent aussi dans le folklore français. Car, en principe, les chiens noirs sont des êtres purement mythiques, à moins que... Le dossier des chiens noirs britanniques est, en effet, troublant, et il est à peine utile de rappeler que Conan Doyle s'en est inspiré pour écrire *Le Chien des Baskerville*.

Ainsi, à Jersey, court la légende du chien de Bouley, qui hanterait les falaises du nord-est de l'île. Ce chien géant, de la taille d'un bœuf et aux yeux grands comme des soucoupes, traînerait une longue chaîne attachée à son collier. Fait notable, on retrouve, à Bayeux, une légende de chien noir qui vagabonde la nuit, en traînant des chaînes. Il est vrai que Jersey faisait partie de la Normandie. Voici d'ailleurs, en parler jerriais (l'ancienne langue de l'île), ce qu'on disait du chien de Bouley, dont la rencontre glacerait de peur les témoins : « Nou s'trouvait comme paralysé, ne pouvant ni s'sauver ni crier au s'cours, la clyncaill'lie âffreuthe dé la chaîne s'appraichant de pus en pus. Un co l'tchian arrivé, i sé m'ttait à couôrre le tou d'vous et pus près, pus près, pus près, et la chaîne touôngnolait à vouos pids. » L'homme, même « le pus vaillant », qui avait rencontré le « tchian de Bouôlé », était retrouvé « barbelueûtant » (marmottant), couché le long d'un fossé. On a prétendu que la légende du chien de Bouley avait été inventée par les trafiquants d'eau-de-vie pour dissuader la police d'aller sur les falaises de Bouley [1]...

Des histoires de chiens noirs, identifiés au diable, qui s'évanouissent dans un éclair, en explosant, il y en a beaucoup de la Cornouailles à l'Ecosse. Une forte odeur de soufre subsisterait là où ils sont apparus. Leurs yeux brillent dans l'obscurité d'une façon inquiétante. Bref, ces chiens noirs ne semblent pas avoir, à première vue, leur place dans un ouvrage consacré à des animaux réels restant à découvrir. Cependant, on connaît des observations relativement récentes à leur sujet, faites par des promeneurs solitaires qui en auraient rencontrés.

A l'automne 1938, Ernest Whiteland marche entre Bungay et Ditchingham, à la limite du Suffolk et du Norfolk. Il racontera :

1. Voir Barthélémy (Guy) : *Jersey, vieux pays*, Publications du Pélican, 1974.

« Environ à mi-chemin entre la maison du contremaître au Maltings et la gare de Ditchingham [...], je vis un objet noir à environ soixante-dix mètres, et qui venait vers moi. J'étais du côté gauche de la route, près de la haie. Comme il s'approchait, je pus voir que c'était un grand chien noir, trottant du côté de la route où je me trouvais. C'était une belle soirée – pas de vent, tout était calme. Quand le chien fut à moins de dix mètres, je pus distinguer sa toison épaisse et noire; il avait une hauteur d'environ soixante-dix centimètres. Je me déplaçais vers le milieu de la route pour le laisser passer. Lorsqu'il parvint à ma hauteur, il disparut. Je regardais autour de moi pour voir si je ne m'étais

L'énigme des mutilations de bétail

L'énigme des mutilations de bétail ne relève peut-être pas de la cryptozoologie, mais il n'est pas possible de l'ignorer ici.

Depuis une vingtaine d'années surtout, plus de dix mille bœufs et vaches (et parfois d'autres animaux) ont été trouvés morts, aux Etats-Unis et au Canada principalement, dans des conditions inexplicables. Ces animaux sont découverts morts, au petit matin, les yeux, la langue ou les organes génitaux arrachés, le sang aspiré, les os brisés (comme s'ils avaient été lâchés d'une bonne hauteur). Les mutilations sont parfois faites avec une grande habileté : il s'agit presque d'opérations chirurgicales. Fait également très curieux, il n'y a le plus souvent aucune trace près des dépouilles. En dépit des enquêtes scientifiques et policières, aucun coupable n'a jamais pu être démasqué.

De nombreuses hypothèses ont été avancées au sujet des mutes, *comme on les appelle en Amérique du Nord. Certaines contiennent peut-être leur part de vérité.*

1) Les prédateurs – *Hypothèse à rejeter. On ne voit pas quel animal de la faune nord-américaine pourrait ainsi tuer des bovins. A la rigueur, des animaux pourraient dévorer des vaches déjà tuées.*

2) Des expériences militaires – *Si des expériences sur le laser ou la guerre biologique sont peu probables, une opération de stratégie psychologique n'est pas à rejeter.*

3) Des sadiques – *Explication sans doute valable dans certains cas, mais qui ne rend pas compte de l'ampleur du phénomène.*

4) Des intimidations d'éleveurs vis-à-vis d'autres éleveurs – *Hypothèse plausible au moins dans certaines régions (Texas).*

5) Des sectes sataniques – *(qui prélèveraient des organes pour des « messes rouges ») – Explication sans doute valable, mais elle ne peut tout expliquer.*

6) Des extraterrestres – *Cette hypothèse a été suscitée par le fait que les dépouilles semblent avoir été soulevées de terre. Ces extraterrestres auraient-ils eu besoin de mutiler tant de vaches pour étudier leurs organes? A moins qu'ils ne se livrent, eux aussi, à des manipulations psychologiques sur les Terriens...*

pas trompé – pour voir s'il courait encore, mais ne le vis plus. J'allais alors regarder par-dessus la haie, m'attendant à le voir dans la prairie, ou à l'entendre, mais ce fut en vain. Je m'arrêtai, me semble-t-il, durant quelques minutes. Alors une peur soudaine s'empara de moi, et je rentrai fort rapidement chez moi. »

Il y a peut-être plus tangible. A la porte de l'église de Blythburgh, dans le Suffolk également, on peut toujours voir d'étranges traces de griffes. Elles dateraient de 1577 et seraient dues à un chien mystérieux. Le 4 août de cette année-là, la foule est rassemblée devant cette église et dans celle du village voisin de Bungay, que nous connaissons déjà. Soudain, un terrible orage éclate. Et un chien noir apparaît dans l'église de Bungay. Il tue deux fidèles agenouillés et en blesse un troisième. Le chien pénètre ensuite dans l'église de Blythburgh, et y tue également deux personnes. En partant, il gratte contre la porte, et ce sont ses traces que l'on y verrait toujours aujourd'hui.

Di Francis a imaginé une ingénieuse explication au sujet de ces histoires de chiens noirs : les « chiens » seraient en réalité... des « chats ». Rappelons-nous qu'un fait nous avait frappés dans le dossier des « pumas » britanniques : la rareté des témoignages avant notre époque. Tout s'éclaire si l'on admet – ce qui est évidemment très discutable – que les histoires de chiens noirs ont été inspirées par des rencontres avec des félins. Di Francis fait remarquer que de grands chats sont précisément observés dans des régions où courent des légendes de chiens noirs : Lincolnshire, Yorkshire, et bien sûr Dartmoor et Ecosse.

Qu'un félin puisse être pris pour un chien semble prouvé par l'affaire du « Girt Dog » d'Ennerdale. Ce chien sema la terreur, en 1810, dans le Cumberland. Il décimait les troupeaux de moutons, dont il buvait le sang. L'animal finit par être tué, au cours d'une battue, le 12 septembre. Un coup de feu lui fut fatal, et il fut achevé par les chiens. Sa dépouille naturalisée fut exposée au musée de Keswick. Malheureusement, celui-ci ferma en 1876, et la dépouille fut perdue. Or, si l'on relit les descriptions de la Bête, on s'aperçoit qu'elle est beaucoup plus décrite comme un félin que comme un chien : elle avait une allure de lion et un pelage jaune-brun marqué de raies sombres.

L'Animal du Devonshire

C'est le moment d'évoquer une affaire fort étrange, qui a fait couler beaucoup d'encre, mais sur laquelle des lueurs nouvelles peuvent être apportées.

Le 8 février 1855, le jour se lève sur la campagne du Devon. Les champs sont couverts de neige. Or, dans ces champs, non loin d'Exeter, les habitants, stupéfaits, découvrent des traces insolites, en forme de fer à cheval. Elles mesurent douze centimètres de long. La population est terrorisée par ces traces, qu'elle attribue au diable, et n'ose plus sortir le soir. L'affaire passera à la postérité comme celle de l'« Animal du Devonshire ». Plus étranges encore sont les pistes formées par les empreintes : elles dessinent de longues lignes droites qui traversent les rivières, s'approchent de la porte des maisons et passent même sur le toit de celles-ci. Elles pénètrent dans des jardins entourés de murs élevés. Elles finissent par se perdre dans une forêt. Autre détail bizarre, les traces d'une pique les accompagnent parfois. Des griffes auraient été distinguées sur certaines empreintes, mais, dans l'ensemble, elles évoquent plutôt celles d'un âne. Elles furent visibles durant quatre jours. A un endroit, elles semblaient apparaître subitement, en plein champ. Des habitants de la région tentèrent de les suivre avec des chiens, mais ceux-ci, terrifiés, refusèrent d'entrer dans la forêt où elles se perdaient : ils paraissaient sentir une odeur insolite. Les pistes totalisaient quelque cent cinquante kilomètres. Elles avaient donc dû être laissées par un animal bon coureur et au souffle inépuisable. D'innombrables hypothèses furent avancées pour les expliquer : un âne, une loutre, un blaireau, un mulot, un kangourou, un cygne, une bande d'oiseaux, un monstre venu de la mer... La plupart de ces animaux seraient pourtant bien incapables de grimper sur des toits. Alors, ne serait-ce pas plutôt un phénomène physique ou météorologique qu'il faudrait invoquer, comme le suggérerait le tracé rectiligne des pistes? Di Francis a trouvé une autre explication. Pour elle, l'Animal du Devonshire serait un spécimen de « félin britannique ». Le Devon est l'une des régions où on le signale le plus souvent et, effectivement, un grand chat pourrait fort bien franchir des murs, escalader des toits, flairer les portes... De plus, des empreintes de félin dans la neige peuvent prendre l'aspect de traces d'âne. Peut-être l'animal, trouvant difficilement sa nourriture par temps de neige, était-il venu rôder près des habitations, dans l'espoir de quelque déchet. Reste à savoir, si chat il y avait, quel était ce chat. Les chiens noirs et l'Animal du Devonshire nous ont donc ramenés au félin britannique. Et si, officiellement, un tel animal ne se rencontre pas en Grande-Bretagne, il n'y a pas, non plus, d'ours en Afrique. Et pourtant...

Le redoutable ours Nandi

Plus exactement, il n'y a plus d'ours en Afrique. L'ours brun habita en effet le Maghreb jusqu'à une date assez récente. Profitant de l'isthme qui reliait alors la péninsule Ibérique à l'Afrique du Nord, l'ours brun s'était répandu du Maroc à la Tunisie. Au Moyen Age, les chefs d'Etat nord-africains offraient aux souverains européens des ours en cadeaux. Puis l'ours disparaît peu à peu du Maghreb. Au début de notre siècle, il se confine à l'extrême nord du Maroc, où il finit par s'éteindre. Plus au sud, en Afrique, nul ours n'a jamais vécu. Aussi est-ce avec étonnement et scepticisme qu'il faut aborder le problème de l'ours Nandi, animal féroce considéré au Kenya comme un véritable croque-mitaine. Il doit son appellation au nom des habitants de la région qu'il fréquenterait, les Nandis. Souvent cité dans les rapports et les récits de voyages des Britanniques ayant séjourné en Afrique orientale, il s'agirait d'un gros mammifère dont l'aspect serait effectivement celui d'un ours, ou d'un grand babouin. Parfois aperçu, assis sur son séant, dans la posture familière aux ours, son avant-train porterait une sorte de crinière, tandis que la partie postérieure de son corps serait couverte d'un pelage plus ras. Sa démarche serait fort pataude, voire maladroite. En un mot, il serait tout le contraire d'un félin, et n'évoquerait pas non plus un canidé. Son museau serait plutôt allongé; ses oreilles, petites, et sa queue, très réduite.

L'un des témoignages les plus précis sur l'ours Nandi nous vient de G. W. Hickes, un ingénieur qui travaillait à la construction d'une voie ferrée au Kenya. Le 8 mars 1913, il circulait, sur un trolley à moteur, le long de cette voie ferrée. Il était environ 9 heures du matin. L'ingénieur aperçoit alors, presque sur la voie, un animal qu'il prend pour une hyène. Il s'éloigne perpendiculairement de la voie. Mais non, ce n'est pas une hyène. C'est une bête de la taille d'un lion, au pelage fauve et hirsute, à la silhouette trapue et au nez épaté. Elle se sauve, ses pattes antérieures et les postérieures se soulevant en même temps. Les témoignages sur l'animal, qui est aussi appelé le « chemosit », sont assez concordants. Les empreintes trouvées semblent indiquer que c'est un plantigrade, comme l'ours. Et des Africains l'ont reconnu sur des dessins d'ours... Pourtant, l'existence d'un ours en Afrique tropicale est quasi impossible.

Il ne faut pas se fier aux allures pataudes et bonasses de l'ours Nandi. En certaines occasions, il devient extrêmement agressif. Ainsi, en 1925, un chemosit serait entré par effraction dans une hutte de torchis et aurait enlevé une fillette de six ans; il aurait, dans le même village, percé une haie épineuse large de deux mètres cinquante pour se saisir de plusieurs veaux. Si les faits sont exacts, il faut en déduire que l'animal est doté de fortes griffes et d'une toison épaisse. Le gouvernement ordonna de nettoyer une bande de sable entre le village et la forêt où l'animal se cachait sans doute, afin d'en obtenir de bonnes empreintes. Or, le lendemain, le délégué du gouvernement est réveillé par les cris de son chien. Le temps qu'il réagisse et celui-ci a été égorgé par le mystérieux animal qui s'enfuit. Des coups de feu sont tirés, sans succès. Les empreintes laissées dans le sable sont d'une taille incroyable : quatre fois celle d'un pied humain...

Les témoins comparent souvent l'ours Nandi à une hyène, en raison surtout de son dos en pente. Aussi n'est-il pas impossible que des hyènes de très forte taille soient en cause dans cette affaire. L'hyène n'est pas la charognarde exclusive que l'on a souvent décrite. Elle s'attaque à des proies vivantes. Et, parfois, ce sont les lions qui mangent les restes des proies tuées par les hyènes : le contraire de la scène classique! On a vu des hyènes foncer sur des flamants...

Des babouins de grande taille pourraient également être en cause. Certaines espèces de babouins, comme le gélada ou le chacma, sont déjà imposantes, et il pourrait en exister de plus grandes encore. Certes, on a du mal à croire qu'un babouin ou une hyène puisse s'attaquer aux hommes comme le ferait l'ours Nandi. Peut-être, comme dans l'affaire du *mngwa*, faudrait-il voir là l'action de criminels humains.

Deux pièces récentes sont sans doute à verser au dossier de l'ours Nandi. Au début de 1974, des centaines de moutons, chèvres et veaux sont tués dans le district de Bungoma, au Kenya, par un animal mystérieux. Les habitants se demandent si le coupable n'est pas une bête amenée, puis libérée, par des Asiatiques fuyant l'Ouganda après leur expulsion par Idi Amin Dada. En 1980, l'expédition Drake, dirigée par le lieutenant-colonel J. Blashford-Snell, fait escale au Kenya. Cette expédition refait le périple du marin anglais Francis Drake, qui fit le tour du monde au seizième siècle [1]. J. Blashford-Snell et ses compagnons décident d'explorer le cratère d'un volcan éteint, le mont Susua, à une vingtaine de kilomètres de Nairobi. Ce cratère, entouré d'un ravin circulaire large de cent cinquante mètres, est difficile d'accès. Il faudra installer un téléphérique pour le franchir. L'enjeu en valait la peine. Les explorateurs découvrirent un monde étrange, où des jets de vapeur surgissent au milieu de plantes vénéneuses. Ils rencontrèrent des serpents, une panthère se montra. Et, surtout, ils découvrirent une population de babouins géants, hauts d'un mètre cinquante qui se déplaçaient, par groupes de cinquante environ, sur des parois abruptes. Leurs évolutions semblaient réglées d'une façon quasi militaire, au moins celles des mâles, car les femelles paraissaient plus libres de leurs mouvements. Les mâles tentèrent d'intimider les explorateurs, mais battirent en retraite quand la panthère réapparut...

Nous avons souvent, au cours de ce chapitre, évoqué les chiens et leurs parents. Existe-t-il encore, à travers le monde, des canidés inconnus? Au Sahara, il est question d'un mammifère, appelé *adjoulé* ou *kelb el khela* (chien de brousse), très redouté des habitants. Il serait distinct du chacal et plus comparable au loup. Le Père de Foucauld en entendit parler et, plus récemment, Roland Heu croit l'avoir vu. En Nouvelle-Guinée, le mont Giluwe, le « toit du monde papou », qui culmine à quatre mille soixante-dix-huit mètres, serait hanté par des chiens sauvages. Pierre Paillard, premier Français à le gravir en 1956, questionna les habitants de la région : « Comment savez-vous qu'il y a des chiens énormes au sommet si aucun homme n'y a jamais été? – Des chasseurs de phalangers ont vu, à la lisière de la forêt et des vastes étendues pierreuses, des traces énormes, séchées dans la boue et ne pouvant être laissées que par des chiens. » Dans la cordillère des Andes, l'existence d'un canidé inconnu est certaine. On possède en effet le crâne et la peau, obtenus séparément, d'un « loup des Andes », qui vivrait quelque part dans ce massif. Ce serait un proche parent du loup à crinière, mais il a, comme il se doit pour une espèce montagnarde, une fourrure beaucoup plus fournie : la main s'y enfonce. Mais nul, à part sans doute quelques Indiens, ne peut dire : « Le loup des Andes existe, je l'ai rencontré. » Et pourtant, cet *Oreocyon hagenbecki*, comme on l'a appelé, existe bel et bien.

1. Nous avons déjà évoqué J. Blashford-Snell à propos de sa rencontre avec un varan géant de Nouvelle-Guinée. Il dirige actuellement une expédition Raleigh autour du monde, forte de quatre mille personnes.

14

L'inconnu des Alpes

AVEC le tatzelwurm, nous arrivons à l'un des mystères les plus irritants de la cryptozoologie. Certes, avec le serpent-de-mer, les monstres lacustres, les grands chats et les « Bêtes » meurtrières, nous avons eu affaire à des énigmes souvent très proches de nous, mais, cette fois, va se trouver posé un problème extraordinaire : existe-t-il encore, au cœur de l'Europe, un animal terrestre inconnu de bonne taille?

Tatzelwurm signifie en allemand « ver à pattes ». C'est le nom le plus célèbre de cet animal qui figure depuis des siècles dans les chroniques des régions alpestres. Il habiterait en effet les Alpes allemandes, suisses, autrichiennes et italiennes. On n'en connaît pas d'observations dans les Alpes françaises, mais il y apparaît dans les traditions; certaines rencontres sont d'ailleurs très proches de la frontière française. Le tatzelwurm fait d'abord figure de dragon mythologique, mais voici qu'en 1779 un certain Hans Fuchs meurt d'une crise cardiaque après s'être trouvé nez à nez avec deux d'entre eux à Unken, près de Salzbourg. Ses parents laissèrent une peinture représentant la scène : les tatzelwurms y ont l'aspect de grands lézards dotés de quatre pattes à trois orteils. C'est là un signalement que la plupart des témoins vont leur attribuer. L'allure de l'animal est celle d'un lézard ou d'une salamandre de forte taille. Il a une grande bouche avec des dents pointues. Ses yeux sont bien visibles. Le cou est court, à peine distinct. Le corps, assez robuste, mesure de soixante centimètres à un mètre, et semble parfois dépasser cette taille. L'animal est en général blanchâtre, plus rarement brunâtre. Les spécimens rencontrés en forêt semblent plus sombres que ceux observés en milieu rocheux. Un seul observateur parle d'un tatzelwurm noir avec des taches jaunes.

Les descriptions de la peau sont très variables : pour certains témoins, elle est nue; pour d'autres, elle est écailleuse; d'autres enfin signalent un pelage ras. Encore plus singulières sont les variations du nombre de pattes, du moins selon les observateurs. Selon les cas, le tatzelwurm est décrit avec quatre pattes, ou sans pattes, ou avec seulement deux pattes antérieures. Il est vraisemblable que l'animal possède quatre pattes. La queue ne dépasse pas le quart de la longueur totale : elle est obtuse pour certains témoins, pointue pour d'autres.

Un animal cavernicole?

J'emprunte cette description à l'enquête menée sur l'animal par Ulrich Magin. Celui-ci a recensé près de quarante rencontres avec des tatzelwurms présumés du dix-huitième siècle à nos jours. Elles se situent principalement dans le Tyrol (Wurmbachtal, Spielberg), dans la région de Salzbourg, dans les Hohe Tauern, en Suisse (Berne, Uri), en Bavière (Ruhpolding). Il faut noter que, pour certains habitants de ces régions, il s'agit d'un animal bien réel, qui fait partie de la faune montagnarde comme la marmotte ou la vipère. Une photo, due à un Suisse du nom de Balkin, en a même été publiée. Hélas, l'animal qu'on y voit ne semble pas très naturel : il paraît être en porcelaine.

Le tatzelwurm vivrait à une altitude de cinq cents à deux mille mètres. Il pénétrerait dans les grottes, ou même y passerait une grande partie de sa vie, ce qui expliquerait qu'il soit toujours inconnu. Ainsi, en 1929, un instituteur autrichien explore une grotte proche de Landsberg. Il aperçoit un animal serpentiforme allongé sur de l'humus en putréfaction : il fixe de ses grands yeux l'homme qui tente de l'attraper. En vain : le tatzelwurm, sentant le danger, s'est éclipsé dans un trou.

J'ai récemment recueilli une information étrange. Chaque printemps, dans le Val d'Aoste, un tatzelwurm sortirait par une source, avec la montée des eaux. Il serait alors visible quelque temps.

Un point important plaide en faveur de l'existence de cet animal : les observations se situent toutes pendant la belle saison. En effet, le tatzelwurm est certainement une espèce hibernante. Or, précisément, certains témoignages font état de spécimens ayant pénétré l'hiver dans des granges pour hiberner dans le foin. On assure aussi que le tatzelwurm émet des sifflements et que, volontiers agressif, il est capable de vous sauter au visage... En 1924, un squelette de cet animal aurait été trouvé près de Murtal. L'une des dernières observations, datant de l'été 1963, se situe près d'Udine, en Italie. Plusieurs témoins affirmèrent avoir vu une sorte de serpent, qui se tenait toujours près d'un trou et était accompagné d'un « serpent-pilote »...

On peut donc se demander s'il existe un vertébré inconnu dans le massif alpin. Comme on l'imagine, cette possibilité est si incroyable, si « provocante » pour la zoologie classique, que beaucoup de spécialistes la balaient d'un coup de plume. Ils expliquent alors l'affaire du tatzelwurm par des confusions avec l'une ou l'autre des espèces de reptiles ou d'amphibiens d'Europe occidentale et centrale. Ou bien, alors, ils avancent des hypothèses plus ou moins ingénieuses : le tatzelwurm ne serait, selon les cas, qu'un serpent blessé, une loutre égarée, un blaireau pelé, un gros ver de terre [1]. Une thèse particulièrement amusante assimile le mystérieux animal à une file de musaraignes se tenant par la queue, la mère en tête. Il faut dire que certains

1. Sait-on qu'il existe en France des lombrics qui atteignent ou même dépassent quatre-vingt-cinq centimètres?

22. *Incroyable : cet animal inconnu, le tatzelwurm, se cacherait encore dans les Alpes.*

épisodes de l'affaire inclinent à la prudence. Un homme présenta, un jour, ce qu'il croyait être un tatzelwurm : ce n'était qu'un bois de chevreuil en velours...

Pourtant, le dossier de l'affaire, assez cohérent dans l'ensemble, permet de se demander si le tatzelwurm n'existerait pas en tant qu'espèce inconnue. La première idée qui vient à l'esprit est de la rapprocher des lézards. Il existe en Europe des lézards aux pattes très réduites, les seps. Le tatzelwurm ne leur serait-il pas apparenté? Dans les Balkans vit une sorte d'orvet géant, l'ophisaure ou scheltopusik, qui mesure parfois jusqu'à un mètre cinquante. Ce serait aussi un parent rêvé pour le tatzelwurm, qui, lui, en serait resté à un stade évolutif antérieur, puisqu'il aurait gardé ses pattes.

Une hypothèse originale veut le rapprocher de l'héloderme, le seul lézard venimeux, qui habite les déserts d'Amérique du Nord. On prétend en effet que le talzelwurm serait également venimeux. Ce rapprochement demeure toutefois hasardeux.

Au terme de son enquête, Ulrich Magin estime que le mystérieux animal ne serait pas un reptile, mais un amphibien. Par son allure, il évoque en effet un triton ou une salamandre. Or, dans des régions situées juste à l'est des Alpes, en Yougoslavie, vit le curieux protée. Cet amphibien cavernicole n'a été découvert qu'à la fin du dix-septième siècle lorsqu'un spécimen... surgit d'une source. Plus précisément, U. Magin rapproche le tatzelwurm de la salamandre géante de Chine et du Japon, qui mesure jusqu'à un mètre quatre-vingt et habite également des régions montagneuses. Toutefois, elle est de mœurs davantage aquatiques. Et U. Magin reconnaît que si le tatzelwurm est vraiment capable de bondir, il se différencie, à cet égard, de la salamandre géante, laquelle est un animal fort indolent. Les sécrétions venimeuses de la peau des amphibiens expliqueraient en tout cas pourquoi le tatzelwurm a la réputation d'être venimeux.

Peut-être faut-il rapprocher du dossier du tatzelwurm la curieuse observation rapportée par l'écrivain et voyageur Samivel [1]. Celui-ci raconte qu'en 1859 David Martin, le futur conservateur du musée de Gap, et un berger du nom de Pellenq ont vu dans l'Oisans une énorme couleuvre à collier, longue d'un peu plus de trois mètres. Son épaisseur dépassait celle d'une cuisse d'homme. Une autre couleuvre géante aurait été vue dans la même région, vingt-cinq ans plus tôt, et une dans les Alpes-Maritimes, vers 1970.

1. *Le Grand Oisans sauvage*, Arthaud, 1978, p. 112.

20 étrangetés de la faune française
(s'ajoutant à celles étudiées dans les chapitres précédents)

1) Le poisson du Lauvitel – Une truite longue de près d'un mètre a été photographiée dans le Lauvitel, petit lac du parc national des Ecrins. Celui-ci hébergerait des poissons encore plus grands.

2) L'ibis chauve – Appelé aussi « waldrapp », l'ibis chauve habita jusqu'au seizième siècle les Alpes et le Jura. Il fut signalé près de Grenoble ainsi qu'en Lorraine. Il nichait sur les falaises escarpées. L'ibis chauve subsiste au Proche-Orient et en Afrique du Nord.

3) La perdrix roquette – La perdrix roquette serait une perdrix grise sociable et migratrice, aux pattes jaunes. Il s'agit sans doute d'individus anormaux.

4) L'ours de Corse – Un ours brun de petite taille aurait habité la Corse jusqu'au seizième siècle. Un tel ours existe toujours dans le Trentin.

5) La Bête d'Ossun (Hautes-Pyrénées) – Observé en 1893, cet animal verdâtre, long d'un mètre cinquante, était sans doute un iguane rapporté d'Amérique.

6) Les loutres de Paris – En dépit de certaines affirmations, il n'y a pas de loutres dans les égouts ou sur les quais de Paris. Pourtant, certains prétendaient avoir vu leurs excréments...

7) La baleine grise – Aujourd'hui cantonnée au Pacifique, la baleine grise habita jadis les eaux hollandaises et fréquenta sans doute l'estuaire de la Seine.

8) La martre et la fouine en Corse – La présence de ces deux carnivores n'est pas reconnue officiellement en Corse, mais des observations récentes semblent en apporter de nouvelles preuves.

9) La survivance du renne – Divers indices, notamment des textes de César et de Gaston de Foix, font penser que le renne a survécu dans nos régions à l'époque historique.

L'insaisissable oiseau des Marquises

Les quatre derniers chapitres de ce livre étant consacrés aux êtres mystérieux d'aspect humain ou humanoïde, il nous reste à passer en revue, dans le présent chapitre, les « divers » de la cryptozoologie, c'est-à-dire les « petites » affaires qui ne prennent pas place dans les « grands » dossiers. Elles n'en sont pas moins intéressantes. Il en va ainsi du *koau* [1]. Il s'agirait d'un oiseau localisé aux îles Marquises, dans le Pacifique, et toujours inconnu à ce jour. Cet oiseau bénéficie de deux parrainages prestigieux, celui de Thor Heyerdahl, le navigateur norvégien, héros du *Kon-Tiki,* et celui du voyageur et archéologue

1. Prononcer *ko-a-o.*

10) La Bête de la Ferté-Loupière (Yonne) – Tué en 1929, cet animal tout vert, long d'un mètre, était sans doute un iguane importé en France.

11) Le lagomys en Corse – Cette sorte de petit lapin vécut en Corse jusqu'à l'Antiquité. De nombreux ossements en ont été trouvés, et Polybe en parle.

12) La nidification de l'outarde barbue – Cet énorme oiseau nichait jadis en Champagne. Dans les Landes, la Vendée et la Crau, cela paraît moins sûr.

13) La survivance de l'hémione – Cette sorte d'âne sauvage aurait survécu dans nos régions jusqu'au sixième siècle et aurait été chassé par les Francs.

14) Les bécasses à bec court – Depuis quelques années, des bécasses à bec court ont été signalées en France et dans les pays voisins (mutation? action de pesticides?) (un cas dans le parc ornithologique du Marquenterre, Somme).

15) Le roi des rats – Ce rat à plusieurs têtes est en réalité un groupe de rats attachés ou agglutinés les uns aux autres. Des rois des rats ont été trouvés dans diverses régions de France (Alsace, Champagne, etc.)

16) Le grand pingouin en France – Cet oiseau, aujourd'hui disparu, a été signalé sur les côtes de Picardie et du pays de Caux au siècle dernier. Il s'agissait sans doute de spécimens lâchés par des marins.

17) La survivance de l'ours brun dans les Alpes – D'après des ossements découverts dans une grotte proche d'Annemasse, l'ours aurait persisté en Savoie jusque vers 1960.

18) La perdrix rochassière – Il s'agirait d'un hybride de perdrix rouge et de perdrix bartavelle, signalé dans les Alpes.

19) Les oiseaux de la Trappe – En 1758, trois grands oiseaux s'abattent sur l'étang de la Trappe (Orne). C'étaient sans doute des albatros.

20) Les chouettes lumineuses – Des chouettes effraies lumineuses ont été parfois signalées. Leur plumage était enduit de moisissures luminescentes.

23. *Le koau, l'oiseau inconnu des îles Marquises.*

français Francis Mazière, le spécialiste bien connu de l'île de Pâques.

Ainsi, Thor Heyerdahl rapporte, dans l'un de ses livres [1], l'épisode suivant, qui se passe dans l'île de Hiva-Oa, aux Marquises : « Nous étions arrivés à un petit monticule couvert de fougères; un oiseau sans ailes était au milieu du sentier et nous regardait. Puis il détala plus rapidement qu'une poule et disparut en un éclair dans une sorte de tunnel entre les fougères épaisses. Nous avions entendu parler de ces oiseaux sans ailes, espèce étrange, inconnue des ornithologues. Les insulaires en avaient vu souvent, mais n'avaient jamais réussi à en attraper, puisqu'ils plongeaient toujours à une folle vitesse dans des trous et des galeries. Dans le Pacifique, l'on ne connaît d'oiseaux sans ailes qu'en Nouvelle-Zélande : c'est le kiwi et la race maintenant éteinte des dinornis, qui mesuraient quatre mètres. Nous fouillâmes tout un labyrinthe de galeries qui zébraient le monticule, mais nous ne retrouvâmes pas l'oiseau mystérieux. »

Pour sa part, Francis Mazière rapportait [2] : « Dans l'île d'Hiva-Oa, j'avais entendu parler, par un vieux marin norvégien et quelques indigènes de l'île, de l'existence d'un animal fort curieux, appelé *koau,* qui ressemblait à une espèce de kiwi.

» D'après le vieux Lee, qui en avait poursuivi un à cheval, et n'avait pu du reste le capturer tant sa course était rapide, l'animal avait la grosseur d'un coq, son pelage [3] était violacé, son bec jaune ainsi que ses pattes, longues et fortes. Il ne possédait que des moignons d'ailes. »

1. *Fatu-Hiva, le retour à la nature,* Editions du Pacifique, 1976.
2. *Mystérieux archipel du Tiki,* Laffont, 1957.
3. F. Mazière veut évidemment dire « plumage ».

Francis Mazière me dit qu'il considérait l'espèce comme aujourd'hui éteinte, victime de la chasse. Il en existerait des ossements dans des tombeaux. Pour sa part, Thor Heyerdahl précisa à Michel Raynal que l'oiseau mystérieux était de la taille d'un goéland.

Plutôt que du kiwi, c'est des râles qu'il faut certainement rapprocher le *koau*. De nombreuses espèces de râles incapables de voler vivent (ou vivaient encore récemment) sur les îles du Pacifique. Aux Marquises justement existe une petite espèce de râle, la marouette fuligineuse, qui présente bien des points communs avec le *koau*. Comme lui, elle se sauve en courant dans l'herbe ou se creuse un trou dans la boue. Mais elle ne mesure que de quinze à vingt centimètres.

M. Raynal préfère assimiler le *koau* à un autre rallidé, le notornis ou takahé de Nouvelle-Zélande, qui ressemble plutôt à une grosse poule d'eau au plumage violet et bleu foncé. Il faudrait alors imaginer que les Maoris aient introduit le takahé aux îles Marquises, à partir de la Nouvelle-Zélande. Pourquoi pas?

Restons dans le monde des oiseaux et demeurons en Océanie pour nous intéresser à quelques énigmes australiennes. En 1967, George et Jean Rollo parcourent une forêt voisine de Robertson, sur la côte méridionale de la Nouvelle-Galles du Sud. Tout à coup, un craquement de branches se fait entendre, et ils se trouvent en face d'un oiseau géant au long cou et aux ailes atrophiées qui fonce vers eux, les obligeant à s'enfuir. Ils évaluent sa taille à plus de trois mètres. Quel pouvait être cet oiseau? Un émeu géant, ou une sorte de casoar? Les ossements de ces deux espèces fossiles figurent dans le Quaternaire d'Australie. Ne serait-ce pas, plus simplement, des autruches échappées d'élevages et redevenues sauvages.

En septembre 1969, Rex Gilroy traverse une forêt, dans la Jameison Valley, près de Katomba, quand un bruit terrible retentit au-dessus de lui, dans les arbres. Les branches sont si serrées qu'il aperçoit seulement une grande ombre qui passe... En août 1970, pratiquement au même endroit, il est témoin d'une scène semblable. Un couple d'enseignants de Sydney l'accompagne. Ils ne voient, cette fois encore, qu'une ombre gigantesque...

Ces événements s'expliquent peut-être par l'existence de très grands rapaces sur les hautes falaises du Mount Solitary et de Narrow Neck. Il s'agirait d'aigles à queue cunéiforme dont l'envergure varie d'habitude de deux mètres à deux mètres quarante. Des spécimens de trois mètres, ou plus, d'envergure auraient été vus. En 1969, un fermier d'Oberon aurait tué un aigle particulièrement colossal, mais il ne le photographia pas et ne conserva pas non plus sa dépouille.

Mystères ornithologiques

Des affaires d'oiseaux mystérieux, il en est quelques autres à travers le monde. Ainsi, au British Museum of Natural History de Londres est conservée une plume qui ne correspond à aucune espèce connue. Elle proviendrait d'un argus qui habiterait Java. Les argus sont de splendides faisans, dont on connaît deux espèces. Il en existerait donc une troisième. Au Vietnam, le Pr. Jacques Berlioz, qui fut directeur du laboratoire d'ornithologie du Muséum de Paris, vit, de ses yeux, un faisan manifestement inconnu.

Au Sahara ont été découverts des fragments de coquilles d'œufs datant peut-être de quelques centaines d'années. Ce ne sont pas des morceaux d'œufs d'autruches. Peut-être ces œufs sont-ils ceux d'un francolin géant, disparu sans laisser d'autres traces. Les francolins sont des gallinacés apparentés aux perdrix. J'ai la chance de posséder l'un de ces fragments d'œufs.

Autre affaire bizarre : celle des nids géants d'Egypte. Entre 1821 et 1823, M. James Burton découvrit, à Gebel Ezzeit, sur la côte égyptienne de la mer Rouge, trois nids énormes. Ils auraient atteint plus de quatre mètres cinquante de haut! Ils étaient de forme conique et constitués de matériaux hétéroclites : branchages, herbes, os de poissons et aussi une montre en argent. Il se serait donc agi de nids récents. D'après les habitants de la région, les oiseaux qui les avaient construits étaient des sortes de cigognes.

Cette histoire repose peut-être sur une confusion. Les nids en question ont peut-être été édifiés par quelque espèce de marabout ou de jabiru aujourd'hui disparue. Des oiseaux actuels se seraient installés pour nicher sur le socle de ces nids et y auraient apporté des objets modernes : certaines espèces ont, en effet, l'habitude de garnir leurs nids des objets les plus inattendus.

Le lemming des lichens

En 1971, Roland Heu découvre, près de Poste de la Baleine, sur la côte orientale de la baie d'Hudson, au Québec (Canada), les dépouilles de deux lemmings. Elles se trouvaient dans une zone de forêt claire, au sol tapissé de lichens très denses. Plus précisément, les deux rongeurs gisaient chacun dans son terrier. Ces terriers comprenaient des galeries compliquées, sous une grande plaque de métal. Ils comportaient chacun un nid d'herbes et de papiers dilacérés; ils étaient creusés dans le lichen écrasé. R. Heu eut très vite l'impression que ces lemmings étaient d'une espèce inconnue. Ils évoquaient le lemming d'Ungava, mais étaient plus petits, bien qu'adultes.

Le spécimen rapporté en France mesure environ quatre-vingt-dix-huit millimètres, avec une queue de dix millimètres. Il a la tête renflée, le museau court, le pelage dorsal beige roussâtre, le ventre beige clair. Nous avons décidé de décrire ce lemming comme espèce nouvelle que nous avons nommée :

Le lemming des lichens, Dicrostonyx minutus, *Barloy et Heu, 1984. La description de ce nouveau mammifère a paru dans* Inter Nord, *la revue du Centre d'études arctiques (1985).*

Encore plus déroutantes sont certaines observations d'oiseaux géants signalées à travers le monde. Disons tout de suite que la plupart ne sont pas dignes de foi. Ainsi, à Copiapo, au Chili, en avril 1868, des mineurs s'apprêtent à dîner, quand ils voient apparaître, dans le ciel, un gigantesque oiseau. Il vole du nord-ouest vers le sud-est, suivant une ligne droite. Il passe à faible hauteur au-dessus des hommes. Ceux-ci remarquent ses ailes grises, ses yeux brillants et sa tête qui ressemble à celle d'un criquet... Encore plus étrange, son corps est couvert d'écailles. Bref, une vraie créature de science-fiction!

Quittons les oiseaux pour nous intéresser à un autre animal incroyable, qui défraya la chronique en 1960. Au mois d'août, une bête extraordinaire aurait été tuée par un planteur d'hévéa, près de Sao Joan di Boca, au Brésil. Elle aurait la taille d'un cheval, un pelage crépu, des dents dépassant de la bouche et... un œil unique au milieu du front! Deux scientifiques qui se trouvaient dans les environs, l'un brésilien, Antunes de Oliviera, l'autre américain, William Shigh, allèrent tout de suite voir la dépouille. La description primitive était certes enjolivée, mais l'animal n'en était pas moins étrange : il tenait à la fois du tapir et du tamanoir... L'affaire, hélas, en resta là.

Le thylacine ne veut pas mourir

D'Australie nous parviennent parfois des histoires de kangourous géants. On a voulu les expliquer par la survivance du diprotodon. Il est certain que des kangourous atteignent de fortes dimensions : le Muséum de Sydney possède un spécimen de très grand kangourou.

Beaucoup plus étonnantes sont les rumeurs faisant état de « kangourous » géants aux Etats-Unis. *Le New York Herald Tribune* du 17 janvier 1934 relate ainsi les étranges événements survenus dans le Tennessee : « Un mystérieux animal aussi " rapide que l'éclair " et semblable à un " kangourou géant " répand la terreur dans la population de Hamburg. La créature apparut samedi soir. Elle tua et dévora en partie plusieurs bergers allemands de la police. La nuit suivante, elle tua d'autres chiens et quelques oies et canards. Les cultivateurs prennent des fusils pour aller aux champs, par peur de la bête, et les autres habitants s'arment de pistolets pour aller à leur travail. » La bête se cacherait dans une caverne...

Un marsupial dont l'existence est plus sûre nous retiendra davantage : le thylacine, ou loup marsupial. Ce marsupial carnivore a, en effet, une allure de loup. Son dos rayé lui vaut l'autre appellation de « tigre de Tasmanie » (à ne pas confondre avec le mystérieux tigre marsupial!) Après avoir été répandu en Nouvelle-Guinée, Australie et Tasmanie, le thylacine recula devant la progression du dingo, un chien sauvage introduit par les aborigènes australiens. Le thylacine finit par se cantonner essentiellement à la Tasmanie.

Au cours des dernières années, les rencontres avec les thylacines se sont faites de plus en plus rares. L'un d'eux fut poursuivi par une

24. *Le thylacine est toujours bien vivant.*

jeep; un autre fut observé depuis un hélicoptère; des empreintes, des déjections furent trouvées. Les observations provenaient surtout de la région littorale du nord-ouest de la Tasmanie. En 1978, un communiqué australien officiel annonçait pourtant l'extinction du thylacine. C'était l'enterrer un peu vite. Et, effectivement, l'animal devait être revu par la suite en Tasmanie.

Plus extraordinaires encore sont les témoignages selon lesquels le loup marsupial survivrait sur le continent australien lui-même. En 1968, une carcasse desséchée de thylacine aurait été découverte dans une grotte des Blue Mountains. Elle aurait été examinée par des spécialistes. En 1970, deux ambulanciers, Harry Smith et Jack Mitchell, remarquent, en passant par le col du mont Victoria, à cent vingt kilomètres de Sydney, un animal écrasé au bord de la route. En arrivant, ils décrivent cet animal : on leur dit qu'il s'agit peut-être d'un thylacine. Ils retournent sur les lieux, mais la dépouille a disparu.

Le 22 février 1972, Rex Gilroy, que nous connaissons déjà, roule, vers 10 heures du soir, dans la région des Blue Mountains quand, dans ses phares, se découpe un thylacine. R. Gilroy est sûr qu'il s'agissait bien de cette espèce. Au mois de juin de la même année, un habitant de Wentworth Falls, dans la même région, Gordon Pereira, est intrigué par l'animal à aspect de chien qui vient parfois s'emparer de ses poulets. Au soir du 14 juin, celui-ci se fait prendre dans une trappe. M. Pereira a le temps de le voir avant qu'il ne réussisse à s'échapper. Ses raies noires confirment que c'est vraisemblablement un thylacine.

En 1974, Mme J. Breda, de Kalangadoo, aperçoit ce qui semble être une femelle de thylacine suivie de ses deux jeunes. Tous trois traversent la route devant sa voiture. Enfin, en octobre 1975, M. et Mme Thomas McCoy observent, durant trois minutes, un thylacine. La scène se passe à Bo Bo Creek, entre Gloucester et Taree. M. MacCoy racontera : « L'animal traversa la route presque lentement, s'arrêta dans l'herbe du bas-côté, non loin de moi, puis tourna la tête et nous donna une bonne vue d'ensemble de lui-même. Il ne manifestait ni peur ni agressivité; en fait, il paraissait même familier. Ensuite, il se retourna et passa à travers une clôture, pour disparaître parmi les fougères. »

Il semble donc que le thylacine soit toujours bien vivant non seulement en Tasmanie, mais aussi sur le continent australien.

L'ours nain du Népal

Les ours ne comptent, à travers le monde, que sept espèces : l'ours blanc (ou ours polaire); l'ours brun; l'ours noir d'Amérique du Nord; l'ours à lunettes d'Amérique du Sud; l'ours à collier (ou ours tibétain); l'ours lippu; et enfin l'ours malais (ou ours des cocotiers). Si l'on inclut le panda géant parmi les ours, nous arrivons à huit espèces. Aussi la découverte d'une nouvelle espèce d'ours serait-elle un événement d'importance. Or, c'est précisément ce qui est en train de se produire. Deux biologistes américains, Daniel Taylor-Ide et Robert L. Fleming, ont signalé, en 1983, l'existence d'une nouvelle espèce d'ours au Népal. Cet *Ursus nepalensis* ressemble, en plus petit, à l'ours à collier. Il a, comme lui, un pelage noir mais ne pèse, au plus, que soixante-dix kilos contre cent vingt kilos pour l'autre espèce.

Plusieurs crânes de cet ours ont été découverts, et constituent la preuve matérielle de sa réalité. De plus, dans les arbres, ont été trouvés des nids fort élaborés, construits par cet ours, qui semble très arboricole. Et l'on se demande si un animal, détenu au zoo de Katmandou, et considéré comme un jeune ours à collier, n'est pas un *Ursus nepalensis.* Des pisteurs du roi du Népal recherchent d'autres crânes de cet ours pygmée dans les forêts où il se cache.

Les énigmes cryptozoologiques ne manquent pas. A Java existerait une mystérieuse chauve-souris géante, l'aul. En Ethiopie, c'est un « cerf » qui se dissimulerait encore : peut-être s'agirait-il du *Climaceras* de l'ère tertiaire. Dans le même pays, des rumeurs font état d'un petit mammifère inconnu de la taille du daman, mais distinct de celui-ci. Et que faut-il penser du *mitla,* un félin (?) du Brésil, au pelage noir, qui évoquerait aussi un fox-terrier?

« N'en jetez plus! », a-t-on sans doute envie de dire. Il est temps de passer aux bipèdes.

Le vison de mer

Bien peu de zoologistes, même parmi les spécialistes de mammifères, ont entendu parler du vison de mer. Ce carnivore, proche parent du vison, porte une appellation scientifique (Mustela macrodon), *mais disparut avant d'avoir été vraiment étudié. On sait seulement qu'il avait un pelage sombre et habitait le littoral atlantique de l'Amérique du Nord, aux confins des Etats-Unis et du Canada. Le dernier spécimen aurait été tué dans l'île Campobello, au Canada, vers 1894.*

Des animaux perdus... à retrouver

Tout au long de ce livre, on a pu voir que de nombreux animaux ne sont connus que par une dépouille, un crâne, une plume, etc. Les espèces se situant aux confins de la zoologie et de la cryptozoologie sont innombrables. En voici encore un choix :

- Le zèbre de Foa : *un curieux zèbre a été tué à la fin du siècle dernier, par l'explorateur Edouard Foa, sur la rive nord du bas Zambèze. Il était entièrement rayé. Sans doute ne s'agissait-il que d'une variation individuelle.*
- Le pétrel des Samoa : *un seul exemplaire connu.*
- Le pétrel de la Jamaïque : *réalité incertaine.*
- Le pétrel de Macgillivray : *un seul exemplaire connu (île Ngau, archipel des Fidji).*
- Le liberichthys : *mangouste du Liberia, connue par de rares spécimens.*
- L'osbornictis : *genette aquatique du Zaïre et du Burundi, au pelage châtain, connue par de rares spécimens.*
- Pachycephala gambieriana : *passereau des îles Gambier, voisin des gobe-mouches, d'existence douteuse.*
- Un ara noir *(Anodorhynchus ater) : aurait été décrit des « monts de Guyane ».*
- Une chouette *(Strix fasciata) : aurait jadis vécu à la Martinique.*
- Une tortue des îles Galapagos *(Geochelone phantastica) : n'est connue que par un spécimen, mais des excréments en auraient été trouvés récemment.*
- Des poissons des puits artésiens du Texas : *certaines espèces ne sont connues que par de rares exemplaires (il s'agit de poissons abyssaux continentaux).*
- Un poisson primitif du golfe du Mexique : *qui pourrait être apparenté au cœlacanthe, n'est connu que par une écaille trouvée en Floride en 1949.*

(Cas signalés pour beaucoup par Jacques Berthou et Roland Heu.)

15

Blottis contre les loups...

ROMULUS et Remus, Mowgli, Tarzan, Victor de l'Aveyron, Kaspar Hauser... Dès que l'on pense aux enfants-loups et autres enfants sauvages, surgissent des souvenirs historiques, littéraires ou mythologiques. Cette énigme, qui pose, dans le fond, tout le problème de la nature humaine, n'a cessé de passionner biologistes et philosophes. A notre tour, nous devons l'aborder puisqu'elle traite du mystère animal et se rattache à la cryptozoologie. Son étude est indispensable pour comprendre les affaires que nous étudierons par la suite.

Dans bon nombre de mythologies, il est question d'enfants élevés par les animaux. Et Rome, on le sait, devrait sa fondation à deux jumeaux allaités par une louve. Très vite, cependant, des rapports plus tangibles vont faire état d'enfants-loups réels. En 1341, un garçon d'une dizaine d'années aurait été trouvé parmi les loups, dans la Hesse, en Allemagne. Il marche à quatre pattes et meurt peu de temps après sa découverte. En 1553, en Picardie, est trouvé un garçon de huit ans qui vivait parmi les loups. Il avait été abandonné par sa mère alors qu'il avait un an. Il aurait facilement rattrapé son retard. Il serait devenu berger, et les loups, sensibles à son passé, n'auraient jamais attaqué ses troupeaux. Il fut tué à la guerre.

A partir de 1840 environ, c'est essentiellement en Inde que sont signalés des enfants-loups. Les deux plus célèbres sont Amala et Kamala. Le 17 octobre 1920, deux fillettes sont découvertes dans une tanière de loups, près de Midnapore. Elles ont, respectivement, huit ans et un an et demi environ. Elles sont quadrupèdes et présentent de nombreux caractères étranges : mâchoires proéminentes, yeux brillants, grandes oreilles, bras très longs. Elles voient dans l'obscurité et sont insensibles au froid et au chaud. Elles lapent l'eau. La plus jeune, Amala, meurt de néphrite à l'âge de deux ans et demi. Kamala mourra en 1929, à l'âge de dix-sept ans, après avoir manifesté de nets progrès. Elle s'est d'abord mise à genoux, puis debout. Elle a appris à parler.

En février 1973, un berger découvre, dans une caverne des Abruzzes, en Italie, un petit garçon d'environ cinq ans. Il a les cheveux très longs et très sales, et se défend énergiquement. Il est muet et ne sait que grogner. Il est possible qu'il ait été élevé par des loups, ou alors par une chèvre sauvage.

Elevés par des ours

Les enfants-loups ne sont pas les seuls « enfants-animaux » sur lesquels nous possédions des rapports. A la fin du seizième siècle, à Bamberg, en Bavière, un jeune garçon aurait grandi parmi les bestiaux. Cette enfance rustique ne l'empêcha pas de faire ensuite des progrès et de se marier.

Au début du siècle suivant, au Danemark, un garçon d'une quinzaine d'années est trouvé dans les bois, où il vivait avec les ours. D'autres enfants-ours sont ensuite signalés en Lituanie. C'est notamment le cas de Joseph, découvert à l'âge de dix ans environ, vers 1660. Il a alors des cheveux blancs très épais, les doigts assez longs, la peau sèche. Il montre de nombreuses cicatrices. Il déchire, avec ses ongles, l'écorce des arbres et en suce la sève. Il aime retourner dans les bois pour jouer avec les ours. Il se roule en boule et grogne comme eux. Joseph fut amené à la Cour de Pologne et donné à un seigneur : il vécut avec les domestiques de ce dernier jusqu'à sa mort. En Irlande, en 1672, c'est parmi les moutons sauvages qu'aurait été trouvé un garçon de seize ans. La peau hâlée, les membres vigoureux, le front bas, il est en excellente santé. Mais il bêle et marche à quatre pattes. Il se nourrit d'herbe et de foin. Il est envoyé en Hollande, probablement comme curiosité. A nouveau, c'est un enfant-ours qui est découvert en Hongrie, en 1767. Cette fois, il s'agit d'une fille de dix-huit ans. Elle est grande, robuste, avec la peau brune. Elle se défend lors de sa capture et se nourrit de viande crue, de racines et d'écorces.

Vers 1807 est découverte dans les Pyrénées une femme sauvage qui passera à la postérité sous l'appellation de « sauvagesse des Pyrénées ». Elle vivait en pleine montagne dans l'Ariège. Christian Bernadac lui a récemment consacré un livre : *Madame de... qui vivait nue parmi les ours au sommet des monts perdus* [1]. Capturée une première fois, elle est placée dans un presbytère. Elle s'en évade, elle est reprise et est enfermée au château de Foix. Elle y meurt en 1808. Un jour qu'on disait du mal des ours devant elle, elle protesta : « Les ours, ils sont mes amis; ils me réchauffaient. » La sauvagesse des Pyrénées aurait été d'origine noble. Son mari et elle, regagnant la France après un exil en Espagne, auraient été attaqués par des brigands en traversant les Pyrénées. Son époux tué, Mme de... (Mme de Budoy, a-t-on dit) se serait enfuie dans la montagne. Elle y vécut des années, à l'état sauvage, plongeant dans des mares aux eaux glacées. N'aurait-il pas mieux valu la laisser à sa liberté?

A Salzbourg, vers 1830, une jeune fille de vingt-deux ans est découverte alors qu'elle a passé plusieurs années dans une porcherie, en position assise, les jambes croisées. Elle grogne comme un porc... Plus récemment, à Metsovo, en Grèce, en 1976, on montre un adolescent qui aurait été recueilli par une ourse et nourri par elle durant plusieurs années.

1. Éditions France-Empire, 1984.

25. *L'existence des enfants-loups pose de captivants problèmes biologiques et psychologiques.*

En fait, c'est surtout avec les loups et les ours que des cas bien établis sont connus, et éventuellement avec des chèvres, ce qui est peut-être moins étonnant : en France, dans les années 1780, des enfants enlevés pour être prostitués étaient confiés à des chèvres.

Victor et Kaspar

Il est pourtant des auteurs qui mettent encore en doute l'existence d'enfants-animaux, et notamment d'enfants-loups. En effet, ils estiment qu'une louve ne pourrait élever un bébé humain, car sa lactation ne dure que deux mois : en réalité, celle-ci se prolonge parfois pendant quatre mois. L'estomac d'un bébé, disent-ils aussi, ne supporterait pas les aliments carnés que lui apporteraient les loups. L'argument, là non plus, n'est pas décisif : les loups donnant à leur progéniture des morceaux de viande mâchonnés et régurgités, qui seraient assimilables par un enfant humain. Les durées de croissance différentes ne sont pas non plus un obstacle : les passereaux acceptent bien de nourrir trois semaines un jeune coucou dans leur nid, alors que leurs propres poussins n'y demeureraient que dix ou quinze jours. Sur le plan de la psychologie animale, il n'y aurait d'ailleurs aucune opposition à l'adoption éventuelle d'un bébé ou d'un enfant humain (voire d'un adulte) par des ours et des loups. L'instinct maternel présente en effet une certaine universalité : l'histoire de la poule qui a couvé un caneton et qui est effrayée de le voir se mettre à l'eau est bien connue. Et l'on a observé de nombreux cas d'« amitiés » extraordinaires entre animaux, par exemple entre un chat et un moineau. Particulièrement intéressant est le cas de cette louve qui allaita des renardeaux. Cependant, des impossibilités persistent. Ainsi, Tarzan n'existera sans doute jamais. Plus d'une fois, pourtant, la découverte d'un enfant-singe a été annoncée. A chaque cas, l'enquête a abouti à une autre version des faits. Lucas, l'« enfant-babouin » trouvé en 1927 en Afrique du Sud, était en réalité un enfant retardé en raison d'une blessure. Jean, l'« enfant-singe » du Burundi, qui fit beaucoup parler de lui dans les années 1970, était un enfant victime d'une lésion cérébrale. Tout récemment encore, un jeune Gabonais prétendait avoir été enlevé – et élevé – par des gorilles... Comme la plupart des singes vivent, au moins en partie, dans les arbres, ils pourraient difficilement élever un bébé humain. Et celui-ci ne saurait pas s'accrocher aux poils d'une guenon.

D'autres enfants sauvages n'ont pas été élevés par des animaux, mais ont vécu seuls en pleine nature. Le plus célèbre est Victor de l'Aveyron, à l'histoire duquel François Truffaut consacra un film. C'est en 1799 qu'un garçon de onze ou douze ans est découvert aux confins du Tarn et de l'Aveyron. Il est nu, la peau marquée de cicatrices, et il marche en se balançant. Il sera appelé « Victor », en l'honneur d'un mélodrame de Pixérécourt, joué l'année précédente et intitulé *Victor ou l'Enfant de la forêt,* lui-même inspiré d'un roman de Ducray-Duminil, portant le même titre.

Victor sera éduqué par un médecin spécialiste des sourds-muets, J. M. G. Itard, grâce auquel il fera des progrès remarquables. Ses sens avaient été très modifiés par sa vie dans la nature : il était insensible à la chaleur et demeurait impassible sous des averses glacées. Il flairait les aliments. Son ouïe et son toucher étaient, au contraire de son odorat, peu développés. Il lapait l'eau à plat ventre. Grâce à Itard, Victor parviendra à acquérir un certain langage. Il articulera d'abord la plupart des voyelles, puis quelques consonnes. Il cherchera à s'évader, et s'enfuira, de Paris, jusqu'à la forêt de Senlis. Victor mourra en 1828, à l'âge d'environ quarante ans.

La même année – curieuse coïncidence dont l'Histoire a le secret –, le 26 mai, un garçon d'environ seize ans est découvert dans une rue de Nuremberg. Il a la mâchoire inférieure proéminente et un visage dissymétrique. Ses vêtements sont en lambeaux. Il écrira lui-même, sur une feuille de papier, son nom : Kaspar Hauser. Surgi du néant, Kaspar Hauser paraît avoir un âge mental de deux ou trois ans. Lui aussi présentait d'étranges capacités sensorielles : il était doté d'un véritable sens magnétique, mais, pour lui, le parfum d'une rose, c'était de la puanteur. Kaspar prétendait avoir toujours vécu dans une pièce obscure, sous la garde d'un mystérieux geôlier, dont il ne vit jamais le visage. Un beau jour, l'homme le libéra.

On a dit que Kaspar Hauser était un mystificateur. Il racontait par exemple n'avoir mangé, durant toute sa captivité, que du pain et de l'eau. Certains ont soutenu qu'il n'aurait pu vivre d'un tel régime. En fait, on sait qu'il peut suffire à un être humain... Kaspar a beaucoup excité l'imagination. On a vu en lui un extraterrestre, un voyageur venu d'un univers parallèle. Plus raisonnablement, il aurait pu être victime d'une intrigue princière : il aurait été le fils de Charles de Bade et de Stéphanie de Beauharnais, nièce de Joséphine. En 1833, Kaspar Hauser sera tué, à coups de poignard, par un mystérieux agresseur, qui était peut-être... lui-même. Il emporte avec lui son mystère.

Deux portraits-robots

D'autres cas d'enfants sauvages sont également remarquables. Découvert en 1724, à Hameln (Hanovre), Peter de Hanovre était un garçon d'une douzaine d'années. Il accepta de porter des vêtements, mais n'apprit jamais à parler. Il mourut à plus de soixante-dix ans, ce qui est notable : les enfants sauvages meurent généralement jeunes.

En septembre 1731, à Songy, en Champagne, est capturée, alors qu'elle est juchée dans un arbre, une fillette d'une dizaine d'années. Elle a de longs cheveux et de longs ongles. On se demande si elle n'est pas venue d'Amérique ou du Grand Nord. Elle boit le sang et

Liste des cas d'enfants-animaux,
enfants sauvages, hommes ensauvagés
découverts en France

1) Picardie *(1546) – Enfant-loup (garçon de huit ans).*
2) Bretagne *(fin du seizième siècle) – Des enfants de paysans, presque nus, se nourrissant de plantes sauvages.*
3) Pyrénées *(forêt d'Issaux, 1717 ou 1740) – Fille de seize ans, qui aurait vécu sept ans dans la nature.*
4) Pyrénées *(forêt d'Irraty, 1717 ou 1774) – Homme de trente ans, velu.*
5) Savoie *(vers 1720) – Une vachère, qui aurait été « enlevée » par un ours.*
6) Champagne *(Songy, 1731) – Fillette de dix ans environ.*
7) Champagne *(Songy, 1731) – Fillette qui aurait vécu avec la précédente.*
8) Normandie *(fin du dix-huitième siècle) – Un jeune garçon d'origine mystérieuse.*
9) Aveyron *(1799) – Victor, le petit sauvage de l'Aveyron.*
10) Corse *(Vivario, vers 1800) – Un homme sauvage capturé. S'était sauvé à l'âge de dix ans. Vécut en sauvage une vingtaine d'années.*
11) Pyrénées *(près de Suc, vers 1807) – La « sauvagesse des Pyrénées ».*
12) Vers 1830 : *Marie-Angélique Bérange, montrée à Paris. Ne parle pas.*

En Belgique, on ne connaît que le cas de Jean de Liège, au dix-huitième siècle. Aucun cas n'est connu en Suisse.

mange des grenouilles. Elle se civilisera fort bien, mais mourra quelques années plus tard. Jean de Liège, également trouvé au dix-huitième siècle, avait vécu dans les forêts des Ardennes. Ce garçon de vingt et un ans avait un odorat extrêmement fin et aimait retourner dans les bois. Au Salvador, en 1933, est découvert un petit garçon sauvage de cinq ans environ, aux longs cheveux et aux longs ongles lui aussi. Il pousse des cris stridents et des hurlements, mais se laisse habiller. Il est atteint de convulsions. Il pourra être assez bien éduqué. On l'appellera « Tarzancito ».

L'un des cas les plus étranges est celui de Ramchandra. Ce garçon d'une quinzaine d'années, signalé en Inde en 1973, était adapté à un mode de vie amphibie. Il passait le plus clair de son temps à plonger et à nager dans la rivière Kuano, demeurant longtemps sous l'eau. Ramchandra avait été perdu par sa mère à l'âge d'un an. Il fut reconnu à une marque distinctive. Il était toujours vivant – et libre – en 1980.

Désireux de mettre un peu d'ordre dans le dossier vaste et complexe des enfants-animaux, enfants sauvages et hommes « ensauvagés », je décidai d'employer l'ordinateur. Cette opération, menée avec la collaboration de Dominique Chartrain, permit, grâce à l'analyse effectuée, cette fois, à l'Institut national agronomique, par Richard Tomassone [1], de dresser les portraits-robots de l'enfant-loup et de l'enfant sauvage (qui a vécu sans l'aide d'animaux).

Voici les deux portraits-robots. Il s'agit, à chaque fois, du caractère dominant. (Bien entendu, des enfants-loups ont été trouvés à d'autres époques que le dix-neuvième siècle. L'absence d'époques signifie qu'il n'en est pas de dominante.)

	ENFANT-LOUP	ENFANT SAUVAGE
Epoque	XIXe siècle	–
Continent	Asie	Amérique du Nord, du Centre et du Sud Europe – Afrique
Sexe	–	Féminin
Âge à la découverte	Moins d'un an 5 à 10 ans	20 à 30 ans Plus de 30 ans
Durée de la vie sauvage	1 à 5 ans	Plus de 10 ans
Ressemblance avec d'autres catégories	–	Civilisé retourné à la vie sauvage – Enfant-ours (?)

1. Rappelons que c'est lui qui avait effectué le traitement de mes fiches sur la Bête du Gévaudan.

Habillement	Accepte des vêtements	–
Mode de locomotion	Quadrupède Quadrupède puis bipède Quadrupède quand il est fatigué	–
Langage	Utilise des signes Sons gutturaux, grognements	Perte du langage
Régime alimentaire	Carnivore Alimentation de plus en plus humaine Boit allongé, lape	–
Pilosité	–	Pilosité normale
Corpulence	–	Gros
Aspect	Yeux brillants Gros sourcils Prognathisme Nez plat Lèvres épaisses Grandes oreilles Cicatrices, morsures Callosités, durillons Musclé, très fort Taille déliée Longs bras	Nuance verdâtre sur la peau Longs cheveux
Capacités sensorielles	Odorat très fin Insensible au froid ou au mauvais temps Insensible à la chaleur	–
Comportement	Agressif, coléreux Rit ou sourit (au bout de quelque temps) Pleure (au bout de quelque temps) Mord Griffe Se sauve ou cherche à fuir Bondit A horreur des enfants Aime les animaux (ou leurs cris)	Porte une massue ou un autre objet Plonge, nage Vient chercher de la nourriture dans les villages Tue des poulets ou d'autres animaux

Les deux portraits-robots sont assez cohérents : l'enfant-loup présente des caractères plus « animaux »; l'enfant sauvage, des caractères plus évolués. Il est à noter que davantage de caractères s'observent dans le portrait de l'enfant-loup, alors que, dans le fichier utilisé, les enfants-loups sont moins nombreux (treize) que les enfants sauvages (vingt-neuf). Une telle « concentration » de caractères est un argument important en faveur de la réalité des enfants-loups.

Certains spécialistes soutiennent encore que si les enfants sauvages et enfants-animaux sont anormaux, ce n'est pas en raison de leur vie très particulière, mais c'est parce qu'ils l'étaient avant. Ces enfants n'auraient pas été anormaux parce qu'ils avaient été abandonnés, ou perdus : ils auraient été abandonnés parce qu'anormaux. Plus précisément, ces enfants seraient atteints d'autisme, c'est-à-dire complètement repliés sur eux-mêmes et coupés du monde extérieur. Et, effectivement, certains caractères des enfants sauvages rappellent ceux des enfants autistiques. Cependant, ramener à l'autisme tous les cas d'enfants sauvages est indéfendable : Victor aurait-il pu survivre

La découverte d'Amala et de Kamala

En 1920, le révérend J. A. L. Singh a été alerté au sujet de l'existence, dans la jungle proche de Midnapore, en Inde, d'une créature à l'aspect humain. Il s'embusque à l'entrée d'une tanière de loups et attend. Plusieurs loups en sortent, puis... Singh raconte :

« Juste derrière les jeunes venait la Créature – un être hideux – dont le corps, les mains et les pieds étaient apparemment humains, mais la tête était une grosse boule d'une masse couvrant les épaules et le haut du buste, ne dégageant qu'un net contour du visage, lequel était humain. Une créature affreuse lui emboîtait le pas, exactement pareille à la première, mais plus petite. Leurs yeux étaient brillants et perçants, à la différence des yeux humains.. »

La tanière des loups est éventrée. La femelle est tuée. Singh poursuit : « Les deux petits et les deux autres créatures hideuses étaient là dans un coin, tous les quatre cramponnés les uns aux autres comme une pelote de singes. Ce fut toute une affaire que de les séparer. Les monstres étaient plus féroces que les louveteaux, grimaçant, montrant les dents, se ruant vers nous lorsqu'on les dérangeait trop et courant se remettre en boule. Nous étions désemparés, sans plus savoir que faire. »

Finalement, Singh jettera une couverture sur cette boule d'enfants. Les louveteaux sont donnés aux terrassiers, tandis que le révérend recueille les fillettes, qui seront appelées Amala et Kamala. Le récit de Singh a été publié dans : J. A. L. Singh et R. M. Zingg : L'homme en friche, de l'enfant-loup à Kaspar Hauser, *Editions Complexe, Bruxelles, 1980.*

dans les forêts des Cévennes s'il avait vécu replié sur lui-même?

Michel Meurger m'a suggéré une hypothèse originale : les enfants sauvages du dix-huitième siècle et du début du dix-neuvième ne se seraient-ils pas échappés de « laboratoires » où des « savants » les auraient enfermés? C'est le moment de nous rappeler que le philosophe anglais Berkeley séquestra, au début du dix-huitième siècle, un petit mendiant dont il voulait faire un géant, et le fit mourir.

Une pilosité intriguante

En 1717 – ou en 1774, selon d'autres sources –, un homme d'une trentaine d'années est signalé dans la forêt d'Irraty, dans les Pyrénées. Il s'approche des huttes des bergers, et s'amuse à faire peur à leurs moutons. Il court très vite, échappant toujours aux chiens qui le poursuivent. Cet homme est très grand. Il paraît heureux et rit souvent. Le plus singulier est qu'il est couvert de poils, comme un ours.

En 1784 est capturé, en Valachie, région de Roumanie, un homme étrange, âgé d'environ vingt-trois ans. Il sera conduit à Kronstadt. Son corps est également velu. Il a les yeux enfoncés, le front fuyant, les sourcils épais, la peau jaunâtre. Ses mains montrent des callosités, et ses orteils sont très longs. Il paraît indifférent à ce qui l'entoure. Il semble regretter ses forêts. Il demeure en général calme, mais devient agressif lorsqu'il a faim : il se nourrit d'abord de viande crue et de feuillages, puis acceptera une nourriture plus variée.

En 1813, on pouvait voir, dans le port de Trébizonde, sur la côte turque de la mer Noire, un être étrange. C'était un homme au corps couvert de poils, qui y demeurait assis, hurlant parfois comme un chien. Il aurait vécu auparavant dans les forêts.

Ces trois cas sont intriguants. En effet, comment peut-on expliquer la pilosité de ces trois hommes sauvages? La pilosité exagérée chez l'homme est due à une maladie, l'hypertrichose. Il aurait fallu un hasard extraordinaire pour qu'elle apparaisse précisément chez des hommes ensauvagés. Car on n'imagine pas que la vie sauvage

Un faux enfant-gazelle

En 1963, l'explorateur Jean-Claude Armen prétendit avoir découvert au Sahara-Occidental (espagnol à l'époque) un enfant-gazelle capable de courir à cinquante kilomètres/heure. Cet enfant aux yeux noirs, aux jarrets étonnamment puissants, aurait léché l'explorateur. Il aurait communiqué par des signes avec les gazelles qui l'avaient élevé. Il se serait nourri de racines. Personne ne croit plus aujourd'hui à cette histoire : la photo produite par Jean-Claude Armen était celle d'un autre prétendu enfant-gazelle, qui aurait été trouvé en Syrie en 1946.

puisse provoquer un développement de la pilosité. Alors, ne faut-il pas chercher une autre explication? Peut-être la trouverons-nous dans les chapitres suivants.

En tout cas, les enfants-loups et les enfants sauvages n'ont pas fini de susciter des polémiques passionnées. Leur observation montre la réduction des comportements innés dans l'espèce humaine. A cet « inné » très réduit s'ajoutera chez les enfants-animaux un « acquis » d'origine animale. Chez les enfants sauvages, il ne s'y ajoutera rien du tout.

L'étude de ces enfants montre aussi qu'à partir d'un certain âge il est très difficile de les éduquer. Certes, certains ont fait des progrès importants, mais n'ont pratiquement jamais rattrapé leur retard. Car les atteintes d'une vie anormale sont irréversibles. L'homme ne peut décidément devenir un homme qu'au contact de ses semblables.

16

Le yéti : un super-gorille himalayen?

Le yéti a été la grande vedette des années 1950. Les expéditions qui se lançaient alors à l'assaut des sommets himalayens rapportaient d'étranges récits sur le géant bipède et velu dont elles avaient rencontré les traces. Les photos de celles-ci donnaient lieu à d'interminables discussions. Etaient-ce des empreintes d'ours? De singe? D'homme? Ou avaient-elles vraiment été laissées par un être inconnu? Et puis l'on parlait aussi de mystérieux scalps de yéti, qui auraient été pieusement conservés dans des monastères népalais. Un peu plus tard, le yéti trouvait la consécration avec l'album de Hergé *Tintin au Tibet*. Malheureusement, Hergé commettait une erreur en situant l'homme des neiges au Tibet. Celui-ci, en effet, habite essentiellement les versants méridionaux de l'Himalaya, en Inde, au Népal, au Sikkim et au Bhoutan. En fait, la trace d'un homme sauvage apparaît dans les récits himalayens au onzième siècle. Mais c'est seulement vers 1830 que les Européens entendent parler de l'être énigmatique. Au vingtième siècle, les observations et les découvertes d'empreintes dans la neige se multiplient.

Des empreintes étonnantes

L'affaire prend une ampleur énorme lorsque, en 1951, l'alpiniste britannique Eric Shipton publie les photos d'une piste de yéti. Cette piste, longue de mille six cents mètres, avait été découverte sur le versant sud-ouest du Menloung-tsé. Les empreintes étaient d'une longueur sidérante : trente-trois centimètres! Autre caractère étrange : elles ne montraient que quatre orteils : le gros orteil était légèrement écarté des trois autres. On estime que le troisième doigt correspond en réalité à deux orteils accolés l'un à l'autre. Dès lors, la controverse est lancée. Existe-t-il, oui ou non, un grand primate inconnu dans l'Himalaya? A l'époque, les zoologistes officiels n'y croient pas. Il faut avouer que le sobriquet d'« abominable homme-des-neiges » qui est donné à l'être hypothétique n'est pas fait pour le rendre crédible. Celui-ci est certainement craintif et doux : il n'a donc rien d'abominable. Ce n'est pas un homme et, enfin, il ne vit pas dans les neiges,

26. *Le yéti, que tant d'expéditions ont en vain recherché dans l'Himalaya.*

où il ne pourrait trouver sa subsistance : il ne traverse les neiges que pour aller d'une vallée à l'autre. C'est bien plutôt dans les épais fourrés de bambous, de rhododendrons et de magnolias qu'il faudrait le chercher.

Mais revenons aux fameuses traces. Prouvent-elles la réalité du yéti ? Certains spécialistes ont vu en elles des traces d'ours (elles évoquent en effet les empreintes de cet animal). Cependant, les pistes sont incontestablement celles d'un bipède : or un ours est incapable de marcher debout sur de si longues distances. Alors, a-t-on dit, il s'agit de traces humaines, plus exactement d'empreintes superposées d'une botte de montagne et d'un pied nu. Ou bien, encore, ne serait-ce pas un singe qui, en bondissant, les quatre pattes groupées, laisserait de telles pistes?

Aucune de ces explications, on l'avouera, n'est très convaincante. Il faut admettre que les pistes plaident en faveur de l'existence d'un grand primate. Le dossier du yéti ne se limite évidemment pas là. Il comprend des observations de témoins oculaires. Ainsi, en 1921, le lieutenant-colonel C. K. Howard-Bury rapporte avoir observé à la jumelle un groupe de yétis, à six mille mètres d'altitude.

En 1925, un explorateur italien, A. N. Tombazi, repère à quinze kilomètres du glacier de Zemu un être d'aspect humain, debout, entièrement nu, qui paraît occupé à arracher des racines avec un bâton. En 1931, un lieutenant-colonel de la RAF, E. Bentley-Beaumann, découvre des empreintes dans la région de la source du Gange. En 1937, Frank Smythe trouve, dans la vallée de Bhyundar, à six mille mètres d'altitude, des traces qui le mènent jusqu'à une grotte. Elles sont particulièrement étranges car, outre cinq doigts normaux, elles montrent deux orteils dirigés vers l'arrière! A l'époque, les journalistes britanniques firent des gorges chaudes d'une telle description. Cependant, plusieurs explications sont possibles. Cette anomalie pourrait être due à des touffes de poils situées à l'arrière du pied, ou à des excroissances cornées. L'année suivante, un cairn que des grimpeurs avaient installé au-dessus du monastère de Rongbuk est démoli par un mystérieux intrus, qui en déplace les pierres.

En 1939 se situe une anecdote fort curieuse, si l'on en croit le prince Pierre de Grèce, qui effectuait alors des recherches anthropologiques en Asie. Un yéti avait l'habitude de venir boire dans une citerne, au Sikkim. Les habitants placèrent, à côté, un baquet rempli d'une boisson alcoolisée. L'homme-des-neiges, après en avoir bu, fut ivre mort, et s'endormit. Les paysans le ligotèrent à un poteau. Revenu à lui, l'être mystérieux brisa ses liens et s'enfuit... Autre épisode étrange, en 1942 : cinq hommes, évadés d'un camp de prisonniers en Sibérie, parviennent, à pied, jusqu'à l'Himalaya. Or, à la limite du Népal et du Tibet, ils aperçoivent deux géants d'aspect humain, dont les bras atteignent les genoux. Le moins grand doit être une femelle. Le profil de leur crâne est bizarre : son contour postérieur forme une ligne droite depuis le sommet de la tête jusqu'aux épaules. Autrement dit, ils ont une « nuque d'officier prussien ». Les deux êtres tournent lentement sur place, en se dandinant. Les fugitifs feront un détour pour les éviter : ils découvriront des empreintes longues de soixante centimètres et larges de vingt.

En 1944, trois témoins observent, à Liddarwat, au Cachemire, un yéti qui descend une pente en sautant et en décrivant des zigzags. C'est là un comportement de singe. Trois ans plus tard, un éleveur de yacks habitant à Pangbotchi, au Népal, aperçoit, à une distance de cinquante mètres, un homme-des-neiges qui se sauve. En 1949, un autre villageois de Pangbotchi entend des hurlements : il voit un yéti et l'observe depuis la cabane en pierres où il s'est caché. En novembre de la même année, un homme-des-neiges s'approche du monastère de Thyangbotchi : les moines le chassent à coups de gong et en soufflant dans des trompettes.

Des preuves palpables

Puis c'est le début des grandes expéditions himalayennes : elles entraînent, nous l'avons dit, une accumulation d'indices sur l'homme-des-neiges. Bientôt, des expéditions se lancent dans l'Himalaya avec, pour objectif, non la conquête d'un « 8 000 », mais la découverte du yéti. C'est le cas de celle du *Daily Mail* en 1954. En fait, un groupe de plusieurs dizaines d'hommes, armés de fusils soporifiques et accompagnés de chiens, risquait surtout de faire fuir un être aussi farouche. Ces diverses expéditions observent néanmoins des empreintes et recueillent maints indices intéressants. Ainsi, en 1959, deux expéditions japonaises découvrent des empreintes. D'autres rapports sont plus sujets à caution. En juin 1956, le professeur argentin Orlando René Brave se trouve près du Dhaulagiri, avec ses compagnons, lorsqu'un « animal gigantesque » tue un mouflon près de leur camp. Un sherpa l'abat d'un coup de fusil. C'est un être de la taille d'un homme et à la face de singe, mais évoquant aussi un ours. Hélas, le professeur et ses compagnons se contentèrent de rire de l'aspect de l'animal et ne rapportèrent aucune pièce à conviction de cet épisode, qui demeure

Quelques « grands noms » de l'histoire
de l'homme-des-neiges

Bordet *(abbé Pierre). Géologue français, professeur à l'Institut catholique de Paris. Découvrit et photographia des traces de yéti en 1955.*
Byrne *(Peter et Bryan). Ces deux frères, des Irlandais, aperçoivent un homme-des-neiges en 1957, lors de la première expédition Slick.*
Hillary *(Sir Edmund). Alpiniste néo-zélandais, l'un des vainqueurs de l'Everest. Il découvrit des poils étranges en 1952 et des empreintes en 1953. Mais il est hostile à l'existence du yéti.*
Hunt *(Sir John). Alpiniste britannique. Chef de l'expédition qui vainquit l'Everest en 1953. Signala des empreintes dès 1937 et enquêta sur le yéti en 1953.*
Izzard *(Ralph). Journaliste. Participa à l'expédition du* Daily Mail *(1954). Suivit la piste de deux yétis.*
Russell *(Gerald). Naturaliste américain. Participa également à l'expédition du* Daily Mail *et suivit les mêmes empreintes.*
Slick *(Tom). Magnat américain, qui dirigea trois expéditions (1957, 1958, 1959).*
Stonor *(Charles). Anthropologue anglais. Participa à l'expédition du* Daily Mail. *Découvrit des traces et étudia le scalp de Pangbotchi.*

donc douteux. Puis les observations semblent se faire plus rares. On estime que les yétis fuient le Népal, désormais trop fréquenté par les visiteurs étrangers, pour le Bhoutan. En 1970, cependant, Don Whillians campe avec un coéquipier près du Mahalangur Himal, à quatre mille deux cents mètres d'altitude. Il trouve d'abord une piste, puis observe à la jumelle un singe noir d'allure anthropomorphe qui court, à quatre pattes, le long d'une crête. Ensuite, un vieillard, qui habite la capitale du Sikkim, affirme avoir vu, vers 1915, un yéti naturalisé dans un monastère... Enfin, vers 1980 environ, un diplomate, au cours d'un voyage au Népal, aurait vu un énorme homme-des-neiges traverser une route devant lui.

Outre tous ces témoignages, existe-t-il donc des preuves palpables de la réalité du yéti? Peut-être. Il y a d'abord le problème des fameux scalps, conservés dans des lamaseries. De forme conique, ils sont couverts de poils roussâtres, longs de plusieurs centimètres. De toute évidence, certains de ces scalps sont faux; ils ont été fabriqués avec la peau d'un ruminant de l'Himalaya : le sérow. Oui, mais n'avaient-ils pas été confectionnés dans le but d'imiter la tête du yéti? Et il n'est pas dit que d'autres scalps ne proviennent pas de celui-ci. Au monastère de Pangbotchi est conservée une main momifiée, mais elle ne semble pas avoir appartenu à un homme-des-neiges. Plus intéressants sont les excréments qui ont été découverts en diverses occasions. En effet, il en est qui contenaient les œufs d'un ver inconnu : or, en général, un parasite est inféodé à une espèce particulière. Un parasite inconnu, cela veut peut-être dire un hôte inconnu. Une pièce à conviction d'un autre genre est le masque religieux conservé à Moscou et qui paraît représenter une tête de yéti. Son auteur se serait inspiré d'une tête momifiée de l'être inconnu...

Il est temps maintenant d'essayer de faire le portrait-robot de l'homme-des-neiges. Je m'appuierai, pour cela, sur celui qu'en a tracé un jeune cryptozoologiste, Benoît Grison. On peut imaginer le yéti comme un singe de forte taille, assez comparable au gorille, mais, contrairement à celui-ci, bipède. Toutefois, sa taille ne serait peut-

Des ermites adaptés au froid

On a parfois voulu expliquer le problème de l'homme-des-neiges par l'existence, dans l'Himalaya, d'anachorètes vivant à de hautes altitudes, vêtus d'une simple tunique en tissu. Ces « lamas nus », aux longs cheveux, vivent jusqu'à près de cinq mille mètres. Ils se tiennent les yeux fixés sur les hauteurs, mais, à l'occasion, bondissent avec légèreté.

En 1982, une expédition de l'armée indienne a découvert, dans l'Himalaya, un groupe d'hommes qui vivaient cachés dans une caverne. Ils ignoraient le feu, mangeaient de la viande crue et paraissaient coupés du monde depuis longtemps.

Singes des neiges

Peut-être certaines observations d'hommes-des-neiges s'expliquent-elles par des rencontres avec des singes. En effet, plusieurs espèces vivent dans l'Himalaya en haute altitude.

La plus célèbre est le rhinopithèque de Roxellane. Ce singe assez massif, au nez retroussé, possède un magnifique pelage doré. Une espèce parente, le langur de l'Himalaya, se rencontre jusqu'à quatre mille mètres.

C'est aussi le cas de certains macaques, notamment le macaque à queue de cochon.

être pas aussi grande qu'on a tendance à le croire. Certains témoignages accordent au yéti une taille d'un mètre quarante à un mètre soixante-dix. D'autres, cependant, le décrivent comme un géant haut de deux mètres. Ces variations viennent peut-être du fait que les femelles se rencontrent plus souvent que les mâles... Le pelage du yéti serait noir, ou alors roussâtre. La tête est grosse : le crâne présente la forme caractéristique « en pain de sucre »... Il est couvert non de cheveux, mais de poils, séparés par une sorte de raie. La face, noire et nue, montre un nez énorme et plat. La bouche n'a pas de lèvres. L'arcade sourcilière est très marquée. Les bras, fort musclés, sont extrêmement longs : ils atteignent les genoux quand l'animal est debout. Les jambes sont arquées. Normalement bipède, l'homme-des-neiges devient quadrupède lorsqu'il doit courir. On estime qu'il est surtout carnivore et se nourrirait, par exemple, de pikas ou lapins de roche. Il peut être végétarien à l'occasion.

Normalement, le yéti, nous l'avons vu, vit dans des forêts quasi impénétrables, situées à une altitude de trois mille deux cents à trois mille huit cents mètres... La visibilité y est presque nulle. Et c'est sans doute pour cela que l'espèce a pu garder l'incognito jusqu'à notre époque. Il est toutefois permis de formuler des hypothèses sur sa nature zoologique. Car, enfin, un grand singe asiatique, véritable super-gorille, cela se connaît déjà... mais à l'état fossile. Et c'est à Bernard Heuvelmans que revint le mérite d'avoir fait le premier, dès 1952, le rapprochement entre le yéti et ce géant d'autrefois, le gigantopithèque.

Un gigantopithèque attardé?

Remontons quelque peu dans le temps. Nous sommes à Hong Kong, en 1934. Un jeune paléontologiste hollandais, Ralph Von Koenigswald, se promène dans la ville. Il entre dans l'une de ces « pharmacies » chinoises où l'on vend un bric-à-brac extraordinaire. Dans une jarre, il remarque une énorme molaire, assez semblable à une dent humaine, mais environ six fois plus grosse! Le marchand apprend à Von Koenigswald que les paysans découvrent souvent, dans leurs champs, de telles dents, dites « dents de dragons ». Le jeune Hollandais en obtiendra d'autres, par la suite. Et puis l'on découvrira, en Chine, en Inde, au Pakistan – c'est-à-dire non loin de l'Himalaya – d'autres dents et aussi des mandibules d'un primate géant. Il fut baptisé « gigantopithèque ». Il est difficile d'évaluer la taille de ce grand singe, car on n'en possède pas de squelette. Les paléontologistes l'estiment à deux mètres soixante-dix... Il vécut à la fin du Tertiaire et au Quaternaire : apparu voici dix à douze millions d'années, il aurait disparu il y a quatre cent mille ans.

Supposons que ce gigantopithèque ne se soit pas éteint. Il aurait très bien pu se réfugier en montagne, dans l'Himalaya. Sa taille aurait, quelque peu, diminué. Et ce serait lui l'homme-des-neiges... D'ailleurs, d'autres primates géants sont signalés en Asie. Ainsi, il est question d'hommes sauvages gigantesques dans certaines régions de Chine. Leur identité demeure mystérieuse : nous aurons l'occasion d'en reparler. Aux confins de la Birmanie, du Laos et de la Thaïlande, un primate géant, le *tok,* a parfois été signalé. En Malaisie, il porte le nom d'« orang dalam », et, à Sumatra, celui d'« orang gadang ». (En malais, *orang* signifie « homme ».) En Asie centrale également, certains indices plaident en faveur de l'existence d'un grand primate. Ce sont non seulement des empreintes, mais des observations : en août 1981, une expédition russe aurait vu un tel être près du mont Hissar, au Tadjikistan. En Sibérie enfin, le *tchoutchouna,* qui, lui, paraît disparu depuis quelques décennies, aurait également été un primate géant.

17

Dans la glace : un étrange cadavre

DIX-SEPT décembre 1968, Rollingstone, Minnesota, Etats-Unis. Bernard Heuvelmans et Ivan Sanderson [1] pénètrent dans le camion-roulotte d'un forain, Frank Hansen. Plusieurs jours auparavant, ils ont appris, par un mystérieux correspondant, que Hansen exhibait, dans son camion, une curiosité pour le moins insolite. Il s'agirait d'un homme « préhistorique », velu, inclus dans un bloc de glace. Certes, une curiosité foraine n'inspire généralement pas confiance. Les deux zoologistes décident tout de même d'y aller voir. Heuvelmans pense qu'il doit s'agir simplement d'un cynopithèque, un singe noir de l'île Célèbes : certains aspects de la description paraissent l'évoquer. Selon l'informateur, le bloc de glace, avec l'être qu'il contient, a été trouvé flottant sur le Pacifique nord, par un chalutier russe.

Voici Heuvelmans et Sanderson qui pénètrent dans la roulotte de Frank Hansen. Celui-ci allume les tubes fluorescents placés à l'intérieur du cercueil de verre. Pour la première fois – pour la seule fois jusqu'ici – deux zoologistes se trouvent devant la dépouille de ce qui est peut-être l'un des « grands » de la cryptozoologie. Les deux hommes examinent le cadavre avec circonspection. Il est tout à fait étrange : il mesure un mètre quatre-vingts. Il est couvert de poils bruns. Son tronc a une curieuse forme de baril. Ses bras sont étonnamment longs et ses mains, d'une grandeur extraordinaire : vingt-sept centimètres de long sur dix-neuf de large.

L'un des bras de l'homme congelé est replié au-dessus de sa tête. Son visage a été affreusement blessé, sans doute par des coups de feu. Tout plaide en faveur de l'authenticité du spécimen. Ses poils sont insérés dans le bon sens. Une mauvaise odeur s'échappe d'un des coins du cercueil : un début de putréfaction est d'ailleurs décelable sur le cadavre. La roulotte de Hansen arbore une inscription des plus fantaisistes, pour attirer les visiteurs : « Conservé dans la glace depuis des siècles, peut-être un homme médiéval, rescapé de l'ère glaciaire. »

1. Zoologiste britannique émigré aux Etats-Unis, celui-là même qu'un « dragon volant » a attaqué en Afrique.

Qui a tué l'homme velu?

Il était capital de soumettre l'homme velu à un examen scientifique rigoureux. Hélas, ce ne fut pas possible. Il est très difficile, aux Etats-Unis, d'enquêter chez un particulier. Le forain se retranchait derrière un mystérieux magnat californien, qui aurait été le propriétaire du spécimen : or cet homme – dont on ne sut jamais s'il existait vraiment – refusait, selon Hansen, tout examen de l'homme congelé. Et le forain continuait à exhiber celui-ci à travers les Etats-Unis et même le Canada.

Les scientifiques étaient divisés. La plupart, aveuglés par leurs préjugés, refusaient de se déranger pour examiner le spécimen et s'en tenaient à la thèse, pourtant difficilement défendable, du truquage. D'autres, cependant, manifestaient leur intérêt pour la fabuleuse découverte. Heuvelmans, après avoir démontré que le spécimen ne pouvait être un faux, lui donna l'appellation d'« homme pongoïde » *(Homo pongoïdes),* c'est-à-dire « l'homme à aspect de *pongo* », ce terme ayant successivement désigné le gorille et l'orang-outan.

Mais le temps passe. Et, avec lui, l'espoir d'autopsier le spécimen. La presse mondiale s'est emparée de l'affaire. La Maison-Blanche s'y intéresse. L'homme velu disparaît, réapparaît, disparaît pour de bon. A l'heure où vous lisez ces lignes, est-il toujours caché quelque part? Ce n'est pas impossible.

L'homme pongoïde, rappelons-le, avait manifestement été tué par balles. Par qui? Et où? Hansen ira jusqu'à prétendre qu'il l'a lui-même abattu, et sur le territoire même des Etats-Unis. Sans doute donnera-t-il cette fausse version pour se disculper. Cela aurait été moins grave, aux yeux de la loi, que de l'avoir introduit frauduleusement aux Etats-Unis.

La clé de l'énigme, Heuvelmans la trouva certainement dans le numéro du 1er novembre 1966 du *World Journal Tribune.* Selon ce journal, des soldats américains auraient tué, au Vietnam, un « énorme singe anthropoïde ». Or, en principe, il n'y a pas de tel singe en Indochine. Comme par hasard, Hansen avait été militaire au Vietnam. Cette ténébreuse affaire s'éclairerait-elle tout d'un coup? Un scénario très cohérent prend tournure. Hansen, devant le cadavre de l'homme velu, se dit qu'il pourrait faire fortune en l'exposant dans les foires. Pour le faire entrer aux Etats-Unis, il est un moyen bien simple : le placer dans l'un des cercueils destinés aux corps des soldats tués, cercueils qui servent d'ailleurs au trafic de la drogue. Et c'est ainsi que l'homme velu deviendra une attraction foraine aux Etats-Unis. Cette hypothèse est très vraisemblable. A condition qu'il existe, dans le Sud-Est asiatique, à notre époque, des hommes velus d'un type inconnu...

Regardons une carte de l'Asie. Au cœur du continent s'étendent d'immenses régions quasi désertiques : steppes, plateaux, montagnes, forêts. Or d'innombrables témoignages font état de l'existence, dans tout l'intérieur de l'Asie, de tels hommes velus. A l'est, ils seraient répandus jusqu'au Vietnam ; et, à l'ouest, jusqu'au Caucase, aux portes de l'Europe. Ces hommes sont tout à fait distincts du yéti, localisé essentiellement au flanc sud de l'Himalaya (quoique, dans certains secteurs, les deux types de primates puissent coexister). Ces hommes sauvages et velus portent, suivant les endroits, des noms variés : *almass, almasty, kaptar, ksy-gyik.* Hauts d'environ un mètre soixante-dix, ils ont de longs bras et des jambes courtes. Ils sont couverts d'un pelage brun roussâtre qui évoque celui d'un jeune chameau. Leurs arcades sourcilières sont massives, et leur crâne, allongé. Leur nez est écrasé et leurs pommettes, saillantes.

En 1914, un zoologiste russe, V. A. Khaklov, avait rédigé un rapport sur les hommes sauvages de Dzoungarie. Hélas, ce travail atterrira dans un dossier étiqueté : « Notes sans importance scientifique ». Pourtant, Khaklov avait véritablement fait une découverte capitale. Il révélait maints détails intéressants sur les êtres mystérieux. Par exemple, ceux-ci, pour dormir, s'allongeraient la face contre le sol. Les milieux qu'ils habitent seraient variés : des glaciers des montagnes aux marais et aux déserts. Ils se nourriraient surtout de rongeurs, et aussi de lézards, de racines, de baies.

L'énigme de l'homme sauvage asiatique va rebondir brusquement en 1957. Cette année-là, un glaciologue soviétique, A. G. Pronine, rapporte qu'il a vu un tel homme au Pamir, dans la vallée de Baliand-Kyik. Bien sûr, à cette époque, on parle de la présence de l'« homme-des-neiges » au Pamir. On s'apercevra plus tard qu'il s'agit d'un être bien différent.

Une hybridation impossible?

A propos des hommes sauvages, il est fréquent d'évoquer d'éventuels hybrides homme × singe. En fait, une telle hybridation est, jusqu'ici, considérée comme impossible entre l'espèce humaine et le chimpanzé, le singe actuel qui en est le plus proche. Cette impossibilité tient à des différences génétiques. L'homme a quarante-six chromosomes; le chimpanzé, quarante-huit. De plus, la structure de ces chromosomes est trop différente.

Certes, des expériences ont eu lieu en URSS vers 1930, et plus récemment en Chine et aux Etats-Unis. Dans ces deux derniers pays, des embryons ont été obtenus... En France, une curieuse affaire s'est déroulée en 1897. La fille d'un forain stationné à Vichy mit au monde un fœtus monstrueux. Or le forain possédait un chimpanzé... L'hypothèse d'une hybridation fut pourtant rejetée.

Aujourd'hui, les chercheurs, déçus de n'avoir pu obtenir d'hommes-singes par la voie directe (ou par insémination artificielle), tentent de l'obtenir par fusion de cellules embryonnaires. C'est par cette méthode que le mouton-chèvre a vu le jour.

Et, en remontant dans le passé, on exhume bien des indices étranges. Ainsi, racontant la vie de Sylla, Plutarque rapporte l'épisode suivant, qui se situe près de Dyrrachium, en Albanie, en 84 après J.-C. : « On y prit, dit-on, un satyre endormi. Il était pareil à ceux que représentent les sculpteurs et les peintres. On l'amena à Sylla, qui lui fit demander par plusieurs interprètes qui il était. Sans rien répondre d'intelligible, il fit entendre à grand-peine une voix rude, à peu près intermédiaire entre le hennissement du cheval et le bêlement du bouc. Sylla en eut horreur et s'en détourna comme d'un spectacle impie [1]. »

Certaines œuvres d'art sont également fort intriguantes. Par exemple, une sculpture du portail de l'église de Semur-en-Auxois (Côte-d'Or) représente un homme accompagné d'un homme velu. Ce semble être un montreur non pas d'ours, mais d'homme velu. La trace d'un homme sauvage et hirsute considéré comme l'antithèse du chevalier se retrouve tout au long du Moyen Age. Et l'on aime alors se déguiser en homme sauvage : rappelons-nous le tragique bal des Ardents, en 1393, au cours duquel prirent feu les étoupes dont s'étaient revêtus les danseurs. Ce qui importe surtout pour nous est l'existence, apparemment bien réelle, d'hommes « velus ». Souvenons-nous aussi de ceux que nous avons cités dans le chapitre sur les enfants sauvages. Des cas d'hypertrichose n'expliquent pas tout. Admettons donc que des hommes velus aient survécu sporadiquement en Europe au cours de la période historique (des indices assez précis concernent notamment les Pyrénées). En Europe, ces hommes auraient fini par s'éteindre, mais ils survivraient en Asie.

L'almasty du Caucase

Devant l'abondance d'informations à leur sujet, l'Académie des sciences de l'URSS décide la création d'une commission chargée d'étudier cette énigme. Elle comprend notamment le Pr. Boris Porchnev, auteur de travaux capitaux sur le problème des hommes sauvages. La commission finira malheureusement par être dissoute. Au fil des années, le dossier s'enrichira de témoignages venus de Mongolie, du Gobi, du Tibet, de l'Altaï, du Pamir et même du Caucase.

Au Caucase, l'homme sauvage est appelé « almasty ». Une Française émigrée en URSS, le Dr. Marie-Jeanne Koffmann, enquête, depuis des années, sur les hommes velus du Caucase. Ils sont bien connus des habitants. Parfois, ceux-ci les détiennent comme esclaves. Ainsi, Zana était une femelle – ou une femme? – d'almasty qui était utilisée comme domestique dans le hameau de Tkhina, vers 1880. Sa capture avait été pénible : elle avait été bâillonnée et matraquée, et des anneaux lui avaient été fixés aux chevilles. Elle « s'apprivoisa » peu à peu et fut employée à de menus travaux. Elle avait le front fuyant, la nuque saillante, le nez épaté. Zana eut des enfants de plusieurs hommes du

1. Plutarque, *Vies*, VI, traduction R. Flacelière et E. Chambry, Editions Les Belles Lettres, 1971.

27. *Des hommes de Néanderthal survivent-ils dans le Caucase, aux portes de l'Europe ?*

hameau. Elle alla plonger le premier, pour le baigner, dans l'eau glacée d'un ruisseau, et il en mourut. Aussi, par la suite, lui enleva-t-on ses bébés. Quatre de ses enfants survécurent. Ils étaient robustes, avec la peau assez sombre. Ils eurent eux-mêmes des descendants. Les chercheurs russes ont retrouvé leurs ossements, y compris, récemment, le crâne d'un enfant de la première génération. Ils présentaient des caractères quelque peu néanderthaliens...

Le mot est lâché... Mais, avant de détailler cette identification, restons dans le Caucase, où témoignages et indices d'une grande précision se sont accumulés. Ainsi, au Daghestan, durant la dernière guerre mondiale, en 1941, un médecin militaire soviétique, le lieutenant-colonel Vasguen S. Karapétyane, est chargé d'examiner un homme étrange, qu'une patrouille lancée à la poursuite de déserteurs vient de capturer. Il est soupçonné d'être un espion camouflé en animal à fourrure. L'homme est, en effet, velu : il est couvert de poils broussailleux brun foncé. Ses cheveux descendent jusque sur les épaules. Il est musclé. Ses doigts sont longs. Les yeux sont profondément enfoncés, sous des sourcils épais. L'homme est incapable de parler : il se contente de beugler. Karapétyane rapportera ce détail important : « Sur la poitrine, le cou et plus particulièrement le visage, il y avait une multitude de poux qui, sans conteste, n'appartenaient pas aux trois espèces parasitant l'homme. » Nous savons en effet qu'à ce détail-là on peut peut-être déduire que l'homme était d'une espèce inconnue. On ne sait ce qu'il devint. Peut-être fut-il, malgré tout, considéré comme espion et passé par les armes.

L'un des derniers témoignages recueillis par M.-J. Koffmann se rapporte à trois almasty assis ensemble sur un rocher. Il semble que l'être mystérieux devienne de plus en plus un commensal de l'homme...

Dans le Caucase aussi, une aventure fort étrange est arrivée à plusieurs membres de la célèbre famille de voyageurs, les Mahuzier.

La scène se passe en 1980, près de l'Elbrouz. Soudain, dans la nuit, un cri rauque déchire le silence : « Eh... oh... eh... oh... eh... oh! » La voix semble venir de la rive opposée d'un torrent. Est-ce l'appel d'un homme en danger? Alain et Sylvain Mahuzier, accompagnés de M.-J. Koffmann, traversent le pont et s'enfoncent dans la nuit, balayant l'obscurité de leurs lampes. A mesure qu'ils s'approchent de l'être qui pousse ce cri, ils se rendent compte que ce ne peut être un homme normal. Ne serait-ce pas un almasty?

Alain et Sylvain reviennent chercher un magnétophone. Ils vont parvenir à enregistrer le cri. Ils se sont approchés de très près de l'être mystérieux : ils ont entendu des branches craquer... Marie-Jeanne Koffmann imita son cri, et il lui répondit. A l'aube, l'appel reprendra. Et, à nouveau, au crépuscule. Cette fois encore, Sylvain et Alain se lancent à la poursuite de l'être, parmi les rocailles et les broussailles. Ils se rendent compte qu'« ils » sont deux, sans doute un mâle et une femelle qui s'appellent.

J'ai entendu l'enregistrement de ces cris et ai même demandé à Alain Mahuzier de les diffuser lors de plusieurs émissions de radio. De nombreux spécialistes ont essayé de les identifier. Bien sûr, il aurait pu s'agir de cris de chacals, lesquels habitent le Caucase. Mais l'intonation de ces cris a quelque chose de nettement « humain ». Ils étaient poussés par des êtres qui avaient un « coffre » extraordinaire...

Comme je l'ai dit, l'homme sauvage asiatique pourrait être un néanderthalien rescapé de la Préhistoire. Défendue par B. Porchnev, B. Heuvelmans et M.-J. Koffmann, cette thèse repose sur les similitudes – triangulaires en quelque sorte – existant entre :
– l'homme de Néanderthal, tel que la paléontologie humaine l'a révélé;
– l'homme congelé du Minnesota, tel qu'il a été examiné et photographié dans son cercueil de glace;
– l'homme sauvage du Caucase, d'Asie centrale et d'Asie orientale, tel que le décrivent les témoins qui disent l'avoir vu.

Un macaque géant

Rappelons ce qu'était exactement l'homme de Néanderthal : non pas une espèce particulière, mais une race fossile de l'*Homo sapiens.* Cet *Homo sapiens neanderthalensis* avait gardé des caractères primitifs : crâne très allongé, fortes arcades sourcilières, face proéminente, mandibule robuste sans menton. L'homme de La Chapelle-aux-Saints (Corrèze) en est un exemple célèbre. Certains hommes de Néanderthal avaient des caractères moins accusés, et il y eut d'ailleurs des métissages entre néanderthaliens et *Homo sapiens* proprement dits.

L'homme de Néanderthal est considéré comme éteint depuis environ trente mille ans. A moins, bien sûr, qu'il ait survécu çà et là plus tardivement. Et il serait même toujours vivant, représenté par des populations reliques, à travers l'Asie.

Cependant, un fait est curieux. L'homme de Néanderthal fut l'auteur d'une « industrie » assez élaborée, composée de silex taillés, racloirs, grattoirs, burins, etc. Or les actuels hommes pongoïdes paraissent mener une existence très simple et ignorer les outils. Faut-il imaginer qu'ils ont subi une décadence culturelle? Toutefois, des outils de type néanderthalien (plus exactement moustériens), mais récents, auraient été trouvés en Mongolie.

L'une des dernières nouvelles sur l'homme pongoïde nous est venue de Chine. Elle concerne un événement survenu en 1972. Des gardes-frontières chinois, patrouillant au Tibet, auraient aperçu un être humanoïde, qui leur aurait lancé une grosse pierre. Les gardes l'auraient abattu. L'être était du sexe féminin. Haut d'un mètre cinquante-quatre, il avait, paraît-il, des mains d'un tiers plus grandes que des mains humaines. Les gardes laissèrent son cadavre sur place. Cependant, si nous passons maintenant à la Chine proprement dite, nous allons nous trouver confrontés à un dossier complexe. Au cours des dernières années, en effet, de nombreuses informations en provenance de Chine ont fait état d'hommes sauvages.

Dans ce dossier, plusieurs éléments doivent être distingués. D'abord, le cas de Yu Zhenhuan. Ce petit garçon, né en 1978, et couvert de poils, dont la photo a fait le tour du monde, est atteint d'hypertrichose. Il n'a rien de « sauvage ». Plus intriguant est le cas de Xu Yunbao. Ce garçon du Sichuan, né en 1939, mourut en 1962. Il ne mesurait que quatre-vingt-dix-sept centimètres, était velu et se tenait penché en avant. Il refusait les vêtements et se nourrissait de grains de céréales. Sa morphologie montrait des caractères primitifs.

Les hommes sauvages d'Iran

En Iran, il arrive de voir un homme sortir d'un terrier. Ou bien, alors, d'apercevoir un homme tout aussi « sauvage » courir agilement parmi les rochers. Il s'agit en général de derviches qui sont retournés volontairement à la vie sauvage. Vêtus au plus de peaux de chèvre, ils doivent leur allure étrange au « casque » formé par la crasse qu'emprisonnent leurs cheveux. Ils ont gardé l'usage de la parole et sont surtout végétariens.

En mai 1957, des villageois du Zhejiang tuent un homme sauvage qui poursuivait une fillette. Il est velu et mesure environ un mètre cinquante. Ses mains et ses pieds seront remis aux autorités locales. Ils ont été examinés par un zoologiste, le Pr. Zhou Guoxing : celui-ci les a formellement identifiés comme ceux d'un macaque géant. On savait déjà que de très gros macaques habitaient les montagnes de l'Asie intérieure. Il en existe donc une espèce plus grande encore, et c'est là une importante découverte, qui n'a pas eu le retentissement qu'elle méritait. Mais le macaque géant n'explique pas tout le dossier des hommes sauvages de Chine. La région du Hubeï, très accidentée et encore mal connue, hébergerait des hommes de forte taille, velus, bipèdes, portant lances et bâtons. Des expéditions scientifiques se sont lancées sur leurs traces et ont recueilli de nombreux indices troublants, notamment des poils et des excréments. Ces hommes sont parfois agressifs. Ainsi, un berger a dû se battre contre l'un d'eux : sa main enflée portait les traces des doigts de l'homme. Pour résoudre l'énigme, les scientifiques chinois avaient installé des « huttes de capture » remplies de maïs, haricots, miel et autres friandises appréciées des hommes mystérieux. Un dispositif électrique placé sous une planche devait permettre d'avertir, à l'aide d'un signal lumineux, les guetteurs de l'arrivée de l'homme sauvage...

Ce que les scientifiques n'ont pu obtenir, un paysan du Guangxi l'aurait réussi en 1980. Il aurait capturé un homme velu haut d'un mètre, à la tête de singe, qui avait un nez de chien, des oreilles, des yeux et des doigts humains. Ses poils ressemblaient à ceux du buffle. Le paysan, du nom de Bu Shaogi, avait pris au piège l'être étrange. Cependant, celui-ci l'implora d'une façon si humaine, avec des larmes dans les yeux, qu'il lui rendit la liberté.

L'affaire a pris une grande ampleur en Chine. De fortes primes sont promises à qui trouvera un spécimen d'homme sauvage. Bien sûr, on pourrait estimer qu'il s'agit là aussi de néanderthaliens. Cependant, certains aspects du dossier sont contradictoires. Il est parfois question d'une longue chevelure, ce qui est un caractère typiquement humain, comme l'utilisation d'outils élaborés. Mais ces hommes paraissent atteindre une taille imposante qui les rapprocherait du gigantopithèque.

Dans la jungle malaise

Gagnons maintenant l'Asie du Sud et du Sud-Est. Nous savons déjà que plusieurs types d'hommes sauvages semblent habiter ces régions, notamment l'homme pongoïde. Rappelons que le spécimen congelé exposé aux Etats-Unis provenait très certainement du Vietnam. A ce propos, un petit bulletin militaire américain, *Army Reporter*, a mentionné qu'un homme sauvage – un autre – avait été tiré, mais non tué, par des militaires lors de la guerre du Vietnam.

Si nous nous rendons dans la péninsule malaise et à Sumatra, nous allons rencontrer un homme sauvage d'un autre type. Appelé à

Sumatra l'« orang pendek », c'est-à-dire le « petit homme », ou encore le « sedapa », il est bien connu des habitants, et l'on possède aussi, à son sujet, quelques témoignages des colons hollandais. Le plus précis se situe en octobre 1923. Un Hollandais du nom de Van Herwaarden s'est mis à l'affût de sangliers. Tout à coup, il décèle un mouvement dans un arbre isolé. Il va inspecter celui-ci et y découvre, posté sur une branche, un être velu, à la toison sombre. Il devine que ce doit être le fameux orang pendek, et il cherche à attirer son attention. Celui-ci ne bronche pas. M. Van Herwaarden a beau donner des coups de pied dans le tronc, rien n'y fait. Alors, il commence à escalader l'arbre. L'être réagit enfin et se penche. Le Hollandais peut mieux l'observer : il a de longs cheveux qui lui tombent presque jusqu'à mi-corps. Le visage est brun, sans poils. Les yeux sont étrangement humains. En s'ouvrant, la bouche laisse apparaître de fortes canines. Le dos des mains est un peu poilu. Les bras sont longs. La hauteur totale de l'être est d'environ un mètre cinquante. M. Van Herwaarden essaie même d'engager le dialogue avec l'orang pendek. Il lui parle avec douceur. Mais le « petit » homme finit par s'accrocher à une branche et saute sur le sol. Il s'enfuit en émettant une sorte de sifflement.

Ce témoignage précis permet d'éliminer l'orang-outan et le gibbon, comme aussi un enfant-animal. L'orang pendek ne serait-il pas le pithécanthrope? Le rapprochement vient tout de suite à l'esprit. C'est à Java en effet, non loin de Sumatra, qu'ont d'abord été exhumés les restes du pithécanthrope. Celui-ci, avec le sinanthrope de Chine et beaucoup d'autres hominiens fossiles, est désormais englobé dans l'espèce *Homo erectus,* l'homme à station érigée, ancêtre de l'*Homo sapiens.* Le pithécanthrope aurait pu chercher refuge dans les immenses forêts de Sumatra, et y survivre jusqu'à notre époque.

A la fin de décembre 1953, la presse occidentale se fait l'écho d'un curieux événement survenu dans la province de Pérak, dans la péninsule malaise. Une jeune Chinoise travaille dans une plantation d'hévéas quand elle sent une main se poser sur son épaule. Elle se retourne. Une femme velue à la longue chevelure noire, vêtue d'un simple pagne d'écorce, se tient derrière elle. Elle a même de la moustache. Deux mâles sont postés un peu plus loin. La femme sauvage, esquissant un sourire, montre des canines impressionnantes et émet une sorte de croassement. La jeune Chinoise s'enfuit. La police se lança sur la piste des trois êtres, et effectivement elle les aperçut. D'autres personnes les virent également. Ils avaient le front fuyant et les arcades sourcilières saillantes.

Il est évidemment tentant de rapprocher également ces hommes sauvages du pithécanthrope. N'oublions pas cependant que les hommes ensauvagés ont parfois des allures fort étranges.

Les nittaewo de Ceylan (Sri Lanka), eux, étaient vraisemblablement des pithécanthropes. Il faut en parler au passé, car ils ont disparu vers 1800. Les nittaewo étaient des pygmées, hauts de quatre-vingt-dix centimètres à un mètre vingt, qui habitaient des montagnes reculées de Ceylan. Etaient-ils velus? Les indices sont contradictoires à ce sujet. Leurs doigts étaient munis de longues griffes et leur langage se réduisait à une sorte de gazouillement. Ils chassaient des animaux variés et habitaient des cavernes ou des plates-formes de branchages. Ces nittaewo étaient en butte à l'hostilité des Veddas, peuple apparenté aux Australiens. Ils disparurent peu à peu. Les Veddas auraient encerclé les derniers nittaewo dans une grotte, dont ils bloquèrent l'entrée avec des branches et des broussailles. Ils y mirent ensuite le feu, et les nittaewo périrent asphyxiés.

Un zoologiste britannique, le Dr. W. C. Osman Hill, a assimilé les nittaewo aux pithécanthropes. Cette assimilation a reçu un début de confirmation en 1962, quand le Pr. P. E. P. Deraniyagala a découvert, à Ceylan, une dent fossile de type pithécanthropien.

Le yowie australien

Retrouvons une dernière fois l'Australie pour nous attaquer à l'énigme du yowie, l'homme sauvage australien. Celui-ci n'a conquis la célébrité qu'à une date récente, mais, en fait, le premier rapport sur lui remonte à 1795. Le yowie serait un géant velu, qui atteindrait une taille particulièrement grande dans la forêt tropicale. Il serait plus petit dans les plaines et les collines.

Il y a quelques années, un Australien rapportait à un journal un incident datant de 1935. L'homme avait alors dix ans. Il se trouvait dans la ferme de son grand-père, à Three Chain Road, dans la région de South Lismore. Tôt le matin, par un beau clair de lune, le jeune garçon aperçoit un « homme » qui descend des collines et s'approche. Un cheval s'affole. Le garçon va prévenir son grand-père. Celui-ci éteint la lumière et observe la scène d'une fenêtre, avec sa famille. Le yowie n'est plus qu'à une vingtaine de mètres. Son dos paraît voûté, et il ne semble pas avoir de cou. Il passe près d'un hangar, en traînant les pieds, puis s'en va.

Une histoire encore plus extraordinaire, mais difficilement croyable, survient en 1968. George Gray, de Kempsey, aurait été tiré de son lit par un puissant homme velu qui lutta quelques minutes avec lui, pour jouer...

Vers 1971, l'équipage d'un hélicoptère qui survole des montagnes australiennes repère un primate poilu qui se déplace rapidement à travers les broussailles, puis s'éclipse à travers la végétation. Le soir du 18 septembre 1976, deux garçons de dix-huit ans, Ian Mack et Donald Huston, plantent leur tente au pied de Mount Solitary. Ils vont s'endormir, lorsque, vers 23 heures, ils sont intrigués par des bruits étranges. Ils voient quatre êtres humanoïdes, velus, hauts d'un mètre cinquante environ. Ils sont effrayés, mais les êtres ne tardent pas à s'enfuir.

Le 20 novembre 1977, une jeune cavalière se promène près de Katoomba, quand son cheval fait un brusque écart, au point de presque la désarçonner. Elle remarque alors un homme-singe de plus de deux mètres qui la regarde, caché parmi les arbres : elle l'a dérangé alors qu'il mangeait des baies. Elle s'enfuit au galop.

Le yowie n'est pas toujours végétarien. En mai 1974, près de Katoomba également, un poney est trouvé mort, le cou brisé, la tête presque complètement arrachée, le dos en partie dévoré. A proximité s'observent les traces d'un énorme primate. On a trouvé de nombreuses empreintes attribuées au yowie. Or, à Mulgoa, en 1970, a été découverte une empreinte, fossile celle-là, semblable aux traces actuelles.

Le yowie est devenu une vedette de la presse australienne. Il a droit à des appellations variées : « homme velu géant », « gorille », etc. Les cryptozoologistes australiens, et notamment Rex Gilroy, se sont livrés à des enquêtes approfondies à son sujet. La réalité du yowie serait particulièrement extraordinaire. D'abord, il est signalé dans des secteurs qui ne sont pas toujours reculés. Ensuite, il n'existe pas, en dehors de l'homme, de primates en Australie. Cependant, puisque l'*Homo sapiens* a pu gagner ce continent à partir de l'Asie, pourquoi un autre primate n'en aurait-il pas fait autant?

Le yowie serait un géant : on lui attribue une taille de deux mètres dix. Pour l'expliquer, il faut imaginer que le gigantopithèque (autrement dit le yéti, si l'assimilation est exacte) soit parvenu en Australie.

Rencontres avec le kikomba

C'est maintenant l'Afrique et ses hommes sauvages qui nous attendent. Là aussi, le dossier est fort complexe. Comment pourrait-il en être autrement dans le continent où vivent les gorilles et les chimpanzés? La découverte de ces derniers a été longue et progressive (est-elle d'ailleurs terminée?), peut-être justement parce que entremêlée de rapports concernant d'autres êtres.

Ainsi, une ethnographe du Centre national de la recherche scientifique, spécialiste des Masaïs, Mme Jacqueline Roumeguère-Eberhardt, a fait récemment sensation en déclarant qu'elle avait identifié plusieurs types d'hommes sauvages des forêts du Kenya. En fait, elle a prudemment donné à ces différents types les appellations X1, X2, X3, X4 et X5. Mme Roumeguère commença à s'intéresser au problème de ces êtres lorsqu'un Africain, regardant la reconstitution de l'*Homo habilis* publiée par un journal, lui déclara : « Moi, je l'ai vu... » Elle se mit alors à collecter les témoignages. A Pâques 1981, par exemple, trois hommes sauvages velus – deux grands et le troisième beaucoup plus petit – auraient surgi d'une forêt. Ils auraient suivi des bergers en gesticulant.

A plusieurs reprises, des cris ont été entendus. Ainsi, le 26 avril 1981, un homme sauvage crie alors qu'il est blotti contre une maison. En août 1979, également, un cri est entendu tandis qu'un buffle est découvert, une patte cassée – par l'auteur du cri? En général, le cri de ces hommes sauvages peut être traduit par : « Wa... Wa... Wa... Wa... »

Voici le portrait que trace Mme J. Roumeguère-Eberhardt des cinq types qu'elle distingue :
– X1 : Corps énorme. Velu. Armé d'une massue. Laisse de grandes empreintes.
– X2 : Silhouette élancée. Pas de poils. Peau claire. Agressif.
– X3 : Grand. Velu. Longs cheveux blancs.
– X4 : Tête énorme. Petit. Trapu. Un peu velu. Mange des tubercules.
– X5 : *Homo sapiens* moderne. Longs cheveux. Quelques vêtements. Porte carquois avec arcs et flèches. Ce dernier type a d'ailleurs laissé un arc et des flèches entre les mains des enquêteurs. L'arc était fait avec un tendon d'éléphant. La flèche, comportant une plume d'aigle, était enduite de poison.

Sans doute trouvera-t-on que cinq types d'hommes sauvages dans le même secteur, cela fait beaucoup. Néanmoins, les informations de Mme Roumeguère sont intéressantes, car elles complètent un dossier déjà important. Par exemple, vers 1957, une expédition dirigée par un vulcanologue de Johannesburg, John Tunstall, aurait vu trois « hommes-des-neiges » africains dans la région du Kilimandjaro. Faut-il rappeler que l'Afrique héberge déjà un grand primate montagnard, le gorille de montagne? Faut-il rappeler aussi que l'est et le sud du continent noir ont été habités par de très nombreux primates fossiles qui se situent plus ou moins sur la lignée humaine, les plus célèbres étant les australopithèques et l'*Homo habilis*? Et si certains d'entre eux, toujours en vie, s'étaient réfugiés dans les profondes forêts d'Afrique tropicale? C'est pourquoi il faut considérer avec intérêt les rapports qui nous viennent du Kenya, ou encore du Zaïre.

Dès 1938, l'explorateur italien Attilio Gatti s'était lancé sur la piste d'un grand primate qui aurait habité la forêt de l'Ituri, le mulahu. Haut de plus de deux mètres, le mulahu aurait été doté d'une force prodigieuse, d'autant plus redoutable qu'il était plutôt irascible. On rapportait aussi qu'une frange de longs poils blancs lui tombait du front, au point de l'empêcher de bien voir. Aussi, lorsqu'il devait observer avec attention quelqu'un ou quelque chose, le mulahu se mettait à quatre pattes et le regardait, en baissant la tête, à travers ses jambes! A. Gatti parvint même à examiner des poils provenant, à ce que l'on assurait, du mulahu. Ces poils avaient été découverts sous les ongles et entre les dents d'un Australien trouvé mort dans la forêt, tué, affirmait-on, par l'être mystérieux. A. Gatti ne put rapporter ces poils, longs et épais, à aucune espèce connue... Et surtout, il eut la chance de voir, de ses yeux, le mulahu...

Son guide, Boro, l'a conduit en pleine forêt. Un terrible orage éclate. Boro s'enfuit en criant : « Mulahu! » Gatti va se sécher sous un tronc abattu par l'orage, et s'endort. Le lendemain, il se réveille, mais ressent une étrange impression. Et, soudain, une silhouette bouge. Un grand « animal » se dresse au-dessus de lui, puis se laisse retomber et disparaît. A. Gatti racontera : « Je revois encore la fourrure ondulée d'un noir rougeâtre, hérissant ses immenses bras dressés, le périmètre

28. *Le kikomba, mystérieux primate des forêts africaines.*

colossal de son estomac et surtout cette tête d'une énormité déconcertante, rendue aveugle et même privée de visage par le long rideau de poils blancs qui tombait de la visière proéminente de ses sourcils... J'avais vu le mulahu! »

Les informations et le témoignage de Gatti se sont trouvés étayés par des recherches plus récentes. Elles concernent deux primates mystérieux des forêts du Zaïre, le kikomba et le kakundakari. Ces investigations ont reçu le parrainage de zoologistes bien connus, comme Heini Hediger, de Zürich, et l'Américain George B. Schaller, rendu célèbre par ses recherches sur le gorille de montagne.

Le kikomba serait un grand primate bipède, en partie arboricole, qui tient souvent un morceau de bois à la main. Il prend un malin plaisir à s'emparer des animaux pris dans les pièges posés par les habitants, mais ne les mange pas. Il se montre assez agressif vis-à-vis des humains. Il paraît justifié d'assimiler le kikomba au mulahu : ne lui attribue-t-on pas une crinière tombant sur les yeux? Un Suisse, Charles Cordier, a peut-être vu un kikomba en 1948 : il conduisait un camion lorsque, à soixante mètres devant celui-ci, un « gorille » traversa la route en courant, debout. N'était-ce pas plutôt un kikomba? En effet, un gorille ne court généralement pas de cette façon.

Le kakundakari serait nettement plus petit, puisqu'il ne mesurerait que soixante à quatre-vingt-dix centimètres. Une sorte de crinière se remarque sur sa nuque. Il pêche parfois des crabes, qu'il met dans la sacoche de feuilles qu'il porte sur la hanche. En 1957, un spécimen aurait été capturé et enfermé dans une cage. Des centaines de personnes le virent. Il parvint à s'évader. Une autre fois, un kakundakari se serait pris dans un filet tendu par des chasseurs, mais s'en serait échappé. Un chasseur l'ayant frappé de sa lance, il trouva sur celle-ci du sang blanchâtre...

La dualité du kikomba et du kakundakari évoque irrésistiblement celle de l'australopithèque robuste et de l'australopithèque gracile. De là à les assimiler à ceux-ci, il n'y a qu'un pas, à moins d'imaginer – ce qui n'est pas invraisemblable – qu'ils soient respectivement le mâle et la femelle d'une même espèce.

L'Afrique héberge encore d'autres primates mystérieux, qui sont, parfois, de véritables gnomes. Ainsi, au Mozambique et en Tanzanie se cacheraient les agogwe, sortes de pygmées velus. L'un des plus curieux témoignages les concernant est celui de M. Cuthbert Burgoyne. En 1927, celui-ci se trouve à bord d'un cargo japonais qui longe la côte du Mozambique. Il observe, à la longue-vue, une troupe de babouins qui capturent des crabes sur une plage. Tout à coup, deux « petits hommes bruns » sortent de la brousse et se dirigent vers les singes. Ils mesurent d'un mètre vingt à un mètre cinquante, et leur présence ne paraît pas effrayer les babouins.

Il est également question de nains mystérieux de l'autre côté de l'Afrique. En 1947, le Pr. André Ledoux, chef du service zoologique de l'Institut d'Adiopodoumé, en Côte-d'Ivoire, avait enquêté sur les

Le gorille nain

Si l'existence du chimpanzé pygmée est bien établie, il n'en est pas de même du gorille nain. Pourtant, celui-ci a été décrit scientifiquement. Et le Muséum de Francfort possède trois spécimens de gorilles pygmées provenant de la région côtière du Gabon.

Ces gorilles nains, hauts d'un mètre trente, constituent-ils une race, voire une espèce particulière? Sont-ils seulement des sujets pathologiques? Il n'est pas possible de répondre pour l'instant.

« petits hommes de la forêt » dont parlaient certains habitants. Ces pygmées auraient été couverts de poils roux et auraient eu de longs cheveux rougeâtres. Or, on a découvert, en Côte-d'Ivoire, des outils en pierre dont la petite taille indiquait que leurs auteurs ne devaient pas être très grands. On a également trouvé des tunnels étroits qu'ils avaient dû creuser dans les falaises.

Les ombas de Madagascar

Au cours de l'été 1984, un jeune ethnographe et cinéaste français, François-Xavier Pelletier, connaît une étrange aventure dans une

Des cheveux blonds dans la forêt vierge

En avril 1929, au Congo (français à l'époque), un chasseur d'éléphants rencontre un groupe de grands « singes » et ouvre le feu sur l'un d'eux. Lorsqu'il examine l'être qu'il a touché, il a la stupéfaction de constater qu'il s'agit d'une jeune fille à demi humaine, à la peau sombre, mais aux cheveux blonds. Elle jette à son meurtrier un regard lourd de reproches, et expire.

Revenons quatorze ans en arrière. En 1915, une expédition s'enfonce dans les forêts du Congo. Elle est conduite par Louis Bertelli, Danois malgré son nom. Il est accompagné de son épouse suédoise. Le but de l'expédition est de vérifier l'existence d'une mystérieuse peuplade d'hommes-singes. On ne devait plus revoir les membres de l'expédition, dont l'une des embarcations fut retrouvée vide, et chavirée.

Le deuxième acte se joue en 1928. Fuyant le Congo belge, un Africain cherche à gagner le Congo français à travers la forêt. C'est alors qu'il rencontre des hommes-singes. Il découvre même le village de ceux-ci, constitué de huttes sommaires installées dans des arbres. S'étant embusqué à quelque distance, l'homme a la surprise de voir, une nuit, une jeune fille blonde descendre de l'une des huttes et aller se laver dans une rivière. L'Africain tente d'engager le dialogue : elle lui répond en une sorte de langage mi-humain, mi-simiesque. Elle le conduit vers une tombe, d'où elle extrait des ossements et une mèche de cheveux blonds... A ce moment, une clameur retentit : les hommes-singes se sont aperçus de la disparition de la fille, qui se hâte de les rejoindre.

Il est possible de reconstituer, à la lumière de ces épisodes, le scénario suivant. L'expédition Bertelli a été massacrée par des habitants de la forêt. Seule, Mme Bertelli a survécu; recueillie par les hommes-singes, elle est devenue la compagne de l'un d'eux. Elle en a eu une fille, puis est morte. Et c'est cette fille, noire comme les hommes-singes, mais blonde comme sa mère, que rencontrera l'Africain et qui sera tuée par le chasseur.

Libre à chacun de croire ou de ne pas croire à cette rocambolesque – et romanesque – histoire.

région reculée de Madagascar. Il se trouve la nuit, dans une forêt, avec un préfet de la région, quand retentit un coup dans un arbre : « Voilà des ombas, lui dit le préfet, c'est leur moyen de communiquer. » Et, effectivement, un autre bruit semblable se fait bientôt entendre. F. X. Pelletier perçoit distinctement un bruit de pas; l'être se sauve en écartant les branches. Si l'on interroge les habitants de la région, ils finissent par accepter de parler des ombas, les « hommes sauvages ». (*Ombas* signifie « hommes ».) Ils mesurent un mètre soixante-quinze, sont nus, chevelus et ont la peau blanche. Le préfet en question assure avoir recueilli un ombas, qui reprit sa liberté après avoir bu.

Un pilote, au cours d'un vol à basse altitude, aurait vu une famille d'ombas dans une grotte, hommes, femmes et enfants. Un jour, un ombas aurait attaqué un Malgache, qui l'aurait tué. Les relations avec les ombas sont en général paisibles. Les habitants placent près des fleuves des bols de riz, et, la nuit, les hommes sauvages y déposent du miel d'abeilles sauvages : c'est ce que l'on appelle le « troc silencieux ». Ces hommes n'ont pas de langage.

Quelle peut être l'identité des ombas? Toute confusion avec l'indri, le plus grand des lémuriens, est à éliminer. Le nombre de ces hommes – ils seraient une centaine dans la région – écarte des cas individuels de sujets ensauvagés. Les ombas sont-ils des descendants de l'une des anciennes vagues de colonisation de l'île? Leur peau blanche empêche de voir en eux des Africains ou des Malais. Sont-ils des Européens? Ou des Arabes? Descendent-ils de prisonniers évadés, d'explorateurs égarés?

F. X. Pelletier ne m'a pas permis de dévoiler la région exacte où se cachent les ombas. Il espère en effet y retourner pour les photographier ou les filmer. En tout cas, il a révélé là un dossier entièrement vierge, non sans rappeler cependant ce que m'avait rapporté le colonel Philippe Milon, qui explora des secteurs reculés de Madagascar : selon lui, des Vasimbas, qui furent parmi les premiers occupants de l'île, y survivraient, et seraient parfois tenus en esclavage par les habitants.

18

L'Amérique à l'heure du bigfoot

Au moment d'aborder le dossier du bigfoot, je me sens saisi de vertige. La bibliographie sur le sujet est si colossale, la presse américaine est à ce point remplie d'articles sur l'être mystérieux, que je ne sais par quel bout prendre l'affaire. Et pourtant, celle-ci est récente. C'est seulement à partir de 1960 que le bigfoot a vraiment fait parler de lui.

Voici un échantillonnage de titres d'articles pris au hasard : « Bigfoot, sasquatch ou jogger aux longues enjambées? », « Bigfoot! La créature fabuleuse est peut-être vivante, et à l'aise, dans l'Iowa », « Des traces dans la neige : est-ce Bigfoot ou un gros canular? », « Des gens disent avoir trouvé des poils de bigfoot », « Des experts disent que Bigfoot existe, et n'est pas un ours »...

Le bigfoot (c'est-à-dire « grand pied »), ou sasquatch, serait un primate géant, velu et bipède, qui se cacherait toujours dans les forêts des montagnes Rocheuses, aux Etats-Unis comme au Canada. L'affaire du bigfoot a donc pris une ampleur énorme, à l'échelle américaine. La publicité s'en mêle : quoi de mieux, pour une starlett, que de prétendre avoir été enlevée par un bigfoot? Et puis, par contagion ou par jalousie, divers états américains ont aussi, maintenant, leurs hommes sauvages, jusqu'à la Floride. Et puis, aussi, est apparue une tendance à mêler le bigfoot aux OVNI, si bien qu'entre hommes sauvages et extraterrestres présumés la limite n'est souvent plus nette.

En contrepartie de cette débauche d'articles et d'informations, les bonnes descriptions du bigfoot sont rares : elles sont infiniment moins précises que celles des divers primates mystérieux de l'Ancien Monde. C'est peut-être parce que les Américains, ayant perdu le contact avec la nature, ne savent plus l'observer. Certes, on possède des photos de bigfoots présumés. On en possède même beaucoup, jusqu'à celle d'un bigfoot blond prenant son bain. Et puis, il existe un film, dont nous reparlerons. Et aussi quelques pièces palpables.

Le film de Patterson

Avant tout, le bigfoot est connu par ses grandes empreintes. Celles-ci, longues de près de quarante centimètres, ont été découvertes en grand nombre. Une seule piste, trouvée en 1969, dans l'état de Washington, comptait plus de mille empreintes : le bigfoot qui les avait laissées avait d'ailleurs un pied bot... L'abondance des empreintes rend la fraude difficile : il faudrait en effet imaginer une gigantesque entreprise de mystification ayant réalisé, depuis des décennies, des kilomètres de fausses pistes de bigfoot!

Un anthropologiste américain, le Pr. Grover S. Krantz, de l'université de l'état de Washington, a étudié avec beaucoup de rigueur ces mystérieuses empreintes. Il en a déduit le poids du bigfoot : quelque trois cents kilos. Il a eu surtout l'occasion d'étudier récemment des traces fort nettes : les empreintes digitales y étaient visibles, et c'était celles d'un primate supérieur. Les ouvertures des glandes sudoripares s'y distinguaient également. La piste en question montrait que le bigfoot avait sauté du haut d'un talus de deux mètres...

Les témoignages sur le sasquatch se disséminent du Canada à la Californie. Voici, parmi d'autres, innombrables, le récit d'une rencontre avec lui. Le 12 août 1969, près d'Oroville, en Californie, Charles Jackson est dans la cour de sa ferme, avec son fils de six ans. Il est environ 21 h 30. Ils regardent le feu qu'ils ont allumé. Soudain, ils entendent un bruit. Ils se retournent. A cinq mètres d'eux se tient un « grand singe, mais à l'aspect humain ». Son pelage est gris lustré, avec les extrémités des poils claires. L'être mesure environ deux mètres quarante. Les grosses mamelles pendantes indiquent qu'il s'agit d'une femelle. Il paraît interloqué de voir des êtres humains. Le père et le fils rentrent précipitamment à la maison. Leurs trois chiens, pourtant agressifs d'habitude, courent se cacher... Charles Jackson entasse toute sa famille dans sa voiture et va prévenir la police d'Oroville. Lorsque celle-ci ira sur les lieux le lendemain, elle ne trouvera aucune trace : il faut dire que, sur le sol sec de l'été, l'être ne risquait pas d'en avoir laissé. Charles Jackson précisera que la face de celui-ci était à peu près nue, et que sa peau était presque noire. La paume de ses mains était plus claire, quasi jaunâtre. Il était très musclé, et d'une carrure impressionnante : un bon mètre. Ses pieds étaient larges et plats. Charles Jackson n'avait jamais entendu parler du bigfoot auparavant.

Le cri du bigfoot a été enregistré, en octobre 1972, par Alan Berry, un chercheur spécialisé dans les phénomènes étranges. Il peut se traduire par « gob-a-gob-a-gob-a ». On est même parvenu, à partir de cet enregistrement, à évaluer la longueur des cordes vocales du sasquatch! Les photos de ce dernier ne manquent pas non plus. Ainsi, le *Weekly World News* du 28 juin 1983 en a publié montrant un bigfoot s'ébrouant dans un torrent, près de Snow Mountain, en Californie du Nord. Ces photos ont été examinées par un anthropologiste, le Dr. Warren Cook qui a déclaré à leur sujet : « Elles donnent une grande impression de naturel et de non-humanité. Elles évoquent au contraire un anthropomorphe. La façon dont celui-ci chasse l'eau de son pelage ne pourrait pas, à ce que je crois, être imitée par un homme. » Il existe surtout un célèbre film, censé représenter un bigfoot. Des photos extraites de ce film ont été publiées dans le monde

29. *L'énigme du bigfoot passionne l'opinion publique américaine.*

entier. Le 20 octobre 1967, Brian Patterson et Bob Gimlin se trouvent à Bluff Creek, en Californie, à la recherche du sasquatch. Ils circulent à cheval. Soudain, ils aperçoivent une femelle de bigfoot accroupie près du lit asséché d'une petite rivière. Patterson saute à terre. Le bigfoot s'enfuit. Il le poursuit tout en le filmant. Le film montre un grand primate au pelage noir qui court en se retournant. Son crâne est pointu, et ses bras, très longs. Certains ont cru distinguer un bébé accroché à sa poitrine. On n'a pas manqué de dire que ce film était un truquage et qu'il représentait un homme couvert d'une peau d'animal. Il a été soumis à des examens scientifiques très poussés. Examiné par le Dr. D. Donskoy, professeur de biomécanique à l'Institut de culture physique de Moscou, ce dernier considère que les mouvements des bras de l'être filmé, sa façon de courir, sa manière de poser le pied sur le sol, ne pourraient être ceux d'un être humain, même si celui-ci avait cherché à modifier ses mouvements habituels. De plus, tout paraît indiquer qu'il avait un grand poids.

Des poils et du sang

Possède-t-on des preuves palpables de la réalité du sasquatch? Peut-être. Il y a d'abord la curieuse affaire du crâne de Minaret. En 1965, un médecin, le Dr. Robert W. Denton, découvre un crâne curieux près de Minaret Mountains, en Californie. Plus exactement, c'est une mule qui l'a dégagé, d'une ruade, d'un terrain marécageux. Or ce crâne, d'aspect vaguement humain, présente des particularités curieuses. Il est très allongé. On vit en lui le crâne d'un ancien Indien. Ou bien, alors, il s'agirait de celui d'un primate supérieur différent de l'homme. Hélas, ce crâne, qui était peut-être d'une importance capitale, a disparu dans les collections de l'université de Californie...

Des excréments attribués au bigfoot ont été trouvés en Californie. Leur examen a montré qu'ils contenaient des restes de plantes aquatiques et aussi des œufs de parasites dont les espèces habitent l'Amérique du Nord, mais aussi la Chine... C'est étrange...

Des poils ont été recueillis en diverses occasions. Ils n'ont pu être rapportés à aucun mammifère nord-américain connu. Ainsi, une douzaine de poils trouvés sur un buisson à French Creek (Idaho) ont été soumis au Pr. Ray Pinker, du California State College, qui ne parvint pas à les identifier. Ils ne sont ni tout à fait « animaux » ni vraiment humains. Le 14 juin 1976, des poils de bigfoot furent également recueillis, et cette fois avec du sang, à la Lummi Indian Reservation, près de Bellington (Washington). Durant la nuit, un choc s'était fait entendre contre une petite maison, et, au matin, des poils et du sang furent trouvés sur une fenêtre. Le sang fut analysé par le Dr. Vincent Sarich, de l'université de Californie. Il conclut qu'il s'agissait de sang de primate. Les poils furent adressés à Tom Moore, auteur d'un guide de détermination des poils de mammifères américains. Selon ses conclusions, les poils :

1) venaient probablement tous de la même espèce;
2) n'appartenaient pas à l'une des espèces dont les poils avaient pu leur être comparés (ours, chien, coyote, loup, vache, antilocapre, cheval et homme notamment);
3) n'appartenaient pas à l'une des espèces de primates dont les poils avaient pu leur être comparés (chimpanzé, orang-outan, gorille, gibbon, siamang, semnopithèque), mais se rapprochaient de ceux du gorille;
4) présentaient quelques caractères de poils d'ongulés et aussi de poils de carnivores.

Un tel verdict était assez troublant, il faut le reconnaître. Au total, le bigfoot serait un grand primate montagnard, omnivore, qui devrait sans doute descendre à des altitudes plus basses en hiver. Il

Ecrivains et moralistes devant l'homme sauvage

Le problème de l'homme sauvage n'a cessé de passionner écrivains et philosophes. Quelle devrait être en effet notre conduite lors de la découverte éventuelle d'un yéti, d'un bigfoot ou d'un almasty?

Vercors, on le sait, a fort bien posé ce problème dans Les Animaux dénaturés. *C'est encore lui qui écrit : « Que si l'on en retrouve un peuple encore en vie dans quelque massif isolé de Bornéo, quel malheur pour toute l'anthropologie! Car elle serait incapable, d'après la description de ces créatures, et faute de définition du comportement spécifique de l'homme, de les classer dans le genre animal ou dans le genre humain – et du même coup le problème serait insoluble de savoir comment les traiter, en électeurs ou en bêtes de somme* [1]. *»*

Toujours à propos d'une éventuelle découverte de ce genre, André Maurois réagit différemment : « Un jour, en Périgord, un ouvrier qui travaille au fond d'une galerie encore inexplorée de Lascaux vient me dire qu'il y a entendu des grognements : " Pas des mots, non, mais pas non plus un cri d'animal. " J'y vais et découvre une famille préhistorique. Depuis vingt mille ans elle a vécu là, se reproduisant, respirant grâce à une cheminée qui donne dans les bois, nourrie... Comment diable s'est-elle nourrie? Il n'est pas impossible de le concevoir. Mais qu'est-ce que vingt mille ans au regard des cinquante millions d'années du cœlacanthe, dont l'organisme est déjà si complexe qu'il a bien fallu, pour le modeler, quelques milliards d'années? En vérité, le roman vrai de Smith est si parfait que je n'écrirai pas le mien [2]. *»*

Smith était, rappelons-le, le découvreur du cœlacanthe. Pour sa part, dans Les Voyages de Gulliver, *Swift imagine les hommes réduits à l'état d'êtres primitifs, les Yahous, devenus les esclaves d'un peuple de chevaux, les Houyhnmms.*

On trouve encore, dans la littérature, un homme sauvage célèbre, c'est Caliban, personnage de La Tempête *de Shakespeare, être difforme à l'aspect effrayant et à l'odeur nauséabonde.*

1. *Ce que je crois,* Grasset, 1975, p. 81.
2. *Naturalia,* n° 88, janvier 1961, p. 37.

serait bon nageur. En raison de ses dimensions, la plupart des cryptozoologistes voient en lui un gigantopithèque qui serait passé de l'Asie à l'Amérique alors que ces continents étaient encore réunis par un isthme. Bien d'autres animaux sont ainsi parvenus en Amérique, et les hommes ont également pris ce chemin.

Comme je l'ai dit, des êtres plus ou moins comparables au bigfoot sont désormais signalés aux quatre coins des Etats-Unis, et il est évidemment bien difficile d'y croire. Un certain « Knobby » défraya un

Jusque dans le Dakota...

En novembre 1977, trois bigfoots auraient été vus à Little Eagle, dans le Dakota du Sud, c'est-à-dire loin du domaine habituel du primate velu. Ce sont huit « chasseurs » de bigfoots qui les ont aperçus. Les trois êtres sont apparus en lisière d'un bosquet, ont échangé des regards avec les hommes, puis se sont éclipsés entre les arbres. L'épaisseur de la neige ne permit pas de les poursuivre, mais leurs traces purent y être decelées. Au cours des mois précédents, des traces avaient déjà été trouvées autour de Little Eagle, et quelques rencontres avec les bigfoots avaient été rapportées. D'après les témoins, le sasquatch du Dakota court aussi vite qu'une gazelle et aime prendre des bains de soleil. Il n'a, semble-t-il, pas de cou, et sa face est noire. Une dame assure même avoir vu un bigfoot regarder par la vitre du camping-car de sa fille... Des cris nocturnes ont été entendus.

Il est certes difficile d'imaginer la présence d'un primate inconnu dans le Dakota. La police, pourtant, a pris l'affaire au sérieux, tandis qu'un restaurant n'a pas tardé à proposer un bigfoot breakfast...

moment la chronique en Caroline du Nord, tandis que la Floride aurait hébergé l'étrange singe-skunks, ainsi nommé en raison de son pelage rayé et de son odeur nauséabonde. Ainsi, en 1978, M. Chip Coffey aperçoit, alors qu'il roule la nuit en voiture, un être bizarre accroupi près de la route, non loin de Westwinds. Il est velu. Dans les phares, ses yeux brillent comme des pierres précieuses. A l'occasion, ce singe-skunks pousserait des hurlements...

Le sympathique yoshil

L'Amérique centrale et l'Amérique du Sud ne manquent pas, non plus, on l'imagine, d'affaires de primates mystérieux. Elles ont maintes fois inspiré les romanciers, les auteurs de bandes dessinées et les cinéastes. Ainsi, des hommes mystérieux se cacheraient encore au Belize, l'ancien Honduras britannique. Ivan Sanderson y vit de la fumée s'élever de forêts en principe inhabitées. Un ingénieur y entendit le chant du coq : or la présence d'un animal domestique implique celle des hommes. Quels étaient ces hommes? Des Mayas? Des pré-Mayas? De vrais hommes sauvages?

Dans la région des Guyanes, il est question des *didis,* qui seraient couverts d'un pelage brun roussâtre. Ils construiraient des huttes et lanceraient des morceaux de bois sur les intrus. Ils émettraient des sifflements mélancoliques. Au Matto Grosso, le *mapingary* attaquerait les bestiaux et leur arracherait la langue. Il serait étonnant que la cordillère des Andes n'ait pas ses hommes-des-neiges.

En 1956, le géologue Audio L. Pich découvrit dans les Andes

argentines, à environ quatre mille huit cents mètres d'altitude, des empreintes longues de quarante-deux centimètres. Plusieurs témoins ont rapporté avoir vu, dans les Andes, des hommes velus et avoir entendu des cris effrayants.

L'homme sauvage des Andes est appelé l'« oucoumar ». Il a la tête enfoncée dans les épaules, et c'est un bon grimpeur. Il aurait l'habitude d'entasser des pierres devant les grottes qu'il habite. Mais le fait le plus curieux est que son aspect général évoque l'homme de Néanderthal... En effet, aucun fossile de néanderthalien n'a jamais été trouvé en Amérique. Ni aucun pithécanthrope ni aucun australopithèque. Seul l'*Homo sapiens* proprement dit a peuplé l'Amérique, du moins officiellement. C'est pourquoi les affaires d'hommes sauvages sud-américains sont si intrigantes.

L'un de ces êtres était particulièrement sympathique : c'était le yoshil. Remarquons, à ce propos, qu'il est le troisième primate mystérieux, après le yéti et le yowie, dont le nom commence par un *y*. Et Swift appela ses hommes sauvages les « yahous ». Coïncidence? Le yoshil se serait éteint en 1928. Haut de quatre-vingts centimètres, ce pygmée aurait eu des cheveux à l'aspect de lichens. Il habitait la Terre de Feu. Il se promenait toujours un bâton ou une massue à la main. Il nous est surtout connu par le récit d'un missionnaire, le Père Palacios. Celui-ci raconte qu'un Indien du nom de Paka aurait tué un yoshil. Le père Palacios donna à celui-ci l'appellation scientifique (prématurée) de *Fuegopithecus pakensis*, le « singe de la Terre de Feu » de Paka.

La photo de l'améranthropoïde

A l'autre bout de l'Amérique du Sud s'est déroulé l'un des épisodes les plus célèbres et les plus irritants de la cryptozoologie, une véritable affaire Dreyfus de la zoologie. Car, cette fois, il y a une photo, une photo très nette.

Nous sommes en 1920, dans la sierra de Perija, montagne couverte de forêts, aux confins du Venezuela et de la Colombie, près de la lagune de Maracaïbo. Depuis trois ans, une petite expédition parcourt la région : elle est dirigée par le géologue suisse François de Loys. Ces trois années ont été terriblement éprouvantes, et il ne reste plus qu'une poignée de survivants. Et, un jour, deux singes de forte taille surgissent de la forêt. Ils sont grands, sans queue, se tiennent debout. Ils ont l'air très en colère : ils crient, ils gesticulent, ils lancent leurs excréments vers les explorateurs [1].

De Loys et ses compagnons visent le mâle qui se trouve le plus près d'eux. Au dernier moment, il se retire, et c'est la femelle qui est tuée. Le mâle se sauve. Le singe est placé sur une caisse d'essence, un bâton sous le menton. Et il est photographié. Depuis cette date, sa photo n'a cessé d'alimenter des controverses passionnées. Le singe

1. Ce comportement existe chez les atèles.

30. *L'améranthropoïde, d'après l'unique photo qu'on en possède.*

est de grande taille : il mesure un mètre cinquante-sept. Cette taille est certaine : elle peut être évaiuée à partir de celle de la caisse d'essence, d'un modèle standard. L'animal étant photographié de face, l'absence de queue n'est pas évidente. Mais on est frappé par son thorax, qui paraît déprimé dorso-ventralement. Ce caractère le distinguerait, comme aussi, bien sûr, l'absence de queue, des atèles.

De Jacko à Oliver

Le 3 juillet 1884, un train roule entre Lytton et Yale, en Colombie britannique. Soudain, le mécanicien, Ned Austin, aperçoit un « homme » allongé près de la voie. Il arrête le train. L'« homme » se lève, glapit, et se met à escalader le talus abrupt. Deux employés se lancent à la poursuite (le train avait vingt minutes d'avance...) et l'acculent sur une plate-forme rocheuse. Ils capturent l'homme-singe, car c'en est un, et le ligotent.

On l'appellera « Jacko ». Il avait le visage clair, les cheveux noirs, mesurait un mètre quarante et pesait cinquante-neuf kilos. Il aurait été vendu au cirque Barnum. Était-ce un jeune bigfoot? La question reste posée.

Elle s'est posée aussi, plus récemment, à propos d'Oliver, un curieux primate que possède un avocat de New York. Il mesure un mètre trente-cinq, a un crâne chauve en forme de dôme et gazouille. Il s'agit plus vraisemblablement d'un chimpanzé anormal.

Certes, le singe tué par de Loys leur ressemble, mais il est nettement plus grand. Son organe sexuel est, malgré les apparences, celui d'une femelle : un tel pseudo-hermaphrodisme existe chez les atèles [1].

C'est seulement plusieurs années plus tard que de Loys montrera la photo à un anthropologiste franco-suisse, le Pr. Georges Montandon. Celui-ci, frappé par l'allure étrange du singe, considéra qu'il s'agissait d'un anthropomorphe (on disait à l'époque « anthropoïde ») américain, et l'appela *« Ameranthropoïdes loysi »*, l'« anthropoïde américain de de Loys ». Il faut rappeler qu'officiellement il n'existe, en Amérique, aucun anthropomorphe, mais seulement des singes « ordinaires » : ouistitis, sajous, sakis, atèles, hurleurs, etc. L'existence de l'améranthropoïde serait donc révolutionnaire. Hélas, la caution de Montandon devait se révéler malheureuse : pendant la guerre, celui-ci devint l'« expert ethnoracial » des Allemands – on devine ce que cela veut dire – et écrivit des pages insensées; il fut d'ailleurs tué par la Résistance.

Cette affaire a rejailli sur l'améranthropoïde, qui n'y était pour rien! Reste le problème zoologique. S'agit-il vraiment d'un anthropomorphe américain? De Loys ne rapporta que la photo. Le crâne du singe fut conservé quelque temps par le cuisinier de l'expédition, qui l'utilisa comme boîte à sel... Puis il partit en morceaux.

On peut imaginer que la lignée des atèles ait évolué vers un type anthropomorphe, plus grand et sans queue. Malheureusement, les autres témoignages qui nous sont parvenus sur d'éventuels améranthropoïdes sont rares et sujets à caution. Je ne résiste cependant pas

1. Et également chez les hyènes.

au plaisir de vous raconter une incroyable et charmante histoire, publiée par le *San Francisco Examiner* du 11 juin 1944.

A cette époque, l'explorateur Marjan Bogdanovic réapparaît après avoir disparu deux ans en Amazonie. Or Bogdanovic y aurait découvert une population de singes de grande taille, fort évolués, vivant en sociétés bien organisées. Ces singes accueillirent d'abord très bien l'explorateur, surtout une femelle, qu'il avait amadouée avec des bananes et du chocolat. Pourtant, un mâle se montra fort menaçant vis-à-vis de l'homme. Se sentant en danger, celui-ci le tue d'un coup de fusil. Alors, les autres singes s'approchent de Bogdanovic, manifestement décidés à le mettre en pièces. La femelle se place devant lui, faisant un rempart de son corps. Un étrange dialogue s'engage alors entre elle et les autres singes : de toute évidence, elle leur demandait la grâce de l'homme. Elle l'obtient... Et elle quitte sa tribu pour suivre Bogdanovic! Celui-ci l'appelle « Maquizapa ». Il revient avec elle à Quito. Il y retrouve Mercédès, sa fiancée. C'est alors que les ennuis recommencent pour lui, car Mercédès déteste les singes, et particulièrement Maquizapa. Bogdanovic doit confier celle-ci à un ami. Hélas, la guenon se montre inconsolable. L'histoire s'arrête là. Espérons que Maquizapa aura fini par oublier l'ingrat.

19

L'espoir de lendemains épiques

« La zoologie est aussi illimitée que la cosmographie. »
Victor HUGO,
Les Travailleurs de la mer.

PARVENU à la fin de ce livre, le lecteur peut être, selon les cas :
– *enthousiasmé* à l'idée que le mystère existe toujours sur la Terre et que de spectaculaires découvertes zoologiques sont encore possibles;
– *irrité* par le très grand nombre d'énigmes animales qui se posent encore et par le fait que leur exposé se termine toujours par un point d'interrogation;
– *déçu* parce qu'aucun des animaux vedettes de la cryptozoologie n'a encore été découvert (bien que l'homme pongoïde l'ait presque été);
– *troublé* par l'opposition qui existe entre, d'une part, l'abondance des témoignages et indices sur les espèces en cause et, d'autre part, la rareté, voire l'absence, de pièces palpables (et à plus forte raison de spécimens complets).

Certes, la cryptozoologie apparaît un peu comme une provocation à l'égard de la zoologie officielle. Ou, du moins, elle l'apparaissait à ses débuts, car, aujourd'hui, nombreux sont les scientifiques occupant des fonctions officielles qui s'y intéressent ouvertement. Nous l'aurons remarqué plus d'une fois.

On peut considérer que les recherches sur les animaux mystérieux s'orientent aujourd'hui dans trois directions, qui, d'ailleurs, se recoupent et se chevauchent fréquemment.

Il y a d'abord une tendance *naturaliste,* selon laquelle, derrière les énigmes zoologiques, se cache généralement une espèce inconnue, ou une espèce connue à l'état fossile, mais considérée comme disparue. Dans quelques cas, il peut seulement s'agir de spécimens démesurément grands d'animaux connus, calmars ou anacondas par exemple.

Cette tendance, selon laquelle la cryptozoologie doit déboucher sur la découverte d'êtres inconnus, en chair et en os (ce sont presque tous des vertébrés!), se trouve en quelque sorte encadrée par deux autres dont l'une, la tendance *fortéenne,* doit son nom à l'écrivain américain Charles Fort; celui-ci passa sa vie à répertorier les faits inexplicables, les « phénomènes fortéens », comme on les appelle parfois. Il existe, dans les pays anglo-saxons, de nombreux journaux et groupements fortéens (*Fortean Times* en Angleterre, par exemple). Nous avons déjà évoqué les thèses fortéennes à propos des animaux mystérieux. Frappés par l'existence présumée de certains de ceux-ci en des lieux très fréquentés (lacs d'Europe, Grande-Bretagne, Etats-Unis), et par le fait qu'on n'en trouve jamais de dépouille, certains chercheurs estiment qu'il ne s'agit pas d'êtres « biologiques ». Aussi se tournent-ils vers d'autres explications, qui mettent en cause les extraterrestres, les fantômes, les matérialisations d'énergie et autres phénomènes paranormaux. Certes, il faut rester ouvert à tout, mais je pense qu'il n'est pas nécessaire d'aller chercher toutes ces explications pour résoudre les énigmes zoologiques.

La troisième tendance peut être qualifiée de *culturaliste*. Elle s'attache surtout à définir la psychologie du témoin. En effet, dans quelle mesure celui-ci n'est-il pas influencé par ses connaissances, par sa culture? Ne « voit »-il pas parfois ce qu'il a envie de voir? Par exemple, si vous avez lu un livre sur les dinosaures avant d'aller en Afrique centrale, n'aurez-vous pas tendance à faire un dinosaure du premier varan que vous rencontrerez?

Il est exact que cet aspect du problème n'a peut-être pas été assez considéré jusqu'ici. Toutefois, il serait exagéré de mettre systématiquement en doute tous les témoignages. N'oublions pas qu'une grande partie des sciences biologiques (écologie, éthologie, ornithologie, etc.) repose essentiellement sur des observations sur le terrain, qu'on ne met guère en doute. On ne commence à douter d'un témoignage que s'il s'applique à quelque chose d'extraordinaire. Ce n'est pas là, il faut bien le dire, une démarche très scientifique.

Bien loin de « démolir » la cryptozoologie, cette tendance culturaliste peut contribuer utilement à l'élaguer, à l'affiner.

Les découvrir sans les tuer

Il est un autre point sur lequel je veux insister. Trop souvent, et de nos jours encore, les découvertes zoologiques ont impliqué la mise à mort des espèces décrites. Je ne voudrais pas qu'il en soit de même pour les animaux évoqués dans ce livre. S'ils existent, on finira bien par en découvrir un spécimen mort, par exemple un cadavre échoué dans le cas des animaux marins ou lacustres. Ou bien, des chasseurs indigènes fourniront la dépouille d'un animal qu'ils auraient tué de toute façon.

Tuer délibérément de tels êtres me paraît condamnable à la fois sur le plan moral et sur celui de la protection de la nature, car il est évident que les espèces restant à découvrir ne comptent qu'un petit nombre de représentants. Comme nous l'avons dit, la découverte d'un homme – ou un « presque homme » – inconnu poserait des problèmes particulièrement délicats.

Dans cette « chasse » pacifique aux animaux encore ignorés, le hasard, la chance jouent un grand rôle. Là où des expéditions massives échouent, un promeneur isolé réussira peut-être. Vous pouvez naviguer toute votre vie autour du monde et ne jamais voir d'animal inconnu et, un beau jour, découvrir une dépouille étrange échouée sur la plage d'Arcachon...

Des preuves qui disparaissent

Un crâne présumé de bigfoot, la défense d'Addis-Abeba, la dépouille du « chien » d'Ennerdale, un crâne de bunyip (?)... Toutes ces précieuses pièces à conviction ont disparu.

*Les sceptiques ont beau jeu d'ironiser. Dans les pays anglo-saxons, on parle d'*elusiveness *(d'*elusive, *insaisissable) comme si, par l'intervention d'influences occultes, la réalité, en ce genre d'affaires, se dérobait toujours.*

Sans doute n'y a-t-il rien de surnaturel là-dedans. Bien des spécimens se perdent dans les musées, où règne souvent le désordre. Ou bien des collectionneurs s'emparent de pièces qu'ils jugent rarissimes. Ou bien, encore, ce sont des sceptiques qui, peut-être, les font délibérément disparaître...

Les grandes découvertes zoologiques ne sont pas, en effet, l'apanage des spécialistes : chacun peut y prétendre. Si vous êtes favorisés par une chance insigne et si vous voyez ce qui semble être un animal extraordinaire, notez tout de suite ses caractéristiques; mieux, faites-en un croquis rapide, à défaut d'une photo. Notez sa taille, sa ou ses couleurs, sa morphologie, par exemple, dans le cas d'un animal aquatique, la présence ou l'absence de pattes ou de nageoires. Notez le lieu et l'heure exacts.

Recherchez dans les livres ou les journaux les indices intéressants : ils ont peut-être passé inaperçus jusqu'ici. Interrogez les habitants des régions où se pose une énigme. Si vous connaissez un vieux loup de mer, demandez-lui s'il ne cache pas, dans un coffre poussiéreux, quelque ossement bizarre ramassé sur une plage du Chili ou de Tasmanie... La grande découverte est parfois beaucoup plus proche qu'il ne semblerait. Si les animaux inconnus étudiés dans ce livre existent – et dans beaucoup de cas, il est difficile de le nier –, il doit, statistiquement, en exister des vestiges ici où là. Le crâne d'un mosasaure actuel ou la main momifiée d'un bigfoot dorment peut-être non loin de vous! Pour les découvrir, mettez toutes les chances de votre côté.

Et rêvez aux lendemains épiques qui attendent les nouveaux conquistadores.

VOS VACANCES CRYPTOZOOLOGIQUES

Profitez de vos vacances ou de vos voyages pour enquêter sur les énigmes zoologiques. Voici quelques idées qui pourront vous guider. Comme tout le monde n'a pas l'occasion de s'enfoncer dans la forêt congolaise ou d'escalader les pentes de l'Himalaya, seules les régions les plus ouvertes au tourisme seront considérées ici. Bien entendu, vous trouverez plus de détails dans les différents chapitres de ce livre.

EN FRANCE

La plupart des énigmes appartenant au passé, vous pouvez aller rêver sur les lieux des sinistres exploits de la Bête du Gévaudan, et notamment au mont Mouchet, où le coup de fusil de Jean Chastel mit fin à l'affaire.

Non loin de là, près de Saint-Sernin, dans les bois de Lacaune (Tarn), a été découvert Victor de l'Aveyron.

Plus à l'est, au nord d'Alès, se situe le rayon d'action de la Bête du Vivarais.

En Bourgogne, c'est à quelque vingt-cinq kilomètres au sud d'Auxerre que la Bête de l'Auxerrois sema jadis la terreur.

Sur le littoral, à défaut de voir un monstre marin, enquêtez dans les ports, interrogez pêcheurs et autres gens de mer : ce serait bien étonnant si vous ne recueilliez pas quelque histoire étrange.

DANS LES ÎLES BRITANNIQUES

En ce domaine, nous le savons, la palme revient à l'Ecosse. Si une visite au loch Ness s'impose, n'oublions pas qu'il y a, dans le pays, bien d'autres lacs à monstres. Les observations de serpents-de-mer y sont assez fréquentes, des calmars géants s'échouent parfois, et les grands chats rôdent dans la campagne. Que demander de plus?

En Angleterre, les affaires de « pumas » se dispersent à travers le pays (Surrey, Dartmoor, Exmoor, etc.).

L'Irlande compte plusieurs lacs à monstres.

EN SCANDINAVIE

Les côtes norvégiennes furent jadis très fréquentées par des serpents-de-mer. Il s'agit là d'une des régions du monde où les calmars géants sont le plus souvent signalés.

Suède et Norvège ne manquent pas de lacs à monstres.

DES ALPES AU CAUCASE

Du Val d'Aoste à l'Autriche, en passant par la Suisse et la Bavière, lancez-vous sur la piste du tatzelwurm. Vous rencontrerez sûrement des montagnards qui en ont entendu parler.

Si vous allez dans le Caucase, tendez l'oreille dans l'espoir d'entendre k'almasty. La région de la Kabarda semble particulièrement propice à une approche de l'homme sauvage.

AUX ETATS-UNIS ET AU CANADA

Dans la baie de Chesapeake, ayez l'œil sur le serpent-de-mer. Faites, s'il le faut, un détour vers l'un ou l'autre des nombreux lacs à monstres (Champlain, Manitoba, Okanagan, etc.).

Et, dans les montagnes Rocheuses, concentrez vos efforts sur le bigfoot. A défaut de voir ses empreintes, vous en entendrez sûrement parler.

AUX BAHAMAS

Si vous avez la chance d'aller dans cet archipel paradisiaque, enquêtez sur les pieuvres géantes (même si l'Office du tourisme n'est pas disposé à en parler...).

EN AMÉRIQUE DU SUD

Au Brésil comme dans les pays voisins, vous recueillerez certainement d'impressionnantes histoires d'anacondas géants.

EN AFRIQUE

Au Maroc, peut-être circule-t-il encore des récits sur les derniers ours bruns.

Au Sénégal, la présence d'un « dragon » a été évoquée dans les forêts du sud-est du pays.

En Côte-d'Ivoire, un intéressant sujet d'enquête : les minuscules hachettes fabriquées par de mystérieux pygmées et qui ne sont pas rares en certaines régions (Cavally, cercle de Guiglo).

Au Kenya et en Tanzanie, à l'occasion d'un safari (photo bien entendu), enquêtez sur le mngwa, *l'ours Nandi, les hommes sauvages.*

DE CEYLAN AU JAPON

A Ceylan (Sri Lanka), essayez d'obtenir des informations sur les derniers nittaewo, voire des vestiges de ceux-ci.

Le Japon possède des monstres lacustres, tandis que des serpents-de-mer et des calmars géants fréquentent ses parages. Et l'on a parlé d'hommes-des-neiges à Hokkaïdo...

DANS LES ÎLES DU PACIFIQUE

Des monstres marins ont été assez souvent signalés autour des îles du Pacifique, notamment près de la Nouvelle-Calédonie.

Et, d'un séjour aux îles Marquises, essayez de rapporter une plume du koau....

Dernière heure

De Katmandou. Un explorateur écossais, William Grant, est reparti une nouvelle fois sur la piste du yéti. Il compte attirer celui-ci avec... de la bière. L'homme-des-neiges, nous l'avons vu, semble en effet avoir un faible pour l'alcool!

De Guéret. Michel Meurger et Jean-Louis Brodu ont enquêté sur la bête signalée dans la Creuse en 1982. Ils viennent de publier leurs conclusions dans une brochure intitulée : *Les Félins-Mystère / Sur les traces d'un mythe moderne.* Quoique décrite comme un félin, cette bête n'était sans doute qu'un berger belge (un chien) redevenu sauvage.

De Pékin. La presse chinoise a fait grand cas de la capture dans le district de Xinning, dans le Hubeï, le 24 octobre 1984, d'un gros macaque de 65 cm (tête et corps), atteignant debout 1,10 m. Cette capture résoudrait l'énigme des hommes sauvages de Chine. Nous avons vu que l'existence d'un macaque géant était pratiquement sûre. Mais un macaque de 65 cm n'a rien d'extraordinaire. N'est-ce pas plutôt une tentative pour enterrer « l'affaire »? On comprend mal qu'un tel macaque ait pu être exhibé comme un animal inconnu durant trois mois...

De Tananarive. Une expédition du Muséum de Paris recherche dans les forêts de Madagascar un lémurien, l'allocèbe, qu'on ne connaît, jusqu'ici, que par deux spécimens empaillés, conservés dans les musées d'Occident.

De Brazzaville. Un conservateur de la faune, Lionel Clipet, a entendu au Congo des cris étranges. D'après les habitants, ils proviendraient d'une « bête des marécages aux gros yeux ». Elle serait couverte d'écailles. Cela se passait non loin du lac Télé. (Signalé par Philippe Keith.)

Paris, 15 mai 1985.

Bibliographie

ANDRÉ (M.)
– « La Bête féroce du Bas-Vivarais et de l'Uzège », *Revue du Vivarais,* 1957 (trois articles).

BARLOY (Jean-Jacques)
– *Serpent-de-mer et monstres aquatiques,* François Beauval, 1978.
– *Merveilles et mystères du monde animal,* 2 vol., François Beauval, 1979.
– *La peur et les animaux,* Balland, 1982.
– *Les monstres marins,* « Histoires de la mer », Ed. Historiques, 1982.

BARLOY (Jean-Jacques) et CIVET (Pierre)
– *Fabuleux oiseaux,* Laffont, 1980.

BECKJORD (Jon Erik)
– « The Bigfoot Evidence », *Frontiers of Science,* mars-avril 1981, 3, 3, pp. 22-27.

BERNADAC (Christian)
– *Madame de [...] qui vivait nue parmi les ours au sommet des monts perdus,* France-Empire, 1984.

BERTON (Jean)
– *Les Monstres du loch Ness et d'ailleurs,* France-Empire, 1977.

Bigfoot-tales of unexplained creatures. Page Research, Rome (Ohio, USA), 1978.

BORD (Janet et Colin)
– *Alien Animals,* Granada, Londres, 1980.
– *The Evidence for Bigfoot and other Man-Beasts,* Aquarian Press, Wellingborough, Northamptonshire (Grande-Bretagne), 1984.

BUFFETAUD (Eric) et TASSY (Pascal)
– « Yétis, " hommes sauvages " et primates inconnus », *La Recherche,* n° 80, juillet-août 1977, pp. 650-662.

DE CHANTAL (R.)
– *La Fin d'une énigme : la Bête du Gévaudan,* La Pensée universelle, 1983.

CHEVALLEY (Abel)
– *La Bête du Gévaudan,* J'ai lu, 1969.

COSTELLO (Peter)
– *A la recherche des monstres lacustres,* Plon, 1977.

CROPPER (Paul)
– « The Panthers of Southern Australia », *Fortean Times* (Londres), 32, 1980, p. 19-26.

DELPERRIE DE BAYAC (Jacques)
– *Du sang dans la montagne,* Fayard, 1970.

FOIN (Léon)
– « Une Bête du Gévaudan dans l'Auxerrois », *Bull. Soc. sc. hist. et nat. de l'Yonne,* 1901, 55, pp. 51-58.

FRANCIS (Di)
– *Cat Country, The Quest for the British big Cat,* David and Charles, Londres, 1983.

GANTÈS (Rémy)
– *Le Mystère des pieuvres géantes,* Etudes vivantes, 1979.
– *Le Mystère des hommes des neiges,* Etudes vivantes, 1979.
– *Le Mystère du loch Ness,* Etudes vivantes, 1979.

GILROY (Rex)
– « Australian Monsters », *Psychic Australian* (Spit Junction, Nouvelles-Galles du Sud, Australie), décembre 1976, pp. 8-11 et 28-29.
– « Australia's Marine Colossus », *ibid.,* février 1977, pp. 6-9 et 28-30.

GOULD (Rupert T.)
– *The Loch Ness Monster and Others,* Geoffrey Bles, Londres, 1934.

GRAFFIGNA (Carlo)
– *L'Enigme du yéti,* Julliard, 1962.

HEUVELMANS (Bernard)
– *Sur la piste des bêtes ignorées* (2 vol.), Plon, 1955; François Beauval, 1982.
– *Dans le sillage des monstres marins,* Plon 1958; François Beauval, 1974.
– *Le Grand Serpent-de-Mer,* Plon, 1965.
– *Les Derniers Dragons d'Afrique,* Plon, 1978.
– *Les Bêtes humaines d'Afrique,* Plon, 1980.

HEUVELMANS (Bernard) et PORCHNEV (Boris)
– *L'homme de Néanderthal est toujours vivant,* Plon, 1974.

HUNTER (Don) et DAHINDEN (René)
– *Sasquatch,* New American Library, 1975.

KAPPLER (C.)
– *Monstres, démons et merveilles de la fin du Moyen Age,* Payot, 1980.

LANE (Harlan) et PILLARD (Richard)
– *L'Enfant sauvage du Burundi,* Inter Editions, 1980.

MAGIN (Ulrich)
– Liste des observations de serpents-de-mer et autres monstres marins, chez l'auteur, 1984.

MAHUZIER (Katia et Alain)
– *Les Mahuzier au Caucase,* Presses de la Cité, 1982.

MALSON (Lucien)
– *Les Enfants sauvages : mythe et réalité,* 10/18, 1964.

MARQUÈS (Alex)
– *Le Monstre venu du froid ou l'Ultime Etude sur la Bête du Gévaudan,* Libreville (Gabon), 1979.

MÉNATORY (Gérard)
– *La Bête du Gévaudan* (chez l'auteur), 1976.

MEURGER (Michel)
– *Les Monstres des lacs du Québec,* Stanké, 1982.

NAPIER (Dr. John)
– *Bigfoot : the Yeti and Sasquatch in Myth and Reality,* Jonathan Cape, Londres, 1972.

PAILLARD (Pierre)
– *Seul à travers les territoires non contrôlés de la Nouvelle-Guinée,* La Pensée moderne, 1962.

PIC (Xavier)
– *La Bête qui mangeait le monde,* Albin Michel, 1971.

POURCHER (Abbé)
– *Histoire de la Bête du Gévaudan,* F. Reder, 1980.

POWELL (James H.)
– « On the Trail of the Mokele-Mbembe », *Explorers Journal* (New York), 59, 2, juin 1981, pp. 84-91.

RAYNAL (Michel)
– « Koau, l'oiseau insaisissable des îles Marquises », *Bull. Soc. ét. sc. nat. Béziers,* 1980-81, n.s., 8, 49, pp. 20-26.
– « L'incroyable dossier des poulpes géants », *Amazone* (Bourcia, Jura), n° 1, octobre 1982, pp. 42-46.
– « Poulpes géants : d'autres témoignages », *Amazone,* n° 2, janvier 1983, pp. 28-31.

REINSTEDT (R. A)
– *Mysterious Sea Monsters of California's Central Coast,* Cypress Press, Monterey (USA), 1979.

RIVET (Paul)
– *Les Origines de l'homme américain,* Gallimard, 1957.

SANDERSON (Ivan)
– *Hommes des neiges et hommes des bois,* Plon, 1961.

Sea Monsters (vol. 2, n° 1, 1977, New York)

SEGUIN (Jean-Pierre)
– *Nouvelles à sensation – Canards du 19e siècle,* A. Colin, 1959.
– *Canards du siècle passé,* P. Horay, 1969.

SINGH (J. A. L.) et ZINGG (R. M.)
– *L'Homme en friche : de l'enfant-loup à Kaspar Hauser,* Complexe (Bruxelles), 1980.

SLATE (B. Ann.) et BERRY (Alan)
– *Bigfoot,* Bantam Books, Newport, 1976.

SYLVESTRE (Jean-Pierre)
– « La fascinante histoire de la rhytine de Steller », *Amazone,* n° 2, janvier 1983, pp. 4-8.

SWEENEY (James B.)
– *A Pictural History of Sea Monsters*, Bonanza, New York, 1972.

Telliamed, ou entretiens d'un philosophe indien sur la diminution de la mer avec un missionnaire français, La Haye, 1755.

TOPPING (Audrey)
– « Wild Men of China », *Science Digest*, août 1981, pp. 66-67 et 113.

VAN HAGELAND (Albert)
– *La Mer magique*, Marabout, 1973.

WITCHELL (Nicolas)
– *Nessie, le monstre du loch Ness*, Belfond, 1977.

REVUES

Les revues suivantes donnent fréquemment des informations sur les énigmes ou les découvertes zoologiques :

Animaux magazine
Ça m'intéresse
Fortean Times (Angleterre)
L'Inconnu
Mammalia
Nostra
Océans
Pour la science
La Recherche
Res Bureaux Bulletin (Canada)
Science et vie
Sciences et avenir
Strange Phenomena (Australie)
Trente millions d'amis
La Voix des bêtes

LA SOCIÉTÉ INTERNATIONALE DE CRYPTOZOOLOGIE

Présidée par B. Heuvelmans, elle possède des membres dans de très nombreux pays à travers le monde. Son secrétaire général est Richard Greenwell.
Elle publie *Cryptozoology* (annuel) et *The ISC Newsletter* (trimestriel).
Voici son adresse :

P. O. BOX 43070
TUCSON
ARIZONA 8577 USA

Remerciements

Je tiens à remercier ici des personnes qui m'ont fourni des informations, fait part de leurs opinions, etc. (en plus de toutes celles citées dans le texte) :

Patrick Brunet-Lecomte, zoologiste ; Daniel Chocron, journaliste et écrivain ; Pierre Civet, écrivain et photographe de nature ; Philippe Coppé, rédacteur en chef adjoint de *Trente millions d'amis;* Hilaire Cuny, écrivain scientifique ; Raymond Duguy, directeur du Musée océanographique de La Rochelle ; Dr. Jean-Paul Ehrhardt, biologiste marin ; Laurent Forge, journaliste ; Jean-Raymond Gallien (Canada) ; le Dr. Max Goyffon, du Muséum de Paris ; Philippe Janvier, paléontologiste à l'université de Paris-VI ; Philippe Keith ; Mme Claude Mignon ; le Pr. Théodore Monod, de l'Institut ; Gérard Mouizel, critique d'art ; le Pr. Jean-Claude Nouët, de la faculté de médecine de Paris ; Thierry Pinvidic ; Michel Pourny ; le Pr. Charles Roux, du Muséum de Paris ; Christiane Sacase, journaliste ; Jean Sider ; Serge et Dominique Simon, photographes de nature et journalistes ; Henri Trinquand ; Mme Anne-Marie Vialfont ; Jacques Vielliard, ornithologiste au Brésil ; Mme Laura Walter (Etats-Unis).

Je reçois avec reconnaissance toutes les informations sur des animaux mystérieux (témoignages, coupures de presse, références, etc.) à m'adresser aux soins des :

EDITIONS ARTHAUD

20 rue Monsieur-le-Prince
75006 PARIS

Table des illustrations

Portrait de l'auteur : photo Yves Lanceau.

Table des matières

Cet ouvrage a été composé et achevé d'imprimer
le 17 avril 1985 par l'Imprimerie Floch à Mayenne.

N° d'édition : 1722. N° d'impression : 22799
Dépôt légal : avril 1985
Imprimé en France